JN438420

갈참나무 숲으로

갈참나무 숲으로

2013년 4월 5일 인쇄
2013년 4월 9일 발행

지은이 김은숙
펴낸이 유정환
펴낸곳 도서출판 고두미
등록 2001년 5월 22일(제437-437000025100200100001 1호)
충북 청주시 상당구 쇠내로 145번길 15
Tel. 043-257-2224 / Fax. 070-7016-0823
E-mail. godumi@naver.com

ISBN 978-89-91406-88-9 03810
이 도서의 국립중앙도서관 출판시도서목록(CIP)은 서지정보유통지원시스템 홈페이지(http://seoji.nl.go.kr)와 국가자료공동목록시스템(http://www.nl.go.kr/kolisnet)에서 이용하실 수 있습니다.(CIP제어번호: CIP2013001845)

※ 잘못 된 책은 구입하신 곳에서 바꾸어 드립니다.
※ 책값은 뒤표지에 표시하였습니다.

갈참나무 숲으로

김은숙 산문집

고두미

책머리에

내 마음의 숲

50여년 세월, 내 삶의 토양엔 무엇이 자랐을까. 어떤 풀과 나무들이 자라고 있을까. 거친 세상 바람에 몸과 마음이 지친 영혼이 기댈 수 있는 그늘 깊은 나무들 무성한 숲을 꿈꾼 적이 있다. 내 마음의 숲에 웅숭깊은 나무들이 무성하길, 그 나무들의 우듬지 바라보며 그윽한 숨결로 깊어져 갈 수 있기를 한때 꿈꾸었으나, 그렇게 그윽한 숲에 대한 꿈이 큰 욕심일 뿐임을 이제는 안다. 그런 헛된 욕심 따윈 빠져나간 지 오래.

작은 풀꽃이라도 피고 개울물이라도 졸졸 흐르는 내 마음의 숲이 있다면, 풀꽃에 한참 눈 맞추고 말을 주고받으며 마음에 새기는 무늬가 어쩌면 詩일지 모르겠다. 개울물 흐르는 소리 온몸에 스며들어 밤새 물머금고 뒤척인 그 불면의 시간이 詩는 아닐까. 눈에 띄지 않는 풀꽃 사이 고요처럼 머물던 바람이 대지를 쓸어 올리는 순간에 대한 감지, 그리고 마음의 파문, 그것이 내겐 詩일지도 모른다. 내 마음의 숲에는 그리움처럼 그림자처럼 詩가 머물고 있었다.

내 마음의 숲도 시간에 따라 음영이 변하고 있다. 어쩌지 못하는 슬픔에 눈물 가득 머금고 숲 속 깊숙이 침잠하던 때가 언제였던가? 한 때

범람하듯 일어나던 수많은 풀꽃이며 바람. 휘몰아치던 그 시간은 다 어디로 갔는가? 감정의 범람을 경계한 적이 있으나, 어느새 바람 한 줄기 일렁이지 않고 물기도 없는 황폐한 땅으로 변해가고 있다. 오래도록 첫 눈을 바라보고 있어도 떠오르는 사람 하나 없는 공허 속에서, 다만 지금은 모든 물기 거두고 모래밭으로 가고 있는 시간의 순리를 생각한다. 그것이 순리라면 그저 순하게 받아들이리.

지나온 시간의 반추를 즐기지 않지만 외면할 수만도 없으리. 비척거리며 걸어온 시간들, 지워지지 않는 발자국들이 그대로 내 삶일 것이니, 그런 가운데 겁도 없이 많은 언어의 흔적을 남겼다. 산발적으로 두서없이 발표해서 여기 저기 흩어져있는 글들을 작은 울타리라도 만들어 자리 잡게 해야겠다는 생각에 엉성한 언어의 집 한 채를 또 짓는다. 잠깐이나마 생각의 물결과 바람이 어느 지점에 머물러 무르익지 못한 언어를 구시렁거려 놓은 것은 아닌지……. 내가 읽거나 만난 시와 시인에게 누를 끼치지는 말았으면 하는 바람이다.

20여 편의 '시 산책'을 1부에 묶는다. 2008년 3월《빅 충북뉴스》라는 제호로 새롭게 출간된 충청북도 월간지 창간호부터 2년 동안〈김은숙 시인의 시 산책〉이라는 고정 지면을 할애 받아 시를 소개하는 기회가 주어졌다. 평론가들만큼 시를 보는 전문적 식견은 부족해도, 시를 쓰는 사람으로서 적어도 시에 대한 애정과 이해의 눈으로 가급적 우리 지역 시인의 시를 들여다보았다.

2부 '시인과 만남'은 그동안 만난 시인 혹은 동인들에 대해 쓴 글들이다. 시집 해설을 쓴 것도 있고 동인 탐방기, 대담자료 등 다양하지만, 모두 시 혹은 시인들을 만난 글들이다. 만남의 기회를 주신만큼 제대로 생각을 담아 표현하지 못한 아쉬움이 있지만, 만남을 주신 분들로 인해 시인으로서의 나를 다시 성찰하며 생각을 고를 수 있었던 귀한 시간이었다. 기회를 주신 분들께 감사한다.

3부 '세상을 보는 눈'은 조금 어수선하게 느껴질 것 같다. 일간지 고정 칼럼, 문예지 발표 산문, 라디오 문화칼럼 등 발표 매체가 각기 다른 만큼 시선도 말투도 각색이다. 여기 저기 흩어져있는 글들을 울타리 안으로 모아 자리를 잡게 한다는 이번 산문집의 의도로 독자의 이해를 구한다.

마지막 4부는 '아이들과 함께'이다. 1984년 교직생활을 시작, 만 29년 교단에 있었다. 이제 30년째 교직생활을 하고 있는 '교사'로서의 나는 '시인'으로서의 나 이상으로 내 삶의 중심에 비중 있게 자리한다. 처음 교직생활을 시작하면서부터 정말 많은 교단일기를 썼지만, 그 많은 기록들이 인천에서 충북으로 터전을 옮기면서 다 훼손되고, 1984년 처음 발령받고 썼던 '교단일기' 라는 시 한 편만이 액자에 담겨져 보존되어 있을 뿐이다. 생활 터전을 옮기던 그 때는 깊은 상처로 내 삶의 토양도 척박하게 훼손되어, 소중한 기록조차 챙기지 못하던 때였다. 많이 안타깝다. 2001년 2월 '기억의 섬'이라는 내 홈페이지를 만들면서 다시 쓰기 시작한 교단일기. 2001년의 교단일기를 중심으로 10여 년 전 아이들 속에서 기록해 간 교단일기를 펼쳐본다.

10여 년 전 너무 일찍 곁을 떠나신 아버지. 먼 길 떠나신 후에 내게 더 많은 걸음을 하시는 아버지. 그리운 그분께 이 책을 바친다.

2013년 봄

김은숙

참나무 숲으로 갈

차례

제1부 시산책

제2부 시인과 만남

제3부 세상을 보는 눈

제4부
아이들과 함께

시산책

Poem

단단한 결빙의 자세 눈부시다

밤새도록 바람이 강물을 때렸다
몇 번이고 어깨를 들썩이다
못내 얼어붙은 강물
고통의 속내 감추려 애썼으나
몸을 뒤척이는 속울음만큼이나
물무늬로 결빙된 굴곡이 눈부시다
참으로, 쓰라린 보폭을 끌어당겨
응고해버리는 저 단호함은 어디서 오는가

북풍이 몰아칠 때 단단히 얼어버리겠다
어느 날 쩡-하고 갈라질지언정
다시 강물로 흐느적이며 흐르지 않겠다
얼음 속에서 아프게 반짝이다가
끝내 유리알처럼 편편이 부서질지라도
굴절되어 굴욕으로 유전하는 강물로 돌아서지 않겠다

문득 뒤늦은 인생이 순정한 얼굴로 다가와도

얼어붙은 강물 앞에 누가 생애를 구걸하랴
사람의 마음을 비웃는 비수 같은 강바람이
결빙을 꿈꾸는 자의 생각을 베어버리곤 하는
이 사려 깊은 강가에서
밤새도록 바람이 강물을 때리는 때를
사지 멀쩡한 고통을 붙들고 기다릴 일이다

— 허장무, 「結氷의 江」 전문(시집 『밀물 든 자리』에서)

*

해빙解氷의 계절 3월에 결빙結氷을 생각한다. 살아가면서 겨울 속에 있어보지 않은 사람이 어디 있으리. 휘몰아치는 바람 속에서 휘청거리지 않으려, 쓰러지지 않으려고 더 단단히 마음줄을 다잡고 균형을 잡으려는 노력을 해보지 않은 사람이 어디 있으리.

휘청거리거나 쓰러질까 두려워 전전긍긍하는 것이 아니라, 북풍 몰아치는 겨울 속에서 단단한 결빙의 자세를 다짐하는 시인. 견디기 어려운 고통이 수반될 것을 알면서도, "어느 날 쩡-하고 갈라질지언정" "쓰라린 보폭을 끌어당겨" 응고해버리겠다는 단호한 시인의 자세가 참으로 눈부시다.

얼마나 많은 날 우리는 흐느적거리는 강물로 살아왔는가. 굴절되어 굴욕으로 유전하는 사람들을 얼마나 많이 또 보아왔는가. "얼음 속에서 아프게 반짝이다가 / 끝내 유리알처럼 편편이 부서질지라도" "다시 강물로 흐느적이며 흐르지 않겠다"는 시인의 결연한 자세가 해빙의 계절 마음자락을 깊이 잡아당긴다.

* **허장무** : 충북 음성 출생. 청주교육대, 청주대 대학원 졸업. 1983년 《시문학》으로 등단. 충북작가회의 회장, 청주민예총 지부장 역임. 시집 『바람연습』, 『밀물 든 자리』.

생의 한순간 외로운 떨림들로

바람 불고
키 낮은 풀들 파르르 떠는데
눈여겨보는 이 아무도 없다.

그 가녀린 것들의 생의 한순간,
의 외로운 떨림들로 해서
우주의 저녁 한때가 비로소 저물어간다.
그 떨림의 이쪽에서 저쪽 사이, 그 순간의 처음과 끝 사이에는 무한히 늙은 옛날의 고요가, 아니면 아직 오지 않은 어느 시간에 속할 어린 고요가
보일 듯 말 듯 옅게 묻어 있는 것이며,
그 나른한 고요의 봄볕 속에서 나는
백년이나 이백년쯤
아니라면 석달 열흘쯤이라도 곤히 잠들고 싶은 것이다.
그러면 석달이며 열흘이며 하는 이름만큼의 내 무한 곁으로 나비나 벌이나 별로 고울 것 없는 버러지들이 무심히 스쳐가기도 할 것인데,

그 적에 나는 꿈결엔 듯

그 작은 목숨들의 더듬이나 날개나 앳된 다리에 실려온 낯익은 냄새가

어느 생에선가 한결 깊어진 그대의 눈빛인 걸 알아보게 되리라 생각한다.

— 김사인, 「풍경의 깊이」 전문(시집 『가만히 좋아하는』(2006)에서)

*

하루가 다르게 세상은 변하고, 나날이 높아만 가는 건물, 높아지는 눈높이에 기가 눌리는 세상이다. 조금만 주춤거려도, 어느새 뒤편으로 밀려나는 느낌의 현대사회, 속도주의 세상에서 우리는 행복한가? 사람이 중심이 되지 못하고, 웬만큼의 능력을 갖추지 않고서는 자존감조차 느낄 수 없는 자본주의 사회에서, 우리를 진정 편안하고 행복하게 하는 것은 무엇인가? 거대 자본의 사회, 그 속에서 가녀린 순간의 떨림을 만난다.

거대한 사회에서는 보이지조차 않는, 눈여겨보는 이 아무도 없는 무심하고 가녀린 것들. "그 가녀린 것들의 생의 한순간의 외로운 떨림들로 해서 우주의 저녁 한때가 비로소 저물어간다"고 시인은 말한다. 그렇다. 그러하다. 풍경의 이면을 깊숙이 들여다보다가 가녀린 떨림의 이쪽에서 저쪽 사이, 그 순간의 처음과 끝 사이에 잠겨있는 고요의 냄새, 그 오랜 냄새를 감지하는 순간, 문득 영원의 문 앞에 서게 되고, 보일 듯

말 듯 옅게 묻어있는 우주의 비밀에 겸허히 귀를 대게 된다. 모든 외적인 것을 배제한 본연의 자기 모습이 되어 스스로도 고요의 몸으로 침잠하게 된다. 지극한 고요의 몸이 되어야 감지할 수 있는 가녀린 작은 떨림들 속으로 들어가 우리 자신도 우주의 몸으로 저물어 가는 아름다운 저녁 한때. 나도 시인처럼 한결 깊어진 눈빛으로 그 나른한 고요의 봄볕 속에서 백년이나 이백년쯤 아니라면 석 달 열흘쯤이라도 곤히 잠들고 싶다.

* **김사인** : 충북 보은 출생. 서울대학교 국문학과, 고려대학교 대학원 졸업. 1982년 동인지 《시와 경제》 동인으로 작품활동 시작. 제6회 신동엽창작기금(1987) 및 제50회 현대문학상(2005) 수상. 현재 동덕여대 문예창작과 교수. 시집 『밤에 쓰는 편지』, 『가만히 좋아하는』.

세상 모든 어머니들의 위대한 걸음

요것, 요 작은 구멍, 요 작은 구멍 때문에
길게 자라버린 손가락에 비누거품을 내어 조물조물 조물거리기
만 했다

그러자 이게 웬일
몸속의 혈액이 선홍색으로 붉어지며, 콩닥콩닥
까마득히 깊은 곳에서 들려오는 발의 심장 소리

복중에 나 아닌 다른 생명이 새로운 다섯 발가락을 가진 발을
가지고
세상을 향해 좁은 통로로 한발 내딛고 있었다

오래전 내 발을 세상에 내놓기 위해
나의 선님도
선님의 거칠어진 발도 손도 청결히 하였을 것이나

아가야, 아가야

누군가 저쪽 어딘가에서 불러서 가며 넘어지며 투박해지는 발,

태어날 아기의 양말을 빨다가
조그만 발로 어기영차 날 심장을 끌고 다닐, 좀처럼 열리지 않는
유배지의 한낮엔 소름이 돋고

발바닥이 가렵다
까마득한 과거와 미래의 소통
오냐, 내 새끼
내 새끼,

— 정가일, 「고슴도치」 전문(《애지》, 2007 가을호에서)

*

이 땅에서 한 사람의 부모로 살고 있는 사람이라면 "오냐, 내 새끼, 내 새끼"라는 마지막 시구를 읽어 내릴 때, 저절로 가슴 속에 깊은 울림이 파고들 것이다. 내 새끼…… 내 새끼라는 이 순결하고 일방적인 간곡한 사랑의 말. 아직 태어나지도 않은 아이의 양말을 조물조물 빨며, 기어이 콩닥콩닥 발의 심장 소리까지 듣는 시인. 새로운 다섯 발가락을 가진 생명이 세상을 향해 한발 내딛고 있음에 온몸 온 마음으로 몰입하는 시인은 '고슴도치도 제 새끼는 귀애한다'는 말을 떠올리며, 스스로를 시 제목으로 내세우고 있다. 지금은 이미 고슴도치처럼 거칠고 투박한

모습이 된 세상의 모든 어머니들. 그러나 그이들도 아이를 맞이할 때만큼은 거칠어진 발도 손도 청결히 하고 지극히 순결한 마음으로 아이를 안았을 것이니, 그 순결한 마음 지극한 정성으로 내 새끼들을 세상 속으로 온전히 걸어갈 수 있게 했을 것이니, 그러는 동안 더 거칠고 투박해지며 기꺼이 과거와 미래를 잇는 통로이며 소통의 몸이 된 세상 모든 어머니들의 위대한 걸음이 한 편의 시 속에 가슴 뭉클하게 보인다.

* **정가일** : 충북 청원 출생. 2002년 평화신문 신춘문예로 등단. 제2회 올해의 여성문학상 수상. 시집『얼룩나비 술에 취하다』,『배꼽 빠지는 놀이』.

이 단순한 순정의 사랑 앞에서

너의 눈은 해가 되어
여기 저기 비치 우고지고
님 나라 밝아지게

너의 피는 꽃이 되어
여기 저기 피고지고
님 나라 고와지게

너의 숨은 바람 되어
여기 저기 불고지고
님 나라 깨끗하게

너의 말은 불이 되어
여기 저기 타고지고
님 나라 더워지게

살은 썩어 흙이 되고

뼈는 굳어 돌 되어라

님 나라 보태지게

— 신채호, 「너의 것」 전문(『단재 신채호 전집』에서)

*

목숨을 건 사랑. 단 하나 뿐인 목숨을 온전히 기꺼이 바치는 절대적 사랑 앞에서는 저절로 겸허해진다. 그 절대 절명 사랑의 대상이 조국이며 민족일 때, 그 사랑 앞에 어찌 고개 숙이지 않을 수 있으리.

우리의 눈이 해처럼 밝아져 이 땅이 더 밝아지를, 우리의 뜨거운 피가 붉디붉은 꽃으로 피어 이 땅을 더 아름답게 하기를, 우리의 숨결 하나하나가 살아있는 바람 되어 이 땅을 더 깨끗하게 하기를, 우리의 뜨거운 정신 뜨거운 말들이 이 땅을 데울 수 있기를, 살과 뼈마저도 아낌없이 바치며 온전히 "님 나라"인 조국을 위해 존재하기를 바랐던 단재의 처절한 나라사랑. 존재의 의미가 "님 나라"인 조국일 뿐인, 이 단순한 순정의 사랑 앞에 우리는 부끄럽다.

척박한 시절, 나라의 독립을 위해 한 생애를 온전히 바쳤지만, 일제가 시행한 '민적民籍' 등록을 거부한 것으로, 아직도 대한민국 국적을 갖지 못한 단재 신채호. 나라와 민족을 더 깊이 생각하게 되는 6월, 이 땅 후손들의 가슴 속에 지어진 정신의 사당, 단재의 나라사랑을 생각한다.

* 2009년 4월 13일, 대한민국 임시정부 수립 90주년을 맞아 단재 신채호 선생 등 독립운동가 6명이 대한민국 국적을 되찾았다.

* **신채호** : 사학자·독립운동가·언론인(1880~1936). 호는 단재(丹齋). 충남 대덕에서 출생하여 충북 청원에서 성장하였다. 성균관 박사를 거쳐 독립협회에 가입하여 애국계몽 운동에 헌신했다 《황성신문》과 《대한매일신보》 등에 강직한 논설을 실어 독립정신을 북돋우고, 일제의 국권 강탈 후에는 중국에 망명하여 독립운동과 국사 연구에 힘쓰다가 일본 경찰에 체포된 후 뤼순감옥에서 복역 중 순국하였다. 저서에 『조선 상고사』, 『조선사 연구초』 등이 있으며, 청원군 낭성면 귀래리에 사당 및 기념관이 있다.
http://www.danjae.or.kr(단재 신채호 사이버기념관)

맑은 눈을 가진 소박한 서민들의 위태로운 나날

부러진 상다리를 붙들고
네 식구가 둘러앉아 밥을 먹는다.

제법 그럴듯한 밥상을 이루었구나!
기름기 도는 더운 쌀밥이 네 그릇,
꼭 있어야 할 김치도 있고
입맛 돋우는 산나물도 한 접시,
때로 일상처럼 와글와글 끓는 찌개와
흥으로 곁들이는 소주잔도 맑은 얼굴을 내밀고
가끔 세 살배기 딸아이도 올라앉아 재롱을 떠는,
남부러울 것도 표날 것도 없는 차림새에
달처럼 둥근 식구들이 둘러앉은 저녁

잠시라도 마음을 놓거나 한눈을 팔면
손쓸 겨를도 없이 기울어질 목숨의 텃밭,
도시의 날품으로 가꾼 위태로운 밥상을 붙들고
울컥, 뜨거운 것이 넘어오는

목구멍 너머로 밥을 밀어 넣는다.

— 류정환, 「위태로운 밥상」 전문(시집 『검은 밥에 관한 고백』에서)

*

밥상을 마주하는 일처럼 일상의 일이 있을까. 하루하루 밥 먹는 일상을 같이하는 사람인 우리의 식구들. 그 일상을 같이하는 나날이 곧 우리의 생애가 된다. 우리 몸에 들어가는 한 숟가락의 밥은 몸만이 아니라 지친 마음까지 훈훈히 덥혀주는 것이니, 밥상의 의미는 곧 우리 목숨과 닿아있는 것이리.

물질적으로 풍요로운 사회라 해도, 세상은 수상하고 어수선하며, 서민들이 살기는 더 어려워졌다. 서로를 바라보는 눈엔 측은지심이 넘치는 가운데, "잠시라도 마음을 놓거나 한눈을 팔면 손쓸 겨를도 없이 기울어질 목숨의 텃밭"에 어느 한 순간 편안히 마음 놓을 겨를이 없다. "더운 쌀밥과 김치와 산나물 한 접시와 와글와글 끓는 찌개"라도 식구들과 마주하는 밥상이면 충분히 행복해질 수 있는 맑은 눈을 가진 소박한 서민들의 생애. 그 서민들의 나날이 위태롭다. 위태로운 밥상, 위태로운 목숨들로 오늘 나도 "울컥, 뜨거운 것이 넘어"온다.

* **류정환** : 1965년 충북 보은 출생. 1992년 《현대시학》 신인 발굴로 작품활동 시작. 시집 『붉은 눈 가족』, 『검은 밥에 관한 고백』, 『상처를 만지다』.

목숨을 바치는 비장한 사랑

그대 이토록 간절한 소리로
울어본 적 있는가

그저 달콤한 소리로는 말고
사랑한다고
죽도록 사랑한다고
다만 몇 날 며칠만이라도
울며 노래해본 적 있는가

그대 지금
평생을 던져
온몸 부비며 살고 있는가

여름 내내 매미는
내 창가로 날아와
무너져 쓰러지고 다 떠내려갈 때까지
그렇게 빈 가슴을

쓸어내렸다.

— 김시천, 「매미」 전문(시집 『마침내 그리운 하늘에 별이 될 때까지』에서)

*

한여름의 숲을 치열하게 하는 것 중 매미 울음만 한 것이 있을까. 숲을 흔드는 매미울음소리는 사랑을 부르는 처연한 소리다. 아니 처절한 사랑의 소리다.

암컷매미가 수컷매미의 울음소리를 듣고 짝을 선택하는 매미의 사랑. 다른 매미보다 더 아름답고 큰 소리로 울어야 암컷으로부터 선택당하는 수컷매미의 일생은 그래서 열정적이기보다 처절하다. 치열하게 울어도 사랑을 찾지 못한 수컷매미는 끝내 홀로 죽음을 맞이할 것이며, 일생 동안 한 번 울어 보지도 못하는 암컷매미는 짧은 사랑을 마친 후 나무에 알을 낳고 죽어갈 것이다. 목숨을 바치는 비장한 사랑이다.

여름의 한가운데서 뜨겁게 우는 매미가 우리에게 묻는다. "이토록 간절한 소리로 울어본 적 있는가." "사랑한다고, 죽도록 사랑한다고 다만 몇날 며칠만이라도 울며 노래해본 적이 있는가." "그대 지금 평생을 던져 온몸 부비며 살고 있는가" "무너져 쓰러지고 다 떠내려갈 때까지" 목숨을 바쳐도 좋을 사랑이 그대에게 있는가.

* **김시천** : 1956년 충북 청주 출생. 1987년 '분단시대' 동인으로 참여하면서 작품 활동 시작. 시집 『청풍에 살던 나무』, 『지금 우리들의 사랑이라는 것이』, 『떠나는 것이 어찌 아름답기만 하랴』, 『늙은 어머니를 위하여』 등.

다시 염원을 생각한다

새해
새 아침은
산 너머에서도
달력에서도 오지 않았다.

금가루 흩뿌리는
새 아침은
우리들의 대화
우리의 눈빛 속에서
열렸다

보라
발밑에 널려진 골짜기
저 높은 억만 개의 산봉우리마다
빛나는
눈부신 태양
새해엔

한반도 허리에서
철조망 지뢰들도
씻겨갔으면

새해엔
아내랑 꼬마아이들 손 이끌고
나도 그 깊은 우주의 바다에 빠져
달나라나 한 바퀴
돌아와 봤으면,

허나
새해 새 아침은
산에서도 바다에서도
오지 않는다.

금가루 흩뿌리는
새 아침은 우리들의 안창
영원으로 가는 수도자의 눈빛 속에서
구슬짓는다.

— 신동엽, 「새해 새 아침은」 전문(『신동엽 전집』에서)

*

우리들의 새해는 어디에서 오는가? 새로 넘기는 달력이나, 호들갑스럽게 외치는 방송매체를 통해서 오고 있는 건 아닌가? 정갈하게 마음을 갈무리하고 겸허히 새해 아침을 맞아보자.

새해는 "우리들의 대화/우리들의 눈빛 속에서 열렸"으면 좋겠다. 이 땅 수많은 골짜기며 산봉우리마다 눈부신 태양이 빛나고, "새해엔/한반도 허리에서/철조망 지뢰들도/씻겨갔으면" 좋겠다. 새해엔 가족들의 손을 잡고 "깊은 우주의 바다에 빠져/달나라나 한 바퀴/돌아와" 보지는 못해도, 서로 정겹게 마주보며 소중한 꿈 하나씩 키워갔으면 좋겠다.

"산에서도 바다에서도/오지 않는" 새해 아침은 "우리들의 안창/영원으로 가는 수도자의 눈빛"처럼 간절한 마음일 때 구슬처럼 영롱하게 오는 것, 우리들 간절한 소망, 우리들 염원으로 눈부신 날을 새롭게 짓는 것이리…… 우리들 따뜻한 마음으로…… 힘으로…….

* **신동엽** : 충남 부여 출생. 분단현실의 극복에 역점을 둔 수많은 창작을 통하여 한국 현대문학사에 새로운 이정표를 제시한 민족시인. 장편서사시 『금강』, 시집 『아사녀』, 유고시집 『신동엽 전집』이 있음.

푸드덕 자리를 터는 쓸쓸함

이월엔
날아오른다
나무도 새를 따라
날개를 친다
알을 깨고 나오던 날
첫 번째 잎사귀 싹을 틔워
가슴을 열고
새들은 날로 푸르러졌다
솜털 보숭이 두근거리던 처음처럼
둥지를 키우며 나무는 옹이를 늘려갔다
홀로 자란 듯
홰를 치는 이름들
이월에는
나무도 푸드덕 자리를 턴다

— 이종대, 「졸업」 전문(시집 『어머니의 새벽』에서)

*

바야흐로 2월은 졸업 시즌이다. 하나의 과정을 마무리하고 새로운 단계의 출발점에 서는 '졸업'. 돌이켜보면 '졸업'은 우리네 삶의 마디가 되고 새로운 분기점이 되어왔다.

날아오르듯 그 자리를 떠나는 이 시에서의 졸업은 '성장'과 '발전'을 '비상'의 의미에 담아낸 눈부신 졸업이다. 새로운 출발을 위해 지금까지의 보금자리를 떠나는 자녀 혹은 제자를, 새처럼 날아오르는 모습으로 바라보는 부모 혹은 스승의 가슴은 뿌듯한 기쁨으로 벅차다. 하여, 떠나보내는 마음에도 기대에 찬 설렘의 날개가 돋는다.

새의 둥지로 기꺼이 제 몸을 내어준 나무는 하루하루 옹이가 늘어가고 잎이 떨어져도, 날로 푸르러지며 힘찬 날개로 비상하는 새의 모습을 보는 것이 기쁨이고 보람이었을 것이다. 하지만 홀로 자란 듯 먼 곳, 더 높은 곳을 향해 훨훨 날아가는 새들을 바라보며, 겉으론 홀가분한 듯 푸드덕 자리를 터는 나무의 모습은, 온갖 정성으로 자녀를 키워 하나 둘 떠나보낸 후 홀로 남아있는 우리네 부모를 닮아 쓸쓸하다. 졸업식이 끝난 후 떠나간 제자들의 자리를 더듬고 있는 스승의 모습을 닮아 쓸쓸하다.

* **이종대** : 충북 진천 출생. 《문예사조》를 통해 작품활동 시작. 내륙문학회, 마음을 가리키는 시, 충북작가회의 회원. 시집 『어머니의 새벽』.

봄의 전령 쑥잎을 공손히 맞고 싶다

이른 봄 들녘을 나가면
어디든 가리지 않고 다북다북 돋은
쑥을 먼저 보네
여린 속 향긋함을 서둘러 채워놓고
누구든 가리지 않고 다 내주려는
물들이려는 모습을 보네
봄이
먼저 쑥을 키우려는 마음을 알겠네
향긋한 마음을 가지게 했는지도 알겠네
주는 마음의 행복함을 보이고 싶어서였네
이른 봄
누구든 들녘을 나가면
쑥을 먼저 보고 쑥처럼 살아야하겠다고
다짐을 한번쯤 해보아야 할 일이네

이윤경, 「이른 봄」 전문(시집 『빈터』에서)

*

다복다복 돋은 여린 쑥을 맞으러 이른 봄 들녘에 서고 싶다. 이파리마다 향그러운 날개 숨기고 서둘러 먼저 온 봄의 전령 쑥잎을 대지에 엎드려 공손히 맞고 싶다.

누구든 가리지 않고 다 내주려는 봄의 마음이 배어있는 쑥 한 모숨 손에 받으면 우리 마음도 저절로 향긋하게 물들어질 것이니, 다복다복 돋은 여린 쑥을 맞으러 이른 봄 들녘에 나가고 싶다.

겨우내 움츠려 있던 어깨도 다시 펴고, 각박한 눈으로 세상을 보던 닫힌 마음의 문도 새롭게 열고 싶은 봄날. 주는 마음의 행복함을 보여주는 쑥처럼 살아야겠다는 다짐을 해보고 싶은 봄날이다.

* **이윤경** : 경북 상주 출생. 《문학공간》을 통해 작품활동 시작. 충북작가회의, 충북여성문인협회 회원. 시집 『빈터』.

삼천리 강산에 신명이 가득한 봄날을 꿈꾸며

울타리의 새 울음소리에 생기가 돕니다
곤줄박이 한 마리가 향나무의 층계로 몸을 던져
자목련 빈 가지에 사뿐히 앉았다가 날아갑니다
바람은 소나무의 깔깔한 치맛자락을 슬쩍 들추고
흔들리는 침엽의 끝에서는 햇볕이 와아 부서집니다
어디선가 꽁꽁 묶였던 끈이 풀리는 소리 들립니다
매년 전지 당하는 키를 넘지 못하는 무궁화 옆에서
온몸 칭칭 동인 생각의 거미줄 한쪽을 풀어봅니다
돌돌 감긴 배꼽에서 숨결 한 가닥이 발바닥까지 내려가
땅에서 올라오는 누군가의 손길을 맞이합니다
가장 깊은 안으로부터 만물의 잠을 깨우러 오는
그 더듬이에 마음의 한 끝을 가만히 대어봅니다
봄의 코드에 꽂힌 몸속이 형광등처럼 깜박이다가
마침내 환히 켜집니다. 어둑신한 구석구석까지
네 안의 삼천리강산에도 봄 신명이 가득합니다

— 정진명, 「봄날」 전문(시집 『완전한 사랑』에서)

*

몸과 마음을 움츠리게 하는 겨울 같은 날들이 계속되고 있다. 경제적 어려움으로 저마다 고된 날을 보내며 마음마저도 보이지 않는 끈으로 꽁꽁 묶여 생기를 잃고 있다.

이럴 때 눈을 들어 우리 곁에 와 있는 눈부신 봄들녘을 볼 일이다. 새 울음소리도 생기를 되찾고, 자목련이며 소나무 가지에도 바람의 웃음이 번지고 햇볕이 와아 부서지는 봄 풍경을 보며 꽁꽁 묶였던 우리 마음의 끈도 풀어보면 어떨까. 한때는 추위로 꽁꽁 얼었던 대지도 가장 깊은 안으로부터 만물의 잠을 깨우며 우리 곁에 다가와 있으니, 이 시인처럼 우리도 눈부신 생명의 기운에 마음의 끝을 가만히 대어보면 어떨까. 봄이 와도 마음 추운 이가 많은 혹독한 한파 같은 이 경제난도 어쩌면 한 차례 지나는 꽃샘추위 같은 것이 아닐지. 이 시련을 견디고 나면 우리 안의 삼천리강산에 신명이 가득할 그런 봄이 올 것이니, 봄의 코드에 몸을 꽂고 저마다 밝아져 세상 환히 켜지는 날이 올 것이니.

* **정진명** : 충남 아산 출생. 1987년 《문학과비평》을 통해 작품활동 시작. 충북작가회의 회원. 시집 『용설』, 『정신의 뼈』, 『회인에서 속리를 보다』, 『노자의 지팡이』 외 다수.

스스로 깨닫는 내리사랑의 의미

어머니 곁에 있을 땐
네 꺼 내 꺼 없이 지냈는데

어머니 가슴 가르고
떨어져 나와 보니 알겠다

씨감자 속에 너와 내가
함께 자리하고 있었다는 것

쪽쪽 찢어져
땅에 묻혀보니 알겠다

내 몸에도 감자 여럿
앙앙거리며 달려드는 것

— 김순영, 「씨감자」 전문(시집 『갈우동 구곡』에서)

*

누구나 처음엔 아이였다. 어머니 몸에서 떨어져 온 아이. 그래서 우리는 늘 생명의 근원인 어머니 곁이 언제나 가장 평안했고 행복했다. 어머니는 우리에게 언제나 마술사 같은 존재. 가장 맛있는 음식도 어머니에게서 나오고, 가장 곱고 편안한 옷이며, 따뜻한 잠자리도 어머니가 주시니, 어머니 곁에만 있으면 두려울 것이 없다.

세상에서 가장 크고 평안한 존재 '어머니'. 그러나 처음부터 어머니인 사람이 어디 있으랴. 우리 어머니들도 그 옛날 어린 시절엔 그들의 어머니의 보살핌 속에서 훗날 또 하나의 어머니가 될 몸과 마음의 싹을 받으며 성장했던 것처럼, 어느새 우리도 어머니가 되어 아이들의 포근한 보금자리며 든든한 울타리 역할을 하고 있다. 어느새 "내 몸에도 감자 여럿 앙앙거리며 달려드는" 어머니가 되어있다. 한 편의 시를 읽으며 '내리사랑'의 의미를 생각하는 5월이다.

* **김순영** : 충북 옥천 출생. 제3회 지용신인문학상을 수상하며 작품활동 시작. '시천' 동인, 충북작가회의 회원, 괴산향토사연구회 회원. 시집『갈은동 구곡』.

작고 아늑하고 평화로운 풍경에 담긴 행복

노을은 날마다 이맘때쯤
동요를 부른다
복사꽃 지는 할먼네 마당엔
아욱이랑 상추랑
노란 쑥갓 꽃 정겹다

초승달 산 위에 걸려
켜지는 등불을 세고
별 따다 걸어놓을 집 없는지
동그란 눈이다

장보러 간 할머니
돌아오시고
꽁치 굽는 냄새
온 마을을 돈다

그 동네에 승우가 살고

한중이가 살고

— 김유진, 「해거름」 전문(시집 『당신은 언제나 내게 아름다운 꽃입니다』에서)

*

우리가 꿈꾸는 행복은 무엇인가? 저마다의 가치와 기대에 따라 다르겠으나, 분명 그 속에는 아름다운 평화가 있지 않을까. 사랑하는 사람들이 서로를 정겹게 바라보며, 오가는 눈길에 형성되는 정서적 유대감으로 인한 편안함이 있지 않을까.

해거름 풍경을 잔잔히 묘사한 이 시에는 작고 아늑하고 평화로운 풍경 속에 사람이나 자연이나 같은 눈으로 정겹게 바라보는 소박한 아름다움이 담겨있다. 보는 이의 마음도 가지런히 정돈시키는 이 시의 풍경이 우리가 그리워하는 행복이 아닐까 싶다.

매일 접하는 엄청난 뉴스 속의 거창한 사람들이 아닌, 손주를 위해 장을 보고 꽁치를 굽는 느린 걸음의 할머니가 있는 풍경, 그런 할머니 혹은 어머니의 걸음과 손길 속에서 따뜻한 정을 느끼며 살던 승우와 한중이는 지금 무엇을 할까. 우리들 추억 속에 그리움처럼 자리한 고요하고 평화로운 이 풍경이 오래전 흘러가버린 옛일처럼 느껴지는 시대, 이제는 지나간 시대의 전설 같이 느껴지는 이 시대에…….

* **김유진** : 충남 예산 출생. 1997년 《문예사조》를 통해 작품활동을 시작. 내륙문학회, 두타목문학회 회원, '시천' 동인, 충북작가회의 회원. 시집 『당신은 언제나 내게 아름다운 꽃입니다』.

기꺼이 받아들이고 스며드는

고욤나무에 감나무 접순을 붙였다

각기 제 몸의 생살 도려내고도 모자라

돌아서서 생채기를 내어

그 진물로

서로를 엉겨 붙이는

진액으로의 단단한 동여매짐

접붙이기

이제 묶어둔 끈 슬며시 풀어도

이대로 한 가지에 한 몸 한 생각이 되어

오누이같이 닮은 뾰족감 납작감이 되리

— 한이나, 「사랑」 전문(시집 『능엄경 밖으로 사흘 가출 』에서)

*

생명 있는 존재들이 할 수 있는 가장 아름답고 거룩한 것은 '사랑'이 아닐까. 그래서인지 세상엔 사랑이 충만하다 못해 범람하기까지 한다. 여기 저기 내세우는 문구에 빠짐없이 사랑은 등장하고, 스스로를 근사하게 포장하는 사람들도 사랑의 이름을 그럴듯하게 빌려 쓴다. 쉽게 시작하고 또한 쉽게 움직이기도 한다는 이 시대의 사랑. 그 넘치는 사랑들은 지금 어디에 있는가. 어디에서 온몸 온 마음을 다 내주며 스스로 등불을 밝히고 있는가.

사랑의 거룩한 의미를 이 시에서 다시 새긴다. 스스로 생살을 도려내고 생채기가 나고 진물을 흘린 후에나 한 가지에 한 몸 한 생각으로 열리는 게 어디 고욤나무와 감나무의 접붙이기뿐이랴. 사랑이라는 미명 아래, 내가 고욤나무이니 너도 고욤나무가 되라거나, 내가 감나무이니 나를 닮은 감나무가 되라는 어리석은 모습을 우리는 얼마나 쉽게 볼 수 있는가. 나를 내세우지 않고 제 몸과 마음을 다 내주며 기꺼이 상대를 받아들이는 아름다움. 상대의 몸과 마음이 되어 기꺼이 스며드는 그 모습을 '사랑'이라도 해도 되지 않을까. 오누이같이 닮은 이 세상의 뾰족감 납작감들이여. 사랑의 의미를 그대에게 묻는다.

* **한이나** : 충북 청주 출생. 1994년 《현대시학》을 통해 작품활동 시작. 한국문인협회 회원, 가톨릭문인협회 회원, '시천지' 동인. 시집 『가끔은 조율이 필요하다』, 『귀여리 시집』, 『능엄경 밖으로 사흘 가출』.

어리석은 나여! 우리여!

사람들 스스로 얼마쯤 어리석은지 모른다

애써 어리석음의 두께를 알게 되면 푸른 눈빛은

사라지고 노을빛만으로도 애닯다

산에 갔다가 생강나무꽃을 만났다 그렇듯이

생긴 놈은 모두 산수윤 줄로만 알았는데

잎새에서는 싱싱한 생강 냄새 꽃에서는

향기로운 그의 냄새가 가득하다 한 어리석은 이가

생강나무 아래로 지나갔다 꽃이 지면 다시

네 이름을 잊을 것이다

— 윤석위, 「생강나무」 전문(시집 『비름꽃』에서)

*

우리들은 누구나 얼마쯤 어리석은 사람이 아닐까. 때로는 자신의 어리석음을 모르기도 하지만 때로는 어리석은 자신을 외면하고 모른 체하며 많은 날을 살고 있다. 그 날이 많아질수록 켜켜이 쌓인 어리석음의 두께가 저절로 잘 보여서, 그 두께의 무게로 가슴이 무겁게 내려앉는 날, 서쪽 하늘 노을빛만으로도 애달파서 두 눈이 젖어온다.

산수윤 줄 알고 있었던 것이 알고 보니 생강나무꽃인 것처럼, 우리 주위의 존재들이 누구인지 어떤 존재인지 제대로 알지 못하고 살아가는 날들. 자세히 그 아래에 다가서면 싱싱한 생강 냄새가 나기도 하는데, 잊고 지냈던 향기로운 냄새가 가득 느껴지기도 하는데 말이다.

그러나 노란 꽃으로 존재의 표식을 드러내던 생강나무의 꽃이 지고 나면, 다시 그가 온몸에 아름다운 향기를 지닌 생강나무라는 것을 잊을 어리석은 우리여! 꽃처럼 요란한 표식이 한 가지라도 있어야 그를 기억하고 인정하는 우리의 어리석음이여! 꽃을 피우고 싱싱한 향기를 뿜어내며 잎새를 키워내는 근원인 그의 목질을 기억해야 하리니, 부분적 표식에 매달려 서로의 참모습, 진정성을 뒤로 하고 살아가는 날들의 어리석음이 무겁고 무겁다.

* **윤석위** : 충북 청주 출생. 충북작가회의 회원, '마음을 가리키는 시' 동인. 시집『비름꽃』

다 비워서 더 충만한 가을 지상에서

가을 강은
제 속을 보이지 않을 만큼
맑아지고 깊어갔다

사람들은 자신의 쓸쓸함을
주머니에 넣고는
아무 것도 내놓지 않았다

앞산 능선은
선명하게 하늘을 갈라내어
본래 자리로 떠나보냈다

남아있는 것이 없기에
더욱 충만해지는 땅
풀벌레 소리 꼿꼿이 살아 올랐다

— 신동인, 「가을 일기 3」 전문(시집 『그곳으로 가는 길』에서)

*

누구나 생각이 많아지고 눈이 깊어지는 가을. 눈에 들어오는 모든 것이 사유의 강물을 일렁이게 하고, 바람 한 자락에 문득 감지되는 건초향에도 마음밭 지평은 하늘에 닿는 가을. 맑고 깊어지는 가을 하늘 만큼 우리들 마음주머니에 담기는 쓸쓸함의 무게는 드러낼 수도 없는 눈물빛이다.

우리가 돌아갈 본래의 자리는 어디일까. 돌아갈 곳이 있다면 무엇이든 본래의 자리로 돌아가야 할 시기는 가을일 것이니, 지상에서 품었던 꿈은 더 영글고 무르익기를 기다려 지상의 자리에 남겨두고, 비워야 할 것이 있으면 모든 것 다 비우고 마음자리 지평을 더 넓혀야 할 가을이다.

다 비워서 드넓어진 지평이 겸허히 하늘을 향하고, 충만한 지상의 꿈을 넉넉히 쓰다듬는 가을, 지상의 하루가 노을빛처럼 깊다.

* **신동인** : 충북 괴산 출생. 《시와 시론》 추천으로 작품활동 시작. 충북작가회의 회원, '마음을 가리키는 시' 동인. 시집 『껍질벗기』, 『그곳으로 가는 길』.

저 장엄한 소멸의 길

화양계곡 가을 골짜기 거슬러 오른다
촘촘한 엽록葉綠의 시간 지나
진 초록빛 푸른 물 바닥까지 쏟아낸 후
곱게 물든 잎새들 아름다움이 참 깊다

저 눈부신 아름다움 속에
소멸의 길이 있다니 !
한 생애 뜨겁게 태우고 가는
장엄한 조락凋落의 길
부드러이 고요 머금고
소멸로 가는 길 경건하다

허공 중 인연도 매 순간 순결하여서
떨리는 햇살의 욕망 순하게 품고
열이흐레 달빛도 실핏줄에 녹았으니
가파른 바람 온전히 맞으며
깊숙한 화농의 상처 그대로 패였으니

아침 이슬 젖은 생애 절로 글썽였으니
흔들리는 이파리 뒤 그늘까지도 웅숭깊이 넉넉해져
소멸도 빛나는 뜨거운 생애

오래 눈길 주기도
차마 미안하였다

— 김은숙, 「아름다운 소멸」 전문(시집 『아름다운 소멸』에서)

*

계절의 변화 속에 우주의 숨결을 더 깊이 느낄 수 있는 가을, 한껏 고운 자태로 눈부신 단풍들이 우리 마음자락을 잡는다. 일년 중 단풍이 물들 때만큼 나무의 위용이 대단한 때가 있을까. 눈부신 아름다움에 발을 멈추게 하고 생각을 무르익게 한다.

그러나 나무의 그 아름다운 절정은 나뭇잎으로서의 마지막 행보 때문이니, 이파리로서의 한 생애를 뜨겁게 태우며 지상에서의 마지막 숨결을 내쉬고 스스로를 가장 아름답게 접는다. 저 장엄한 소멸의 길을 바라보는 우리 마음은 가지런히 겸허해질 수밖에 없고, 나뭇잎에 맺힌 이슬처럼 우리 눈에도 절로 이슬 맺힌다. 온갖 욕망이 들끓는 엽록의 시간을 지나며 가파른 바람을 온몸으로 맞고 여기저기 화농의 상처도 깊게 패인 나뭇잎. 견뎌온 시간만큼 깊어진 그늘이 웅숭깊이 넉넉한 저 빛나는 우주여.

우리는 어디로 가는가. 어떻게 저물어가고 있는가. 우리의 소멸도 저렇게 아름다울 수 있다면……. 저렇게 깊고 뜨거울 수 있다면……. 저 웅숭깊은 그늘의 미덕도 무한히 부럽기만 한데…….

* **김은숙** : 충북 청주 출생. 충북작가회의 회원, 빈터 동인, 詩泉 동인. 제13회 내륙문학상 수상. 시집 『그대에게 가는 길』, 『창밖에 그가 있네』, 『아름다운 소멸』, 『손길』.

잘 가라, 붙잡을 수 없는 모든 것이여

잘 가라. 내 이제 고삐를 놓으리니
얼음숲을 빠져나온 아지랑이들아
산으로 들로 줄달음치던 뜨거운 꽃들아
더러는 유황불 베어 물고
사나흘 밤낮을 으르렁대던 늑대들아
너희들을 살찌울 양식이 더 이상 없구나
잘 가라
한때는 내 겨드랑이를 간지르던 매미들아
너희들도 붙잡을 수 없느니, 잘 가라
가지 끝 마디마디 이파리를 흔들고 가던
그 짧은 노래는 무엇이었는가
아, 나는 그것을 사랑이라 불렀거늘
사랑에도 빛깔이 있다는 것을 처음 알았거늘
우수수 떨어져 내린 빛깔을 지금 물어 무엇하리
바람아, 나이테를 에돌아 한층 단단해진
외로움아, 잘 가라
그러나 또다시 돌아올 그리운 것들아

이 밤 어디서 빗질을 하느뇨

— 장문석, 「섣달 그믐」 전문(시집 『아주 오래된 흔적』에서)

*

한 해의 끝자락에서 어찌할 수 없이 고삐를 놓아야 할 것들이 얼마나 많은가. 아니 고삐를 잡고 결코 놓지 않으려 해도 결국 우리 곁을 떠나는 것들은 얼마나 많은가. 뜨거웠던 꽃들의 시간이건, 유황불을 베어 물고 사나흘 으르렁대던 야생 늑대의 시간이건 이제는 잘 가라고 안녕을 고해야 할 때가 다가왔으니, 더 이상 줄 것도 받을 것도 채울 것도 비울 것도 없는 시간 앞에서 목소리는 깊숙이 낮아진다.

잘 가라. 붙잡을 수 없는 모든 것이여. 바람처럼 생의 마디를 흔들고 지나가버린 시간을 사랑이라 불렀으니, 빛깔이 선명하게 각인된 사랑의 노래일수록 그 시간의 속도는 빠르고도 짧아 어느 날 더 단단해진 나이테에 외로움은 슬픔으로 우수수 떨어져 내린다.

잘 가라. 외로움아. 또다시 돌아올 그리운 것들아. 다시 돌아오지 못할 모든 것들아 잘 가라.

* **장문석** : 충북 청원 출생. 충북작가회의 회원. 시집 『잠든 아내 곁에서』 『아주 오래된 흔적』 시산문집 『엄동에도 여인네들의 웃음꽃은 피어나고』.

가슴 저미는 걸음걸음, 사무치는 마중

등 밝히고 향 피워라
할머니 오실 때 되었다
낭성 팔십 리 길 너무 멀어
시린 달빛 머문 자리마다
그리움 신열로 피어오르니
아직 때 이르다지만
구천에서 얼마나 허기졌을까
고사리 밥눈 떼지 말고
생전에 메밀전도 좋아하셨다
아파트 층계 가파르니
아이야 입구까지 마중 나가
눈으로만 말고 온몸으로
혹 쑥부쟁이 얼비친 눈물 있거든
하나도 새지 않게 祭器에 담아
아주 훗날 피붙이 사무칠 때에
산그림자 울먹이는 억새풀처럼
오래도록 가슴 속 저미게 하라 —조남야,「마중」 전문(시집『未發表』에서)

*

'마중'이 아름다운 것은 '마음'이 담겨있기 때문이리라. 오기로 한 사람은 미리 나가 맞지 않아도 찾아오겠지만, 그 사람을 기다리는 마음, 반기는 마음이 미리 나가 맞게 하는 것이니, '마중'이란 말에서는 정성어린 마음이 느껴진다.

할머니의 기일, 낭성 어딘가에 누워 계신 할머니에 대한 그리움이 어쩌지 못하는 신열처럼 뜨겁게 가슴 저민다. 구천에서 허기진 할머니를 생각하며, 생전에 좋아하신 음식을 차려놓은 후, 등 환히 밝히고 정성스레 향도 피우고 할머니 마중을 나간다. 혹여 가파른 아파트가 낯설어 오시기 힘드실까 눈으로만 말고 온몸으로 온 마음으로 마중 나가는 뜨거운 피붙이의 정이 참으로 사무친다.

민족의 명절 한가위가 있는 9월. '민족'이라는 말에 담긴 가족과 조상과 피붙이의 의미를 다시 생각하는 계절. 시 속의 화자가 할머니를 생각하고 정성어린 마음으로 마중 나가듯, 우리도 정성껏 차례를 모시고, 성묘를 가는 걸음에도 감사의 마음, 그리움의 마음이 담겼으면 좋겠다.

* **조남야** : 본명 조남두. 충북 청주 출생. 1983년《月刊文學》으로 등단. 청주 신흥고등학교에서 오랫동안 국어를 가르쳤으며, 교장으로 정년퇴임함. 시집으로『未發表』가 있음.

가늠할 수 없이 무겁고 아픈

산골짝 논다랑이 손으로 벤다
반듯한 들판 논에는 콤바인으로 왕왕거리며
벼를 베고 타작을 하는데
나는 허리 아프게 엎드려 벼를 벤다

늦가을 짧은 해가 왜 이리 긴지
막걸리를 마셔도 흥얼흥얼 노래를 해도
왠지 허리가 더 아프구나

마누라도 말없이 팔이 아프다고
조합돈 갚을 일 눈이 깜깜해서 그런가
내년이면 팽개쳐버릴 논다랑이

서울에는 술 한 잔이 몇만 원짜리도 있디야
돈 많은 사람들은 하루저녁 먹는 술값이
쌀 몇 가마씩 처먹는디야
그놈들 배도 크지

시벌시벌 헛소리를 해도 입만 아프고

먼 할아버지 때부터 알뜰살뜰 가꾸던
우리 식구 젖줄이던 논다랑이
내년이면 잡초만 무성하겠지
마지막 벼를 베는 이 가슴이 떨린다
잘 가거라 잘 있거라

— 박운식, 「벼를 베며-논 12」 전문(시집 『아버지의 논』에서)

*

내 자식이 진로를 선택할 때, 지금 내가 하고 있는 일을 가장 먼저 권하게 된다면, 그 사람은 행복한 사람이다. 자식에게 권하는 직업은, 일의 수익이나 보람, 성취감 어느 한 가지가 아닌 복합적인 면을 고려해서 좋은 직업으로 판단했기 때문일 테니 말이다.

현재 농사를 짓는 분들 중에 자식들에게 농사를 지으라고 권하는 분이 과연 얼마나 될까? 아니, 있기는 할까? 이 시를 읽다보면 저절로 마음이 아파진다. 풍요롭다는 가을, 내가 일한 만큼의 수익은 고사하고 나날이 갚을 돈의 무게만 가슴을 짓누르니, 노고를 기울인 만큼 여기저기 몸이 아프고 마음이 내려앉아 더 이상 논다랑이 농사짓기를 포기하는 현실이 눈에 밟힌다. "먼 할아버지 때부터 알뜰살뜰 가꾸던" 논다랑이 벼를 베며 "잘 가거라, 잘 있거라" 마지막 인사를 하는 마음의 시름을 어찌 가늠이나 할 수 있을까. 한없이 깊은 시름은 술 한 잔에 몇 만 원짜리를 마신다는 도시 사람들 얘기로 상대적 박탈감만 더해지는 데…….

"마지막 벼를 베며" 떨리는 가슴으로 논다랑이에게 인사를 하는 아픈 마음이 농민들만의 몫일까? 그들만의 몫이라 할 수 있을까? 이 가을, 우리들 마음이 같이 내려앉는다.

* **박운식** : 충북 영동 출생. 1974년 《현대시학》을 통해서 작품활동을 시작. 현재 영동 황간에서 무농약 포도농사를 짓고 있음. 시집 『연가』, 『모두 모두 즐거워서 술도 먹고 떡도 먹고』, 『아버지의 논』.

외로워도 외롭지 않은

우리는 외로워도 외롭지 않다
서로의 몸 부대끼며 관솔을 키우고
옹이가 박히는 세월을 살고
바람이 불 때 때론 꺾이기도 하였다

관성으로 산 세월의 뒤란에 숨어 있는 것들
외로운 것들은 외롭게 잠들고
서로 몸 부대끼고 싶은 것들은 잠들지 못하는
수런거리는 숲
관성의 반대방향으로 고개 돌린
나이테가 더 깊게
자라는 골 가운데로
바람이 불고

견딜 것 많은 세월
어깨 마주 대고
파도치는 숲 — 박원희, 「숲」 전문(시집 『나를 떠나면 그대가 보인다』에서)

*

나무는 스스로 혼자 존재하지만, 그 나무 한 그루 한 그루들이 모여 어느새 숲을 이룬다. 홀로 서 있는 나무보다, 더불어 이룬 숲에 바람도 오래 머물고 새들도 아름다운 합창을 보내며, 영롱한 햇살 빛나고, 웅숭깊은 그늘도 깊고 아늑하다.

외롭지 않은 사람이 어디 있으리. 한 그루 나무로 홀로 서서 누구나 외롭게 살아가지만, 한 사람 한 사람이 모여 어느새 우리도 숲을 이루고 산다. 지금 우리는 어느 숲에 있는가? 우리가 원하는 만큼의 향기 가득한 푸르른 숲을 이루고 있는가? 그렇게 이룬 숲에서 "외로워도 외롭지 않다"고 "옹이가 박히는 세월을 살고, 바람이 불 때 때론 꺾이기도" 하면서, "서로의 몸 부대끼며 관솔"을 키우기도 하는가?

어제와 다름없는 오늘을 별다른 인식 없이 '관성'처럼 살아가는 우리네 삶. 그러나 "나이테가 더 깊게" 자랄수록 그 골 가운데로 깊은 바람이 불고, "세월의 뒤란에 숨어 있는 것들"이 더 많으리. 하여, 늘어나는 나이테만큼이나 세상을 볼 수 있는 눈이 깊고, 사람들에게 내미는 손도 따뜻하며, 그늘에 있는 이들을 향해 먼저 걸음을 떼기도 할 것이니, 그 숲에서 "견딜 것 많은 세월, 어깨 마주 대고 파도치는" 따뜻한 너울이 아름답다.

* **박원희** : 충북 청주 출생. 1995년 《한민족문학》 신인 추천으로 작품활동을 시작. 엽서시 동인, 문향 동인, 충북작가회의 회원. 시집 『나를 떠나면 그대가 보인다』.

우리들 마음의 화로, 아버지

눈발 언뜻언뜻 날리는 저녁 무렵
솥전에 밥물 넘치며 뜸이 들어
어머니 국솥에 불을 물릴 때쯤이면

아버지는 여물냄새 무럭무럭 김이 서리는
쇠죽솥에 쇠죽을 푸시고 난 후
아궁이에 이글대는 불덩어리 골라내어
부삽으로 무쇠 화로에 담으셨다

뜨건 가슴 쓸어 덮듯 불잉걸 위에
재 한 삽 덮고는 곱게 다독거려서
저녁 밥상과 함께 들여온 안방에는
그 화로의 훈훈한 기운으로
문밖에 우는 겨울바람 소리도
평화롭게만 들리던 한 때가 있었다

뒤란 밤나무 고목에서 부엉이 울고

마실가신 아버지 상기도 안 오시는 밤
올망졸망 둘러앉아 고구마 묻으며
재 식은 화로 불 헤집으면
아직도 뜨겁게 남아 깜박이던 불씨들이여

오늘 춥고 쓸쓸한 날들을 살 수 있는 건
불혹을 넘긴 지금에도 꺼지지 않고
그 때 아버지의 화로 속에 묻혀 깜박거리는
그 불씨들 때문 아닌가 싶은 것이다

— 조원진, 「아버지의 화로」 전문(시집 『기러기 부리에 묻어온 겨울』에서)

*

화로가 있는 방의 따뜻한 온기가 절로 전해지는 시다. 가족들이 오순도순 모여 앉아 화로 속에 고구마를 묻고 기다리며 불씨를 들여다보는 눈빛엔 화목함이 가득한 그 방은 우리들의 아버지가 만드신 정겹고 훈훈한 공간. 바로 '가족'의 공간이다.

웃풍이 있어 공기는 차가울지라도 화로가 있는 방의 풍경은 참으로 정겨워 보인다. 화롯가에 가족들이 옹기종기 모여서 머리를 맞대고 정담을 나누는 모습, 둘러앉은 얼굴들은 불빛을 닮아 환한 웃음이 붉게 번지는 화기애애한 분위기가 절로 떠오른다.

화로가 사라진 시대. 우리의 집, 가족의 공간은 더 넓어졌다. 각자의 방에서 각자의 책상을 갖고 가족의 얼굴이 아닌 TV나 컴퓨터 모니터를 마주하고 있는 우리들의 초상. 예전보다 풍요롭고 편리한 시대에 살고 있으나, 마음은 의지할 데 없이 서늘해진 우리. 한 해가 저물어가는 무렵, 화로의 불씨가 그리운 건 왜일까. 문득 아버지가 그리운 건 왜일까. 우리들 마음의 화로, 아버지를 다시 불러본다.

* **조원진** : 충북 보은 출생. 제7회 《동양일보》 신인문학상 시부문 당선. 충북작가회의 회원. 시집 『기러기 부리에 묻어온 겨울』.

꽃이 피는 것도 잠시

나무의 마음마음에 등불 달고 기다려 본 자만이 안다
봄에 꽃나무들 얼마나 뜨거운지
그 열꽃들 밖으로 밀어내고 또 밀어내
어찌 저리도 환하게 빛의 둥우리로 서 있는지

마음에 불을 켜본 자만이 안다
어둔 겨울의 기억을 찢어버리고
뜨거운 분홍의 살 일시에 터져 나와
어찌 저리도 폭포수처럼 꽃을 피워내는지

봄날 개울에 나가 들복숭아 꽃나무를 본다
어느덧 산과 들에 당겨진 불꽃
생명의 언저리마다 눈부시고 밝은 빛의 둥우리
그건 문밖에서 날 기다리시던 어머니 모습

맑은 바람은 연신 따듯한 햇살을 실어다
나뭇가지에 꾹꾹 쟁여 넣고 있다

한나절 꿈속인 세상에 나가 놀다 돌아간다

구름의 문 재빨리 닫혀버리기 전에

— 노창선, 「나무의 마음」 전문(시집 『오월의 숲에 와서』에서)

*

노창선 시인이 일구어낸 '오월의 숲'은 생명력으로 충일한 신화적 원동력이 충만한 공간이다. 모든 생명 있는 것들이 뿜어내고 이루어낸 저 은밀하고 도도한 신화의 숲. 그 숲에서 시인은 날아오르는 새이고 뿌리 깊은 나무이며 다양한 생명을 잉태한 대지이며 어머니다. 온갖 사물에 뜨거운 입김을 불어 넣는 신화적 상상력의 원동력이다.

오월의 숲에 뿌리내린 「나무의 마음」을 들여다본다.

복숭아나무 한 그루 들에 서 있다. 마음의 등불 밝히고 복숭아나무 곁에 서있는 시인은 꽃피우는 나무를 들여다보다 스스로 나무의 마음이 된다. 잎을 피우기 전 불 밝히듯 환한 꽃을 피우는 봄 나무들. 겨우내 감내해온 어둡고 칙칙한 기억 불사르며 온몸 달구어온 무수한 열망 밀어내어 뜨겁게 피워내는 저 여린 꽃들은 모두 환한 불꽃이다. 그 불꽃들은 뿌리 깊은 곳에서부터 뜨겁게 달구어져 저절로 살갗 터져가며 밖으로 피어질 수밖에 없는 생명의 꽃이다.

어둠과 겨울로 표상된 생명의 기운을 억압하는 시간들. 그 억압의 시간, 억압의 구조를 이겨낸 인고의 날들을 이 시는 암묵적으로 이야기하고 있다. 겨울의 추위가 힘겨웠던 만큼 억압된 생명의 자생력은 더 큰 분출력을 갖는 것이리라. 억압과 분출의 밀고 당김. 그렇다. 우주와 세상의 비밀을 읽어버린 느낌이다.

마음에 불을 켜본 자만이 안다/어둔 겨울의 기억을 찢어버리고/뜨거운 분홍의 살 일시에 터져 나와/어찌 저리도 폭포수처럼 꽃을 피워내는지

이것이 생명이다. 생명의 힘이다. 그러므로 시인은 생명의 모태를 기억한다. 빛의 둥우리 같은 어머니. 문밖에서 기다리는 생명의 신 어머니가 늘 거기 있다. 전신에 수많은 등불을 매달고 들판에 혹은 산언덕에 피어 있는 꽃나무들을 보면 가슴 저리기까지 하다. 춥고 어두웠던 날들 이겨내고 저렇게 당당하게 승리의 노래를 부르고 있다니! 이렇게 한겨울의 가혹한 바람을, 눈보라를 묵묵히 견뎌내고, 다시 새봄에 꽃을 피우고 열매 맺으려는 나무의 마음은 강인하면서도 따뜻하다.

그러나 이 시는 아니 나무의 마음은, 자랑처럼 기어이 당당하게 세상에 서는 저 나무의 강인한 생명력을 드러내려고 하는 것이 아니다. 결국 이렇게 피고 지는 지상의 일들이 얼마나 덧없고 하릴없는 것인지를 말하고 있다. 한갓 봄날의 한 다발 꿈에 젖어 울고 웃다 가는 삶의 덧없음을 말하고 싶은 것이다.

맑은 바람은 연신 따듯한 햇살을 실어다/나뭇가지에 꾹꾹 쟁여 넣고 있다/한나절 꿈속인 세상에 나가 놀다 돌아간다/구름의 문 재빨리 닫

혀버리기 전에

연신 햇살을 실어다 나뭇가지에 꾹꾹 쟁여 넣어 힘겹게/뜨겁게 피워 올리는 저 꽃들. 그러나 꽃이 피는 것도 잠시. 한나절 꿈속인 세상에 나가 놀다 돌아가는 우리들 생애도 잠시.

《문학마당》(2005, 여름호)

* **노창선** : 충북 청원 출생. 1975년《한국문학》신인상 수상. 현재 한국교통대학교 한국어문학과 교수. 시집『섬』,『난꽃 진 자리』,『오월의 숲에 와서』외 저서 다수.

사물의 본질적 사명을 울리는 깊은 목소리

시인들이 내는 목소리는 참 다르다. 목소리의 높이도 크기도 다르고 질감도 또한 다르다. 이 다름은 어디에서 연유하는 것일까. 그가 살아온 삶의 흔적과 사유의 깊이, 시선이 가는 방향……, 그런 것들이 각자의 시詩 속에 다른 목소리로 배어나오는 것이리라.

정진명 시인을 나는 잘 모른다. 그의 이름을 몇 번 들은 적이 있고, 지난 홍명희 문학제에서 「소설 임꺽정에 나오는 활」에 대해 발표하는 것을 들은 바가 있지만, 개인적으로 한마디 인사도 나눈 적이 없고, 가까이 그의 목소리를 들은 적이 없는 것으로 볼 때 나는 그를 모르는 것이다. 그런데 그의 시에 오래 시선이 머물고 그 시를 여러 번 들여다본 후 나는 그를 잘 아는 느낌이다. 아니 이미 아주 가까운 거리에서 그의 목소리를 들으며 대화를 나눈 느낌이다.

좋은 시를 들여다보는 기쁨은 컸으나 깊이 있는 시선으로 그 시의 깊이를 제대로 가늠하지 못한 아쉬움을 먼저 말하지 않을 수 없으며, 이 원고는 제대로 된 시평이 되지 못하고 나름대로 시詩 속 화자의 목소리에 귀를 기울여 그가 들려주는 이야기를 따라가 보는 데 그친 것임을 시인에게 미안한 마음을 얹어 밝힌다.

저녁나절

껍질 속에 뒹구는 과일을 베개 삼아
아직도 남은 살기를 천장으로 쳐들고
창칼 하나,
과일 그릇에 누워 있다.
아내의 익숙한 손놀림 한 가운데에서 바삐 춤추며
오징어 살을 가르고
뭉텅이로 잘려온 돼지고기를 다르르르 저미던 칼.
속옷보다 더 엷은 과일 껍질 밑의 속살을 더듬어가다가
자신을 몰고 가는 손의 살갗도 이따금 벗기던 칼.
스스로의 몸을 예각으로 일으켜
형상 있는 모든 것들의 만만한 틈을 비집고 다니며
오랜 세월 지탱해온 사물의 질서를 순식간에 무너뜨리고
손끝까지 내려온 주인의 생각을 온힘으로 이루어주더니
아직 끝나지 않은 임무로 날을 세워둔 채
과일 그릇 안에서 잠시 쉬고 있다.
무우가 몸 속에 숨기고 있던 둥근 단면을 드러내거나
두부의 여린 살 속으로 흔적없이 지나쳐
쏟아진 뒤에야 둘로 나뉘었음을 알게 한 놀라운 솜씨를 보이며
매번 만만한 것들을 상대하기 마련이지민,
어쩌다 호락호락치 않은 것들과 마주친 흔적을
허릿동 한 곳에 이빠진 기억으로 미루어두고

과일그릇 안에 누워 있다.
장자라는 책에는 이런 이야기도 있다.
어떤 쇠백정이 칼을 잡기만 하면
소의 살과 뼈가 스스로 허물어졌다는 조긍檣肯의 고사.
예각의 형상으로 서는 것만으로도
용도에 따라 대상을 분해하는 전설의 칼이 될 때까지
스스로의 몸을 일으켜 세우는 것이 저의 운명임을
과일을 베고 누운 칼은 아는 것일까?
뼈를 가는 고통을 마다하지 않으며
어머니 손에서 아내의 손으로 넘어오는 동안
스스로 선택한 벼룻돌의 세월이
칼날의 곡선을 따라 고스란히 살아있다.
어머니의 등허리와도 같고
아내의 손날과도 같은 선.
이렇게 얇고 얇아지다가 어느 순간
부피를 지니지 않는 제로 선까지
스스로를 깎아 세우며
다른 사물들의 한갓된 틈을 향해 나아갈
창칼 한 자루.
침침한 부엌 한 켠 과일 그릇 안에서
하얗게 날을 세우고 밤을 지샌다.

— 정진명, 「창칼」 전문(시집 『노자의 지팡이』에서)

모든 사물이 한 가지 기능 한 가지 성격만 있는 건 아니겠지만, '칼'이라는 말을 떠올릴 때 먼저 드는 섬뜩함은 그 날카로운 날로 뭔가를 베거나 자르는 무기가 될 수 있다고 여기기 때문인 것 같다. 긍정적 기능을 다 묻어두고 무기로서 남을 헤칠 수 있는 부정적 의미가 먼저 떠오르니……. 하지만 남을 헤칠 수도 있다는 것은 반대로 타인의 공격으로부터 자신을 방어하는 데도 유용한 것이리라.

그런데 이 시의 칼은 작은 칼을 두루 이르는 '창칼'이다. 간혹 예외가 있겠으나 창칼은 무기로서의 기능보다는 생활의 유용한 도구로서의 기능이 우선한다.

이 시의 "과일 그릇에 누워 있"는 창칼 또한 "오징어 살을 가르고" "돼지고기를 다르르르 저미던" 또는 "과일 껍질 밑의 속살을 더듬어가"는 칼, 사람의 생활 속에 사람과 함께 어울리는 칼이다.

창칼의 자세를 말하고 있는 점에 먼저 주목해 본다. 4행에 "과일 그릇에 누워 있다"는 칼은 그 누워있음이 편히 누워 완전히 임무를 놓아버린 것이 아니라, 16행에서 말하는 대로 "과일 그릇 안에서 잠시 쉬고 있다"는 것이다. 아니 그 잠시 쉬고 있는 것도 또한 편안한 쉼이 아니라 마지막 행에서는 "하얗게 날을 세우고 밤을 지샌다"고 말한다.

하얗게 날을 세우고 밤을 지새는 창칼 하나……. 왜 밤을 지새는 모습인가. 생활 속에서 창칼은 "스스로의 몸을 예각으로 일으켜 / 형상 있는 모든 것들의 만만한 틈을 비집고 다니며 / 오랜 세월 지탱해온 사물의 질서를 순식간에 무너뜨리고 / 손끝까지 내려온 주인의 생각을 온

힘으로 이루어주더니 / 아직 끝나지 않은 임무로 날을 세워둔 채 / 과일 그릇 안에서 잠시 쉬고 있다" 그렇다. 아직 끝나지 않은 임무가 있어 하얗게 날을 세우고 밤을 지새고 있다. 아직 끝나지 않은 임무…….

민주주의의 이름 위에, 또 경제성장의 이름 위에 조금씩이지만 세상이 바뀌고 살기가 좋아졌다고 한다. 특히 지금의 경제적 어려움과 가난으로 인한 소외 속에서도 정치적으로는 많이 나아졌다고들 말한다. 정치인들의 수준이나 우리 나라의 정치현실을 말하는 것이 아니라 적어도 제대로 말하고 들을 수 있는 현실이라는 것이리라. 국민의 목소리가 들리고 반영되는 현실. 정부의 의도에 따른 선택적 정보제공이 아니라 국민의 기본적인 알 권리가 보장되는, 민주사회의 가장 기본적 토양이 그래도 조성되었다는 것이리라.

그런데 이러한 변화가 혹시 우리가 지녀야 할 칼의 임무를 망각하게 하고 예리해야 할 칼날을 무디게 만들고 세상을 너무 둥근 시선으로 바라보며 편안한 자세로 안주하게 만들고 있는 건 아닌가 하고 이 시 「창칼」을 읽으며 생각하게 된다.

"허릿동 한 곳에 이빠진 기억으로" 남아있는 "호락호락치 않은 것들"과의 마주침만이 아니라 "무우가 몸 속에 숨기고 있던 둥근 단면을 드러내거나" "두부의 여린 살 속"을 지나쳐 둘로 나누기도 하는 이런 "만만한 것들을 상대하"는 일 또한 결코 방기할 수 없는 중요한 창칼의 사명이리라.

쉽게 지나치고 눈감아버릴 수 있는 작고 하찮은 일들……. 그러나 이런 작은 것들을 놓쳐버릴 때 그것은 상대하기 어려운 크나큰 공룡의 모습으로 세상을 흔들 수도 있으니 세상 곳곳에 무수히 남아있는 크고 작은 일들…….아직 끝나지 않은 임무로 하얗게 날을 세워둔 채 창칼은 있을 수밖에 없는 것이다.

"예각의 형상으로 서는 것만으로도 / 용도에 따라 대상을 분해하는 전설의 칼이 될 때까지 / 스스로의 몸을 일으켜 세우는" 창칼의 자세가 바로 시인의 운명임을, "뼈를 가는 고통을 마다하지 않으며" 스스로 선택한 벼룻돌의 세월까지 안으로 짊어지고 가는 시인의 자세……. 그렇다. 시인이 지향하는 삶, 그가 도달하고자 하는 세계는 "어떤 쇠백정이 칼을 잡기만 하면 /소의 살과 뼈가 스스로 허물어졌다는" 이야기. 『장자』에 나오는 조긍檣肯의 고사에 담겨져 있다.

『장자』를 읽으며 한참을 머물며 생각하게 만들었던 칼 솜씨에 대한 고사.(내 생각에 시인이 말한 조긍檣肯의 고사는 『장자』 양생주養生主에 있는 포정의 소각뜨기庖丁解牛를 말하는 것이 아닌가 싶다) 포정이 소각뜨는 솜씨가 얼마나 능수능란한지 상상을 초월할 만큼 절묘한 소위 명인名人의 경지. 손, 어깨, 발, 무릎 등 몸 전체가 조화롭게, 자연의 리듬과 율동에 맞추어 한바탕 춤추듯이 움직이면 어느새 소의 각을 완전히 뜨게 되었다는 것이다. 자연의 리듬과 율동에 맞춰 물처럼 흐르는 행동 속에서 저절로 나오는 움직임. 그래서 칼로 베지만 칼로 베는 것 같지 않게 베는, 말하자면 '벰이 없는 벰'이라는 이야기이다. 그 속엔 사물과 내가 하나가 되었을 때 가능한 경지가 담겨있다. 칼과 사람이 혼연일체가 되어 칼의 숨결을 따라가고 칼의 몸이 되었을 때 비로소 도달하는 경지.

그것은 거창하고 높은 목소리나 이름으로가 아니라 "어머니의 등허리와도 같고 / 아내의 손날과도 같은 선 / 이렇게 얇고 얇아지다가 어느 순간 / 부피를 지니지 않는 제로 선까지 / 스스로를 깎아 세우며 / 다른 사물들의 한갓된 틈을 향해 나아갈" 때에만 가능한 것이리라.

더 이상의 예리한 창칼의 날로 맞서는 세상이 아닌, 물 흐르듯이 자연스럽게 인륜에 어긋남이 없이 더불어 사는 사회. 모든 날선 기억들마저 "얇고 얇아지다가 어느 순간 / 부피를 지니지 않는 제로 선까지" 사라지는 그런 사회……. 그곳이 바로 시인이 지향하는 사회가 아닐까 싶다. 그런 사회에 도달하기 위해 아직까지는 예각의 날을 세워 온갖 틈을 비집고 다니며 끊임없이 자기 목소리를 내야 하지 않겠느냐고 말하는 시인의 깊은 울림의 목소리가 들리는 듯하다

가까이 있는 사물에 담긴 의미를 파악하고 선명하게 그려내며 자신의 목소리를 제대로 담아 낸 좋은 시를 접해서 나름대로 이 시를 읽어보는 시간이 참 소중하고 행복했다. 시인의 목소리를 제대로 읽어가지 못했지만, 시를 읽는 동안 시와 나와의 거리가 없어지고 내게로 내 안으로 닿아있는 목소리, 그 울림을 따라가 보고 싶었다

정진명 시인이 건네준 창칼 한 자루……. 늦은 밤 내 손안에서 깊은 울림을 담은 목소리로 말을 건넨다.

《청주문학》 13호, 2001년 겨울

터무니없는 마음의 근거

그저 한 마리 보인다고 그냥 냅둔 게 화근인겨, 설마 지금이 어느 때인데 라고 생각한 그 마음이 죄인겨.

온 마을마다 까만 눈 희번득거리는 쥐새끼들이 늘어나는데도 말여, 그냥 두면 없어질거라고 믿는 그 마음이 화근인겨.

그려, 생각해 보니
이 마을에서 쥐들이 사라졌다고 믿을 만한 근거는 사실 하나도 없는디
그런 터무니 없는 마음의 근거
생각해 보니 그 소박한 상식이 바로 화근이었던겨
새삼 쥐 잡는 법을 열심히 생각해 봐도
이 짓을 또 해야 하나 싶기만 한데

밤길도 아닌 햇살 환한
저 한낮 속을 느릿느릿 걸어가는
살찐 쥐.
기침을 해봐도

발을 쿵 굴러봐도
까만 눈을 번득이며 같이 노려보는
저 살찐 쥐.
이젠 발꿈치를 물고
종아리를 타고 올라오는

화근이 자라고 있다.

— 이승희, 「화근」 전문(《충북작가》 27호, 2009년 여름)

*

믿을 만한 근거는 무엇이며 어디에 있는가. 사람인가, 사회인가, 시간인가, 마음인가. 무엇을 근거로 너를, 우리를, 현재를, 미래를 믿어야 하는가. 사람살이가 그렇다. 특별히 믿을 만한 근거가 없어도, "믿고 싶은 마음의 근거"를 세상 곳곳에 심어두고, 믿고 싶은 쪽으로 생각을 기울이며 방심하게 된다. 혹시 상황이 잘못 흘러가면 어쩌지 하는 '염려'가 생각의 한 편에 있어도, 지금까지 흘러온 방향이 있는데 '설마' 역방향으로 흐르겠어? 하며 마음 편한 쪽으로 기대의 고개를 돌리는 심리를 우리는 알고 있다.

"쥐들이 사라졌다고 믿을 만한 근거는 사실 하나도 없는"데 당장 눈에 띄지 않는다고 이미 모두 사라졌다고 믿은 방심이 가장 큰 화근이란다. 느긋한 방심 속에 "온 마을마다 까만 눈 희번득거리는 쥐새끼들이 늘어나"고 있는 현실. 우리들이 살고 있는 마을에 "밤길도 아닌 햇살 환한 / 저 한낮 속을 느릿느릿 걸어가는 / 살찐 쥐"로 가득하다면, 살찐 쥐들이 당당하게 마을을 활보하며 "이젠 발꿈치를 물고" 우리의 "종아리를 타고 올라"와 심장을 갉아먹으려 한다면, 머릿속까지 쥐색 균을 침투시키려 한다면 어찌할 것인가.

오늘도 아니 지금도 순간순간 '화근'이 자라고 있는 마을에 '살아있는' 사람들이 여전히 그 화근이 "그냥 두면 없어질 거라고 믿"으며 살지는 않을 것이니, "설마 지금이 어느 때인데 라고 생각한 그 마음"에 죄를 물으며, "새삼 쥐 잡는 법을 열심히 생각"할 것이다.

이승희 시인의 '화근'은 우리에게 물어온다. 처음 '한 마리'가 보였을 때 "그냥 두면 없어질 거라고 믿은 그 마음이 화근"이라는 사람, "그런 터무니없는 마음의 근거"를 탓하는 사람이 바로 '당신'이라면, '우리'라면, 바로 '나'라면 지금 해야 할 일은 무엇인가. "기침을 해봐도 / 발을 쿵 굴러봐도 / 까만 눈을 번득이며 같이 노려보는 / 저 살찐 쥐"를 그저 바라보고 있다가 지켜보고 있다가 어쩌면 우리의 발꿈치를 물고 종아리를 타고 올라와 심장을 갉아먹어도 체감조차 못 하는 날이 오는 건 아니겠느냐고 우리에게 물어온다.

화근이 되는 것도 모르고 있는 우리 안의 방심, 터무니없는 마음의 근거를 묻는 이 시가 종아리를 타고 올라온다.

《충북작가》 28호, 2009년 겨울

* **이승희** : 경북 상주 출생. 1997년 《시와 사람》을 통해 작품활동 시작. 1999년 《경향신문》 신춘문예 당선. 시집 『저녁을 굶은 달을 본 적이 있다』.

시인과 만남

Poet

스스로 꽃을 피워내는 따뜻한 우주

— 김유진 시집 『당신은 언제나 내게 아름다운 꽃입니다』(문학마을사, 2004)

김유진 시인의 목소리는 차분하다. 사려 깊은 푸근함이 담겨 있고 말 한 마디 한 마디 허투루 나오는 게 없이 참 마디고 단정하다. 누구를 대하건 상대에 대한 존중과 배려의 마음이 저절로 느껴진다. 김유진 시인과 마주하고 대화를 하다보면 어느새 나도 겸손의 자세를 배우려 하게 된다.

김유진 시인의 이런 목소리는 첫 시집 『당신은 언제나 내게 아름다운 꽃입니다』 속에 고스란히 담겨져 시인이 가꾼 단아한 꽃밭 깊숙이 우리를 들어서게 한다. 눈에 들어오는 우주 만물을 따뜻한 사랑의 마음으로 새롭게 꽃피우는 시인은 그러나 결코 거창하게 우주를 논하지 않으며, 드넓고 아름다운 꽃밭을 일궈내면서도 자신이 가꾼 꽃밭의 자태를 보란 듯이 자랑하지 않는다. 나직한 목소리 속에 소탈하고 따뜻한 마음이 시집 전반에 배어있어 시집을 접하는 사람들 마음밭에까지 꽃을 피워낸다.

예쁜 새가 날아오더니
달리는 버스 창문에

노란 꽃 똥을 싸놓고 갔다

들판 벼 낱알

실컷 쪼아 먹었나보다

아니

반찬으로 노란 꽃 나물을 먹었나보다

흩어져 꽃 모양낸

새똥 꽃

—「새똥 꽃」 전문

세상에! 날아가던 새가 버스 창문에 찍 갈겨놓은 똥을 보고 꽃이라고 하다니! 새똥까지도 꽃으로 피워내는 시인의 시선에 처음엔 놀라워하다가 다시 한번 시를 읽고는 이내 숙연해졌다. 어쩌면 모든 사물을 이렇게 고운 시선으로 이렇게 따뜻한 마음으로 바라보고 고스란히 품에 안아 새로운 자리에 심어 놓을 수 있단 말인가! 그 드넓고 푸근한 시선에 숙연해지며 저절로 경외감이 생겼다. 어여쁜 꽃을 보고도 제대로 깊은 눈길 한번 주지 못하고 고개 숙여 향기에 흠뻑 취해보지 못하는 경우가 많은데, 구절초 꽃, 달맞이꽃, 도라지꽃, 민들레, 제비꽃, 크로바 꽃, 쑥갓꽃 등 땅에 엎드려있어 쉽게 눈에 띄지 않는 작은 것들까지도 시인의 꽃밭에 소중히 들어와 그윽한 향기로 피어오른다.

눈밭은 달빛으로 더 희고 고운데

안방에선 할머니 무 긁는 소리
가르릉 가르릉 가래 소리에
손자도 딴 방으로 가고 홑 유리창 성에가
더 성깃하다
저녁나절 땐 군불 신통찮은지
방바닥도 식어가고 밤 깊어 가는데
시루룩거리며 날아가는 새 무리
겨울밤 동무되어 좋다
나뭇가지조차 움직이지 않는 고요함으로
별빛 더 밝고
옆집 덕행 아버지 뒤보고 나와
에헴—
밤 기침소리
저쪽 마을로 돌아나간다

—「겨울 밤」 전문

담백하고 정갈한 풍경화 한 편이 눈앞에 펼쳐진다. 사람과 자연이 한데 버무려져 자연을 닮은 사람, 사람 깊숙이 들어온 자연의 모습이 생생하게 펼쳐져 있는 이 풍경화 속에선 사람의 소리와 자연의 소리가 다르지 않다. "할머니 무 긁는 소리 / 가르릉 가르릉 가래 소리에" "유리창 성에"가 반응하고, "방바닥도 식어가고 밤 깊어 가는데" 새 무리도 "시루룩거리며 날아"가는가 하면, "나뭇가지조차 움직이지 않는 고요함으로” 별빛 더 밝은 밤, 옆집 덕행이 아버지 내는 밤기침 소리도 넌지시 “저쪽 마을로 돌아나간다” 이렇게 정갈한 시 한편 마주하면 누구나 맑은 바람 한 자락 깊게 품고 이 겨울밤을 건너 갈 수 있을 것 같다. 겨울 하늘 건너는 새 무리 좇아 밤하늘에 오랫동안 눈길 머무를 것 같다.

사람과 자연을 향해 마음문 열어놓고 애틋한 시선으로 오래 머물러 있는 김유진 시인. 시인의 눈에 들어오는 사람살이는 또 어떠한가.

> 내일은 침묵이게 하자 / 안달할 것도 / 줄 것도 받을 것도 없는 / 아무 관계가 없는 남남의 사이로 하자 // 구조조정에 뽑힌 자도 뽑힐 자도 / 그냥 그러려니 하자 / 말을 해야 될 사람이 침묵을 해도 / 그러려니 하자 / 진지한 모더니즘이 아니면 차라리 침묵을 / 해가 지면 달이 뜨고 또 해가 뜨는 / 대단한 우주의 살아있는 맥박을 / 거역할 수 없는 숨소리를 인정하자 // 살고 싶어서 / 살게 해 달라고 점을 치는 사람 / 하루 두 끼 금식을 하는 사람 / 버스를 타지 못하고 아픈 다리로 걷는 사람 / 아침부터 밤늦도록 수출 인형에 눈 붙이는 사람 // 직장도 잃고 장가 못 간 마흔 살 아들을 위해 / 푸성귀와 두어 박 됫박 콩을 파는 사람 / 목맬까 하다가 목맬 줄 집어던지고 / 날품 파는 사람 / 살고 싶어서 / 살아야 하겠기에 / 이들의 몸짓이 역사의 한 부분인 / 사실 앞에 겨울처럼 춥기만 한 세상살이
>
> —「구조조정」 전문

‘퇴출과 시위와 구조조정의 아우성을 들으며’라는 부제가 달린 이 시에 담긴 사람살이는 “겨울처럼” 춥다. 오랜 시간 같은 조직의 구성원으

로 한 식구처럼 지내온 사람들이 생존과 경쟁의 논리에 의해 "구조조정에 뽑힌 자"이거나 "뽑힐 자"가 되고, "아무 관계가 없는 남남의 사이로" "거역할 수 없는" 이 거대한 논리에 서로의 침묵을 이해해야 하는 상황에 놓인다. "버스를 타지 못하고 아픈 다리로 걷는 사람" "아침부터 밤늦도록 수출 인형에 눈 붙이는 사람" "직장도 잃고 장가 못 간 마흔 살 아들을 위해 푸성귀와 두어 박 됫박 콩을 파는 사람" "목맬까 하다가 목맬 줄 집어던지고 날품 파는 사람"을 바라보며, "이들의 몸짓이 역사의 한 부분인 사실"이기에 부조리한 이 현실을 살아가야 하는 우리 사회 소외된 약자들의 아우성에 시인은 귀 기울이며 마음을 얻어 함께 아파한다.

김유진 시인의 시는 소탈하다. 그의 시가 쉽게 읽혀지는 좋은 시라는 점에서도 그것을 알 수 있다. 물론 쉽게 읽혀지는 시라고 해서 무조건 좋은 시라는 건 결코 아니다. 시를 쓴 시인의 의도나 담겨진 뜻을 쉽게 이해할 수는 있으나, 시의 의미망이나 구성이며 리듬감이 너무 긴장감 없이 풀어져 있기만 하고, 읽고 난 후 아무런 여운도 없고 탄탄하지 못한 느낌의 시를 흔히 만날 수 있다. 이런 시를 좋은 시라고 하지는 않는다. 쉽게 읽히면서도 시인이 새롭게 지어놓은 언어의 집에 밀도 있는 내용과 신선한 언어적 감각이 숨을 쉬며, 치열하고 깊이 있는 사유가 독자적인 시각 속에 녹아있어야 좋은 시라고 할 수 있을 것이다.

노을은 날마다 이맘때쯤
동요를 부른다

복사꽃 지는 할먼네 마당엔
아욱이랑 상추랑
노란 쑥갓 꽃 정겹다

초승달 산 위에 걸려
켜지는 등불을 세고
별 따라 걸어놓을 집 없는지
동그란 눈이다

장 보러 간 할머니
돌아오시고
꽁치 굽는 냄새
온 마을 돈다

그 동네에 승우가 살고
한중이가 살고

—「해거름」 전문

몇 번을 읽어도 참 좋다. 담백하고 향기롭다. 씨실날실 직조해간 시인의 언어가 물 흐르듯 자연스럽다. 행간에서 독자를 오래 붙잡고 머뭇거리게 하거나 일부러 그 의미를 골똘히 생각하게 하지 않지만, 읽은 후 오래 여운을 느끼게 하는 시다. 하늘과 땅과 사람이 함께 어우러진

해거름 정겨운 동네 풍경이 편안하게 안겨오며, 친숙한 느낌의 문장 속에는 신선한 감각이 생생하게 살아있기도 하다. 쉽게 접근할 수 있으되 시인만의 독자적 시선과 감각을 탄력 있게 담아내고 있는 시. 이런 시야말로 많은 독자들을 시의 밭으로 편안히 끌어들일 수 있는 좋은 시가 아닌가!

『당신은 언제나 내게 아름다운 꽃입니다』라고 세상을 향해 처음 나직이 말을 건네는 김유진 시인. 세상의 구석진 곳에 엎드려있는 꽃을 발견해 내고, 감히 꽃이라 이름 붙일 수 없는 것까지도 꽃으로 피워내는 깊고 따뜻한 품을 가진 또 하나의 아름다운 우주를 우리가 만났다. 아름다운 꽃의 마음 향기로운 꽃의 영혼을 지닌 진정 시인다운 시인이 가까이 있으니, 더불어 우리도 그 향기에 취해 꽃처럼 향기로워질 것 같다.

《충북작가》 18호, 2004년 겨울

詩는 더 멀리서 자주 글썽이는데

'詩人, 詩人을 만나다'-김은숙 시인이 만난 허장무 시인

달빛은 하늘에서 단호하고
오늘도 나는 간다. 그대 있는 곳
누란에 두고 온 그리움일랑 멀리 그림자 지우고
새로운 사랑이 목화다래처럼 기다리는 곳
— 허장무 「돈황시편 1-오아시스」에서

(본문의 모든 인용 시는 허장무 시인의 詩임)

한 권의 시집을 내는 의미는 무엇일까? 시집을 세상에 내보낸 후 시인에겐 어떤 생각이 파고들까? 한마디 말로 쉽게 물어오는 사람들이 있지만 어떤 시인이건 대답이 그리 쉽고 간단치는 않으리라.

시인만의 시선과 사유와 숨결을 담아 자기만의 목소리로 직조해낸 언어의 집. 오랜 시간 사물과 자신과 세상을 들여다보며 정성을 기울여 지은 집이라 해도, 스스로 만족하며 자신 있어 하는 사람이 얼마나 될까. 단어 하나하나에도 시인의 숨결이 온전히 담겨있으니, 시집을 들여다보는 타인의 시선이 어찌 불안하지 않으며, 눈길을 피해 숨고 싶지 않겠는가. 타인의 시선만이 아니라 이제는 시인에게서도 멀찌감치 떨어져 객관화 되어있는 본인의 시집을 들여다보는 것이 썩 마음 내키지 않을 것이다. 시집을 낼 때마다 늘 나는 그랬다. 그래서인가? 시집 『밀

물 든 자리』에 대해 슬그머니 말을 꺼내는 내 시선을 선생은 언뜻 비켜 가고 싶어하는 듯했다.

선생이 혼자 책을 보며 조용히 생각에 잠길 수 있는 작은 공간을 마련했다는 말을 듣고 그곳으로 찾아 가는 길, 당연히 내 손에는 최근에 출간한 선생의 두 번째 시집 『밀물 든 자리』가 들려 있었다. 일찍이 시집을 받고서 전편을 일독하며, 한 편의 시에 마음 내려놓고 서성이며 한참을 머물기도 하고, 시를 읽다 말고 가만히 먼 산을 바라보거나 허공에 눈길 주기도 하면서 허장무 선생이 내민 『밀물 든 자리』에 마음 흔들렸음에도 불구하고, 선생을 만나러 가기 전 며칠 간 나는 다시 『밀물 든 자리』만 들여다보았다.

> 내가 / 누구의 처마에 들어 / 그렁그렁 물 긷고 바느질하는 동안 / 제법 웅숭깊어진 나이테를 두르고도 / 자주 서글퍼져서 동구 밖을 서성이다가 / 울바자 뒤로 고개 쑤욱 내밀고 목백일홍처럼 / 한참씩 눈이 젖어 돌아가던 사람 있었다니. // 나 또한 / 그 사람 그늘에 들지 못하고 / 밤이 이울도록 문풍지 소릴 듣다가 물안개 서런 달빛에 남세스럽던 눈물 / 다시는 돌아보지 않겠다고 한쪽으로 고개 튼 / 명자나무 흰 비단 같은 꽃으로 / 더욱 서느런 어깨 흔들고 있을지 몰라
>
> —「어떤 사랑」 전문

두 번째 읽으니 더 좋았다. 감히 말한다면 시집에 수록된 시 전반이 정갈하기가 이를 데 없었다. 켜켜이 쌓인 고요의 층이 두터웠으며 고요

를 바라보는 시선이 깊고 그윽했다. 낮은 목소리로 말하는 그리움이 더 크게 마음을 흔들었으며, 쓸쓸한 인생의 가을을 담아내는 언어들이 참으로 담백했다. 불필요한 묘사나 감정이 넘쳐난 시를 찾아볼 수 없이 한 편 한 편이 단아하게 정제되어 있었다.

> 다시 더 정갈하게 외로워지라는 뜻
>
> —「夏雨」 부분

"선생님은 잘 생기시지 않았는데 시는 참 잘 생겼어요……. 시는 시인을 닮는데……, 이상하죠?" 웃으며 건네는 내 말에 이순耳順에 접어든 허장무 선생도 쑥스럽게 웃었다. 나보다 연배가 한참 높으신데도 내가 이렇게 편하게 대하는 것은 나름대로 선생과 함께 한 시간과 인연이 있어서였다.

선생께서 2002년부터 2003년까지 만 2년간 충북작가 지회장을 맡아하실 때, 노창선, 유성호 선생 등과 함께 《충북작가》 편집 일을 도왔던 나는, 그 분들과 책을 함께 만들며 일을 배우는 즐거움이 컸다. 당시 허장무 선생은 젊은 후배들에게 가끔 농담도 툭툭 던지며 편집진을 격려하고 북돋워주는 분위기 메이커였다. 삶이란 놈을 저만큼에 놓고 바라보며 쓸쓸한 웃음을 혼자 짓기도 하는 나이에도 때론 소년 같은 표정이 되기도 하며.

"시를 좀더 제대로 써보고 싶다는 생각이 컸어요."

오랫동안 몸담아온 교직 생활을 조금 일찍 마무리한 이유 중의 하나라고 한다. 소중히 여겨 온 일을 놓은 데는 몇 가지 이유가 있지만, 시를 제대로 쓰고 싶다는 것도 큰 비중을 차지하는 이유였고, 퇴직 후 써 온 시편들이 이번에 『밀물 든 자리』로 탄생했다. 첫 번째 시집 『바람 연습』과 많은 차이가 느껴진다고 말하는 이가 많은 것을 보니, 원한 바대로 선생의 영토에 가장 넓고 깊은 땅을 시에게 내어주고 시간과 정성을 기울여 풍요로운 경작을 일궈내셨다. 천천히 그러나 튼실히 일궈낸 선생의 경작에 마음의 박수를 보낸다.

지금은 식혀서 익어가는 때 / 식힌다, 생각마다 틈을 주어 식힌다 / 제대로 된 외로움 하나 여물기 위해 / 한사코 차갑게 달아오르자 / 허공을 나는 낯익은 놈도 / 제법 쓸쓸할 텐데 끝내 눈길 한번 주지 않는다

—「가을」 부분

"김 선생은 어때요? 나는 시를 쓰면서 가장 중요하게 생각하는 것이 언어의 진정성인데."

언어의 진정성은 곧 문학정신의 진정성, 삶의 진정성을 말하는 것이 아닌가? 한 편의 시를 쓴 후에 유리창에 붙여놓고 읽고 고치기를 반복, 서른 번 이상 수정한다는 선생의 말을 나는 말없이 듣기만 했다. 그렇게 시에 성심을 기울이지 못하는 내가 시에게 미안했기 때문이다. 그렇게 마음을 기울여 눈길을 주고 또 주니 그렇게 토씨 하나 넘쳐나는 것 없이 시가 정갈하게 다듬어졌구나 하고 그저 고개를 끄덕일 뿐이었다.

'다시 또 시집을 낼 수 있을까.'

시집 겉장을 넘기자 만나는 시인의 말이다. 한동안 시는 쓰지 않을 생각이시란다. 인상 깊었던 돈황이나 터키 여행 등 말하고 싶은 것은 얼마 동안은 기행산문이나 서간문 형식으로 쓰시겠단다. 산문을 써야 하는 경우가 자주 생겨서 당분간 산문은 쓰고 싶지 않다는 생각을 하는 나와는 반대로, 한동안 시는 쓰지 않고 산문을 쓰시겠다니……. 그러나 나는 안다. 시집 출간 후 한동안 겪는 후유증이라는 것을. 허장무 시인. 그렇다. 그는 다른 무엇보다 시인이 아닌가. 여행의 기록 등 이런 저런 산문 순례 후 결국 다시 원래의 자리인 시로 돌아올 것이니…….

> 밤새도록 바람이 강물을 때렸다 / 몇 번이고 어깨를 들썩이다 / 못내 얼어붙은 강물 / 고통의 속내 감추려 애썼으나 / 몸을 뒤척이는 속울음만큼이나 / 물무늬로 결빙된 굴곡이 눈부시다 / 참으로, 쓰라린 보폭을 끌어당겨 / 응고해버리는 저 단호함은 어디서 오는가
>
> —「결빙의 강」 부분

시집을 넘기며 작품에 대한 많은 이야기를 주고받았다. 표제시인 「밀물 든 자리」를 비롯하여 「어떤 사랑」, 「돈황시편」, 「좁이 누나」, 「하산」, 「결빙의 강」, 「월동하는 산」, 「가을」 등 내게 큰 울림을 준 시편 들을 내가 먼저 거론하여 선생의 말씀을 들었다.

> 저, 무시해도 마땅한 팔알만 한 그리움들이
>
> —「간이역」 부분

"그리움의 시편들이 참 많은 것 같아요. 삶의 근원적 쓸쓸함을 드러낸 시도 많구요." 라는 내 말에 "김 선생도 내 나이 돼 봐."

조용히 웃으며 한 마디 툭 던진 후 "누구나 근원적 쓸쓸함이 있는 게 아니겠어요?"라며 저절로 배어나오는 쓸쓸한 표정. 누구나 느끼는 인간 본연의 근원적 쓸쓸함이라 해도, 어쩌면 나이 들수록 더 많은 것이 보이고 더 많은 것이 느껴져서 그런 것이 아닐까. 그렇게 쓸쓸함이 온몸으로 엄습하듯 배어드는 게 아닐까.

"그리움의 시편들이 많지요. 아직도 그런 것에서 벗어나지 못하고 있어요." 이순耳順의 나이. 돌아보는 것이 많으니 자연히 그리움이 많을 수밖에. "그런데 김 선생. 나는 쭉 그렇게 써가려고 해요." 지금까지와 다름없이 쭉 그렇게 써가겠다는 말에는 시에 대한 선생의 한결같은 마음이 담겨있다. '그리움'이라는 말처럼 서정시 본연의 모습을 감지하게 하는 말이 있을까. 어떤 새로움의 추구나 번뜩이는 기교보다 그는 여전히 시의 정신에, 근원적 물줄기에 몸 담그고 싶은 것이리.

어려운 여건의 우리 지역 문단에 대해 선생이 염려하시는 걸 자주 본다. 그것은 지역에서 묵묵히 그러나 순정의 마음으로 문학을 붙들고 있는 후배들에 대한 마음이 지극해서이다. 이런 지극한 마음을 애정이라고 해도 되지 않을까.

"애벌레의 시기가 가장 좋은 것 같아요."

나비가 되어 아무 곳이나 훨훨 날아오르는 것보다, 푸른 잎을 갉아먹으며 그러다 때론 누군가의 먹이가 될 수도 있는 애벌레의 시기가 가장 좋은 것 같다고 하신다. 나비를 꿈꾸는 시대, 나비가 되어 훨훨 날아다니고 싶어 하는 시대에 우리는 살고 있는데, 애벌레의 시기가 가장 좋다고 하신다. 이런 그가 더 단단하게 느껴진다. 온몸으로 시의 푸른 잎을 갉아먹으며 푸르른 시의 몸이 되고자 하는 시인의 마음이 보인다. 하여 시인 허장무의 곁에는 켜켜이 고요도 쌓이고 그리움도 쌓이지만 사람들 마음도 머물고 웃음소리도 흩어진다.

자리에서 일어날 무렵, 멀리 들판이 보이는 창밖으로 노을이 졌던가? 사막의 봉우리마다 색을 달리하는 돈황 명사산 월아천月牙川에서 본 석양을 말하는 선생의 눈이 어느새 노을빛이다. 붉게 익어 깊고 깊은 그 노을빛.

> 월아천의 초승달이 능선 위로 오르기 전 / 황금빛 석양이 그림자와 더불어 몸을 섞으며 놀 때 / 지상의 색깔들은 까무러친다 / 아무도 가 닿을 수 없는 곳에 / 누가 이런 비의를 감추고 혼자 즐기는가
>
> —「돈황시편 2-夕照」 부분

충북민예총 웹진 〈생생〉 8호

오월의 숲 속에 핀 시의 꽃

— 노창선 시인을 찾아서

말이 곧 절이라는 뜻일까 / 말씀으로 절을 짓는다는 뜻일까 / 지금까지 시를 써오면서 시가 무엇인지 / 시로써 무엇을 이룰지 / 깊이 생각해볼 틈도 없이 / 헤매어 여기까지 왔다. — 정희성, 「詩를 찾아서」 부분

노창선 선생님과 말씀을 나누기 위해 집을 나선 날은 마침 부처님 오신 날이었다. 우리들 각자의 가슴에 지은 마음의 사원에 오늘도 밝혀놓은 연등을 생각하며 정희성 시인의 「詩를 찾아서」가 떠올랐다. 말씀으로 한 개 오롯한 사원을 짓기는커녕 나날이 시로 인한 업만 쌓고 있는 이 시업詩業의 길. 나는 어디까지……, 어디까지 나는 와 있는 걸까……를 생각하다가 처음 노창선 선생님의 시집 『섬』을 만나던 시절이 아득히 저 먼 바다의 한 개 섬으로 떠올라 가슴에 일렁였다.

노창선 선생님의 첫 시집 『섬』이 내게는 두 권 있다. 2004년 재출간하신 후 선생님께서 직접 서명하여 주신 시집이 한 권 있기도 하지만, 1981년 첫 시집 『섬』을 상재하셨을 때 대학 2학년생이었던 나는 서점에서 이 시집을 만났고, 서점 안에 서서 몇 편의 시를 읽은 후 시집을 사

들고 '1981년 9월 7일 화문당에서 김은숙' 이라고 표지 안쪽에 메모를 해 놓은 시집 한 권을 더 가지고 있다.

우리는 섬이 되어 기다린다 어둠 속에서 / 오고가는 이 없는 끝없이 열린 바다 / 문득 물결 끝에 떠올랐다 사라지는 / 그러나 넋의 둘레만을 돌다가 스러지는 / 불빛, 불빛, 불빛, 불빛 // 외로움이 진해지면 / 우리들은 저마다의 가슴 깊이 내려가 / 지난날의 따스한 입맞춤과 눈물과 / 어느덧 어깨까지 덮쳐 오던 폭풍과 / 어지러움 그리고 다가온 이별을 기억한다 // 천만겁의 일월이 흐르고 / 거센 물결의 뒤채임과 밤이 또 지나면 / 우리들은 어떤 얼굴로 만날까 // 내가 이룬 섬의 그 어느 언저리에서 / 비둘기 한 마리 밤바다로 떠나가지만 // 그대 어느 곳에 또한 섬을 이루고 있는지 / 어린 새의 그 날갯짓으로 / 이 내 가슴속 까만 가뭄을 / 그대에게 전해 줄 수 있는지

—「섬」 전문

가슴 속에 무엇인가를 향한 갈증으로 늘 목이 탔던 당시의 내가 만난 「섬」은 "까만 가뭄"으로 나를 깊이 잡아당겼다. 내가 만난 『섬』은 까만 바다의 한가운데서 막막히 저 먼 곳을 응시하는 하염없는 그리움의 시편들로 가득했다. 시집 한 권을 그날 밤으로 다 읽으며 나도 저 막막한 먼 바다의 한 개 섬으로 함께 출렁였다.

어디로부턴가 / 나는 쫓겨 나와 / 이렇듯 쑥잎 냄새에 얹혀 살면서 / 까마귀 떼 날아가는 / 어느 길도 보이지 않는 어둠 속 / 목숨까지도 / 그런 어둠

의 고삐에 매어 놓고 / 때로는 조금씩 흐느끼다가 / 그리워 하다가

—「빈들」 전문

목숨까지도 고삐에 매어놓은 그리움의 시들. 여리고 섬세한 감성이 시집 전반에 넘쳤다. 그러면서 동시에 어떤 강인한 힘이 느껴졌다. 당당함이랄까 꿋꿋함이랄까 어찌 보면 나약하고 소극적 한탄 일색일 수도 있는 그리움의 노래에 이렇게 힘이 느껴지는 것이, 그래서 새로운 힘으로 독자들 가슴 속에 파고드는 것이 경이롭기까지 했다. 이 시집을 오래 손에 들고 몇 번은 읽은 것 같다.

'노창선'이라는 이름은 내게 이렇게 시집 『섬』으로 머릿속 한편에 남아있었다. 대학 졸업 후 타 지역으로 나가 교직생활을 하던 내가 16년 만에 고향으로 돌아온 지 얼마 안 되어, 작가회의에서 마련한 허장무 선생님의 시집 『바람연습』 출간기념 세미나에 참석한 적이 있었는데, 그 자리에서 처음 노창선 선생님을 뵙고 인사를 드렸다.

그 후 2002년부터 《충북작가》 편집 일을 선생님과 같이 하면서 가까이에서 자주 뵙게 된 나는 '노창선 선생님' 하면 늘 넘치는 에너지와 높은 의욕과 추진력이 떠올랐다. 본인이 지향하는 이데올로기의 중심축에 페미니즘을 심어놓고 따로 사회 운동을 전개해 나가는 분은 아니지만, 남다른 열정을 바탕으로 학문적 깊이나 사회적 활동을 해 오시는 면모가 평소 충북작가회의에서 활동하는 여성 회원들의 신뢰와 존경을 받는 가운데 여성 활동의 역량을 실천적으로 보여주고 계셨다. 선생님의 활동을 이끄는 모든 에너지원은 분명 어떤 신념일 것이라는 짐작 정

도만 하고 뵙기로 한 장소로 나갔다.

노창선 선생님, 김재국 선생님, 류정환 시인, 그리고 필자. 이렇게 네 사람이 자리를 잡고 인사를 나눈 후 모든 출간물에 선생님이 1954년생으로 되어있는데 혹시 원래보다 좀 늦게 되어있는 것이 아닌가 우선 여쭤봤더니, 어려웠던 어린 시절을 회상하며 표정이 바로 달라졌다. 출생했을 때 어머니 젖도 제대로 먹지 않고 울기만 해서 오래 살지 못할 것 같아 출생 신고가 늦었다는 이야기를 할 때는 저절로 어머니를 떠올리셨는데, 청원군 남일면 신송리에서의 어린 시절이 시작의 근원이 되었다는 말을 하시며 지금도 꽃이나 풀이름이 생각나지 않으면 어머니한테 전화하여 알아내신다는 말을 덧붙이셨다.

평소 선생님께 느꼈던 강한 의지와 추진력을 보여주는 최근의 일이 떠올라 화제를 바로 그쪽으로 옮겼다. 선생님이 재직하고 계신 청주과학대학과 충주대학교가 통합되는 과정에서 문예창작과가 없어질 위기에 처했고, 선생님께서 문창과를 지켜내기 위해 온 힘을 기울인 이야기는 많이들 알고 있는 내용이다. 소중하다고 여기시는 것을 어떻게든 지켜내려고 애쓰시는 선생님의 열정을 단적으로 알 수 있는 부분이었다. 요즘 사회 전반의 풍조가 그렇지만 대학에서도 효용도에 따라 학문의 선택과 집중이 이루어지고 있는 점에 대해 큰 안타까움을 드러내시는 선생님. 결국 충주대학교에 문예창작과를 온전히 지켜내시고 청주과학대학과 충주대학교 통합 선포식에서 축시를 낭송하여 많은 사람들의 공감을 일으킨 점을 말씀하실 때는 목소리 톤이 절로 높아졌다. 시를 듣고 비로소 통합이 이루어진 것 같다고 공감을 보이는 사람들이 많은 것을 보더라도 시는 사람의 마음을 움직이는 남다른 기능성을 가지고 있는 것이 아니겠느냐는 말씀을 덧붙이셨다.

선생님의 첫 시집에 남다른 애정을 갖고 있는 나는 『섬』을 누군가를 절절히 사랑하는 사람의, 대상에 대한 그리움의 정조가 듬뿍 담긴 시집으로 읽었다는 말씀을 드렸더니, 선생님의 대답은 내가 받은 느낌과는 상당히 거리가 있었다. '섬'의 이미지는 장 그로니에의 산문 「섬」에서 받은 것으로, 시집 『섬』은 서로 연결되지 못하고 떨어져 있으며 개체화 되어있는 섬의 이미지 속에, 삼엄했던 80년 5월 광주의 시대적 분위기를 담아낸 것이라는 말씀을 하셨다. 처음 등단했던 때나 『섬』을 출간했을 때나 늘 우리의 삶과 시대에 대한 치열한 고민으로 힘들어했고, 잘못된 역사와 현실을 어떻게든 바꿔야 하는데 검열이 심했던 1981년의 상황에서 시집을 발간하며, 시대에 대한 고민과 불안을 직설적인 목소리를 내지 못하고 연가풍의 어조로 표현할 수밖에 없었으며, 살아있는 언어를 쓰지 못하고 여러 겹으로 포장했던 게 당시 현실이었다는 것이다. 그 시대의 정의와 평화에 대한 갈구를 연시풍으로 그렇게 여러 겹으로 포장하여 쓸 수밖에 없다 보니 독자들에게 제대로 전달이 안 되어 답답함만 컸으며, 언어로 무엇인가를 한다는 것에 절망하는 시인들이 많았고, 곪을 대로 곪은 시대적 병폐로 인해 그 시대의 시에는 썩어가는 환부를 도려내기 위한 정신적 자세의 하나로 작품 속에 '칼'이라는 어휘가 많이 등장할 수밖에 없었다는 말씀을 하실 때는 강한 어조 속에 안타까움이 배어있었다.

금년에 새로 민예총 부지회장을 맡으신 것을 여쭤보면서 자연스레 우리 단체의 일로 시선을 돌렸다. 가급적 어떤 직책을 맡지 않으려 하는데, 이번에 민예총지회장을 맡으신 판화가 이철수 선생님과 평소 정신적인 맥이 통한다는 느낌을 받고 있었고, 부지회장으로 맡아달라는 이철수 선생님의 전화에 응하게 되었는데, 주로 〈생생〉이라는 민예총 웹진 발간에 마음을 쓰고 있지만, 그것도 실무를 맡은 분들이 다 하고 있어 본인이 하는 일은 거의 없다고 말씀하셨다.

그간의 민예총이나 충북작가회의와의 인연에 대해 말씀해달라고 요청을 하니 그 옛날 생명 평화 운동의 하나로 가톨릭 농민운동에 참여하던 시절부터 떠올리셨다.

75년 《한국문학》으로 등단하여 당시 《한국문학》 발간에 관여하시던 이문구 선생님의 영향으로 시대에 대한 사명감을 가지고 문청시절을 보냈으며, 이영진, 김진경, 김수복 등 《한국문학》 출신 시인들이 '물과 불' 동인을 결성하여 열정을 가지고 함께 활동하기도 했으나, 몇 년 후 경직된 사회에 대응하고 변화시키기가 문학으로는 너무 어렵다고 느끼고 한동안 시에서 멀찌감치 떨어져 있었다고 하셨다. 대학원에 진학하고 결혼하고 학위 준비를 하는 등 이런저런 외적인 큰 일이 있기도 했지만, 무엇보다 시 혹은 문학의 기능성에 절망하고 10여 년 정도 절필한 시기가 있었다는 것이다. 세상이 좋아지면 시를 쓰겠다고 결심하고 문학보다도 더 빨리 나아가며 무엇인가 사회를 변혁시킬 수 있는 즉자적인 칼이 될 수 있는 사회변혁 운동으로 가톨릭 농민운동에 애정을 가지고 적극 동참하게 되었고, 그러다가 그곳에서 부군을 만나 결혼하게 되었으며, 국민들의 삶의 질 향상을 연대적으로 추구하기 위해 83년 무렵부터 도시와 농촌을 연결, 직거래를 조직화하기 위해 애쓴 장일순 선생님의 한살림 운동에 공감, 적극 동참하셨다는 것이다. 그것이 원주에 계신 무위당 장일순 선생님의 맥을 잇고 있는 김지하 시인으로부터 세 번째 시집 표사를 얻게 된 인연이 되기도 했다고 한다.

충북민예총이나 충북작가에 기여한 바가 별로 없다는 말씀을 하시며, 그래도 우리 단체가 시대적 당위로 형성된 단체인데 지금은 젊은 후진들의 참여가 별로 없어 맥이 끊겨가는 느낌이 든다며 안타까워하셨다. 젊은이다운 도전정신, 끊임없는 도발정신으로 처음 일을 시작했던 사람들도 이미 기성세대가 되었고, 그동안 이룩한 것에 많이 안주하고 있는 느낌이 든다고 하시며, 항상 젊은 의식과 끊임없는 비판정신으로 새로운 것을 추구하고 도전하는 것이 필요한데, 젊은층의 참여도 자꾸 줄어들고 그러한 정신도 없어져가는 것 같아 안타깝다는 말씀에는 충북민예총이나 충북작가회의를 아끼는 애정이 듬뿍 담겨 있었다. 젊은 사람들이 많이 들어와서 참여할 수 있는 폭을 우리 스스로 좀더 넓혀나가는 노력이 필요하고, 이 시대에 맞는 시민 연대의 논리를 계발해서 시민들의 공감을 받고 삶의 실질적인 내용을 공유할 수 있는 영역을 찾아가야 한다고 하시며, 연대적이면서도 실천적인 면을 삶 속에서 구체화해 나갈 수 있어야 하다고 힘주어 말씀하시는 것을 본 김재국 선생님은 노창선 선생님을 '충북의 잔다르크' 라고 말해서 모두를 잠깐 웃게 했다.

시 쓰는 일은 결국 혼자 할 수밖에 없는 지극히 개인적인 일인데 문학단체 활동이 필요한가에 대한 선생님의 생각을 물었다. '물론 필요하지요' 라고 바로 대답하시며, 예술 중에도 미술, 문학 등 개인 창작은 혼자 있어야 작업이 더 원활하게 이루어지는 장르가 있고, 단체 속에서 더 잘 되는 장르가 있는데, 개인적으로 하는 작업들은 혼자 생각에 침잠하기 쉬우므로 오히려 더 많은 사람을 만나야 하고 문학이라는 것도 삶을 기록하고 서로 간의 관계 속에서 이루어지는 것이기에 예술가들끼리 자주 만나고 자극도 받고 서로 배우기도 할 필요가 있어서 단체 활동이 필요하다는 말씀이다. 다만 어떤 단체건 개인이건 그간 이룬 성과에 안주하지 말고 끊임없이 스스로가 바뀌고 재생산 되어야 한다는 것을 잊지 말아야 한다는 것이다. 충북민예총이나 충북작가회의에서 이미 중진 그룹이 됐지만 '무엇을 배우고 그것을 현장에서 어떻게 가르칠 것인가'에 대해서는 늘 고민하고 있어서 얼마 전 산학연수를 신청해서 한편에서는 시창작 강의를 하시며 한편에서는 동시에 문화예술경영에 대해서 배우면서 많은 도움을 받으셨다고 한다.

작품 활동을 하는 사람은 누구나 본인이 일관성 있게 추구하는 큰 흐름이 있으면서도 또 한편으로는 크고 작은 변화의 과정을 보이는 게 아닌가 싶어서, 지금까지의 시작활동 기간 동안 시의식이 어떻게 변모해오신 것 같은가에 대한 물음을 드렸더니, 큰 변화를 추구하지 않고 하나의 자세로 일관되어 온 것 같다고 말씀하셨다. 지금도 선생님은 〈연군가〉가 진정 추구하는 것이라고 하면서, 그것은 곧 대상에 대한 정결한 마음으로 그 시대의 부정한 논리를 타파하고자 하는 세계관이 담긴 것이라고 말씀하셨다.

문학과 실천이 하나가 되어야 하는 것은 마땅한데, 생각을 시로 말해

놓고 행동이 따르지 않으면 그것이야말로 사기꾼이 아니겠느냐고, 시인 사기꾼이 많은 우리의 현실 속에서 다양한 논리만 무성할 뿐 세상을 이끌 일정한 전형이 없는 가운데, 자본주의의 논리에 편승한 철학적 고민이 부재한 사기성 문학이 많은 이 시대를 사는 우리들은 참답게 고민하고 참답게 살아가고 참답게 써나가야 할 것이라고 목청을 높이시는 선생님의 말씀이 오월 하늘 저 멀리까지 퍼져나가는 듯했다.

기술과 자본논리에 의해서 생활형편이 더 나아지고 살기 좋은 사회가 된 듯싶어도, 실은 다수의 사람들의 삶의 질이 향상되지 못하고 오히려 소외되고 있는, 이렇게 모순으로 가득 찬 현실 속에서, 갈수록 모순의 양상은 더 다양해지며 사람들을 참으로 지치게 만들고 있는데, 이럴 때일수록 오히려 더 많은 시민 논리의 개발과 실천적 운동, 연대의식 등이 필요한데도 우리는 너무 무기력하게 주저앉아 있고 좌초해있는 느낌이 크다는 노창선 선생님. 현재 살고 있는 혹은 앞으로 살아갈 시대에 무력감을 많이 느낀다는 선생님. 무력감을 크게 느끼시는 만큼 어쩌면 하실 일이 그만큼 많이 남았다는 것은 아닐까.

지천명의 나이에도 노창선 선생님의 가슴 속엔 그리움의 물이 가득 고여 출렁인다. 그리움은 곧 내가 추구하는 대상, 내가 살고 싶은 세상이 저 멀리 있다는 것 아니겠느냐는 선생님. 그렇게 채워지지 않고 쉽게 이르지 못하는 아름다운 세상을 그리워하며 사람과 시대와 정의와 평등에 대한 그리움의 바다에서 한 개 섬으로 오롯한 등불을 밝히고 노창선 선생님은 아니 시인 노창선은 오늘도 사모의 정 가득한 연가를 부른다.

시대에 대한 고민과 열정의 행보로 일궈온 시인 노창선의 오월의 숲, 시의 숲에는 그이만의 목소리와 향기 가득한 꽃이 만발하여, 저마다의 향기를 뿜으며 우리의 발길과 손길과 눈길을 그리고 마음길을 내게 했다. 그 숲엔 무성한 나무와 그늘과 새도 머물지만 눈물과 눈보라와 피의 흔적도 무성하다. 아픔의 흔적, 고통의 흔적을 딛고 다시 일어서며 피워내는 시인 노창선의 신화의 숲 속에 이제는 질곡의 계절을 건너온 지금까지의 뜨거운 시대적 고민의 나무만이 아니라 넉넉한 사랑과 여유와 고운 서정의 야생화가 낮지만 더 풍요롭게 많이도 피어나기를 바라며, 오월의 숲에 핀 들꽃의 노래를 듣는다.

숲에서 오는 바람이 / 강 언덕에 머물 때 / 들꽃들은 일제히 흔들리고 // 하루의 피로한 손을 씻으며 / 우리들 잠시 들길에 머물 때 / 노을은 간간이 바람의 깃털을 쓰다듬네 // 들꽃의 노래를 들어라 / 이 가을 허기진 이들이여 / 대지의 눈물처럼 꽃들은 / 강 언덕에 다시 피어나네 // 고단한 하루의 구두끈을 풀어 / 흙을 밟고 목마른 강가에 서면 / 외로운 들꽃들 모여 낮게 부르는 노래 / 우리는 때때로 가던 길 멈추고 / 들꽃의 노래를 듣네

—「들꽃의 노래를 듣네」 전문

《충북작가》 21호, 2006년 여름

詩의 울력으로 올리는 꽃빛 소지공양

—〈엽서시〉 동인을 찾아서

세상의 문, 사람의 문

문의면에 있다는 '마동 창작마을'을 찾아가는 일요일 오후, 길은 생각보다 깊은 골짜기 속으로 이어졌다.

모름지기 예술가들은 자신만의 색깔을 담은 개성 있는 예술세계 구축을 원하지만, 자신만의 세계가 깊어질수록 주변과의 소통에 마음을 쓰지 못하고 스스로의 성에 갇혀버리는 면도 많을 것이다.

그런 가운데 자신들의 작업공간과 작품 제작과정을 오픈하여 타인에게 먼저 마음길을 내는 '마동 창작마을'을 찾아가며, 예술 작품을 통한 의미 있는 소통과 나눔과 배려에 대해 생각했다. 전공이 다른 미술가들이 하나의 공간에 상주해 왕성한 창작 활동을 하고 있는 것은 이 다섯 명의 미술가들이 서로의 영역에 대한 존중과 상호 소통이 없으면 가능하지 않을 것이라는 생각이 들어서이다. 10년 넘는 세월을 함께 지내며 상대방에 대한 배려와 동반자적 이해로 스스로의 예술적 지평도 넓혀가는 '마동 창작마을'은 폐교라는 '닫힌 공간'을 사람의 향기, 예술적 생기가 넘치는 '열린 공간'으로 만들며 세상의 문, 사람의 문을 열고 있음을 느낄 수 있었다.

오랜 시간의 깊이만큼 눈빛들이 익어가며 생애 자체를 고스란히 스스로의 예술에 바치는 사람의 숨결을 느끼고 나오며, 나에게 문학은 무엇일까, 내가 지금 만나러 가는 엽서시 동인들에게 문학은 무엇인가, 예술은 무엇일까를 생각했다.

詩라는 돋을무늬를 아로새긴 사람들

'문학'의 고리가 아니었으면 만나지 못할 사람들이었다. 문학의 연으로 만나고 함께하는 사람들이니 엽서시 동인들에게나 그들을 만나고 있는 나나 '詩'라는 것이 오늘 우리를 이렇게 한 자리에 있게 한다. 그러면 詩는, 문학은 어떤 인연의 끈으로 어디에서 온 것인가. 어디까지 이 끈은 닿아있을까.

살얼음을 깨고 들어가듯
눈에 쌓인 전나무 숲길을 따라 들어가니
꽃색은 씻기고 그립던 자태만 남은
돌부처 웃음 같은 꽃살이
긴 광목 빨래를 턴 것처럼
수많은 물방울로 떠다닌다

저 꽃잎에 실려 떠난 비바람과 구름이
범종이나 목어, 운판에 실려 울리는 것은 아닐까

오래전에 뜯겨나간 꽃잎들이

직소폭포 물을 빌려 말하기를

　사람도 백 마지기 천 마지기 논에 담근 물처럼

　해진 눈물을 흘리고 나면 눈두덩에 꽃이 핀다고

　로소 돋을무늬로 아로새긴 꽃을 몸에 지니고 살게 될 거라고

산문을 닫는 범종 소리가 전나무숲 밖으로 나올 때쯤에야

언 손마디로 불거져 나오는 모닥불처럼

법당 불빛이 꽃잎에 실려

천 년 전 꽃색으로 소지공양을 올리고 있는 것을 보았다

일파만파, 먼 바다 물결처럼

꽃잎들이 내 삶의 무늬로 다가오는 것을

— 이종수 「내소사 꽃살무늬」 전문

청주대학교 부근에 있다는 '참도깨비 어린이도서관'을 찾아가는 길, 지난 밤 다시 꺼내 읽은 이종수 시인의 시집 중 「내소사 꽃살무늬」가 떠올랐다. 시 생각을 하며 차분히 내 삶의 무늬, 마음의 무늬를 헤아리다가 익숙하지 않은 골목에서 한참 길을 헤매기도 했다.

갑자기 요란한 바람이 사방을 어수선하게 했다. 오후 다섯 시 무렵인데도 캄캄하게 어두워지는 세상을 천둥, 번개가 뒤흔들었다. 이종수 시인의 마중 속에 참도깨비 어린이도서관에 들어설 때는 제법 굵은 빗방울이 후두둑 소리를 내며 소란스러워졌다.

매월 엽서시를 받고 있어서인지 처음 보는 동인들도 낯설지 않았다. 청주에서 살고 있는 이종수·배병무 시인은 이미 나도 잘 알고 지내는 시인이었으나, 대전에서 오신 김규성·이정섭 시인과는 그 자리에서 첫 인사를 나누었다. 어린이도서관에 전시된 책을 두리번거리던 중, 이종수 시인의 어머니께서 시원한 수박과 방금 찐 감자를 소담스럽게 담아 내보내주신 것과 다른 지역에 갔다는 이원익·박원희 시인이 조금 늦을 것이라는 말을 들은 것 중 어느 것이 먼저인지 모르겠다.

탁자에 둘러앉아 창밖 요란한 빗줄기에 가끔 눈길을 주기도 했지만, 동인들과의 담소보다 나는 앞에 놓인 감자 먹기에 바빴던 것 같다. 금방 쪄 내온 따뜻한 감자 몇 개에 마음이 훈훈해지며 빗소리까지 둥글게 느껴졌다.

2002년 처음 만난 이래 내게는 늘 젊고 편안한 후배로 가끔은 '아놀드'(아놀드 슈왈츠네거)라고 농담을 던질 수도 있는 이종수 시인이 오늘은 갑자기 아주 원숙한 모습으로 내 앞에 앉아있다. 아마 지난 밤 그의 시를 다시 읽어서일 게다. 엽서시 동인들을 만나러 가기 전, 내게 있는 이종수·박원희 시인의 시집을 다시 들여다보았더니, 얼굴을 마주하고 대화하는 사이 이종수 시인의 시 「내소사 꽃살무늬」의 구절처럼, 언뜻언뜻 그들의 얼굴에 돋을무늬로 아로새긴 시라는 무늬가 물결처럼 번져갔다.

나눔과 배려, 詩로 세상의 문을 열고

1989년 8월, 당시 청주대학교와 충북대학교에 다니던 대학생들인 김

기준, 나창선, 류정환, 한인수 등이 모여 창립한 엽서시 동인들의 역사는 깊었다. 지금의 김규성, 박원희, 배병무, 이종수, 이원익, 이정섭 이렇게 여섯 명의 동인들이 3기 정도에 해당하는 동인들이라고 한다.

89년에 동인활동을 시작하여 1990년 첫 동인시집『모빌은 움직일수록 기분을 새롭게 한다』부터, 1992년『난수표 위에 구르는 주사위』, 1993년『내게 아편 같은 평화』, 1994년『그치지 않은 노래를 들어라』등 네 권의 동인시집을 매년 출간하던 초창기 때부터의 활동이 2008년 현재까지 이르고 있으니, 바야흐로 20년 역사의 내공이 대단한 동인들이다. 중간에 몇 년 공백이 있기는 했지만, 초기부터 발송해온 엽서시가 100호가 넘은 이 동인들의 역사에 내 안에선 저절로 찬사가 터져 나왔다.

현재 920명의 독자를 확보하고 있고, 무료 배포하는 곳까지 하면 거의 1,200부 이상을 발송하는 엽서시. 엽서에 시를 담아 보내게 된 첫 발상에 대한 내 물음에, 당시 시도되던 '통신문학'을 벤치마킹한 요소가 있었으나, 처음엔 더 '거창한' 뜻이 있었을 것이라는 이종수 시인의 말이다. 무엇이건 처음에 뜻을 품기는 쉬우나 그걸 오래 견지하기가 얼마나 어려운가를 알기에, 오랜 세월 한결같이 뜻을 같이해온 그들이 참으로 부러웠다.

시로 인하여 모인, 시를 쓴다는 것 이외에 어쩌면 별 공통점이 없는 낯선 사람들이었을 것이다. 이들이 이렇게 오래 함께할 수 있었던 요인은 여러 가지가 있겠으나, 나는 여기에서 나눔과 배려와 상호 존중, 그리고 소통이 있었음을 짐작한다. 가장 개인적인 작업인 시작詩作 활동을 공동의 작업으로 마무리하는 이들은, 동인 상호간에 서로의 작품세계에 대한 관심과 이해 그리고 존중의 마음을 담은 배려가 있었기에 이 오랜 내력이 가능했으리라. 엽서에 시를 돋을무늬로 아로새겨 세상의 문을 열고, 사람의 마음을 열어 스스로 문학적 소통의 문이 되고자 하는 엽서시 동인들. 시로 여는 세상의 문이 여기 있다.

내공의 내력, 그리고 소통

요즘 받아보는 엽서시는 동인들의 시만이 아니라, 초대시며 계절에 어울리는 미술작품까지 선보이는, 대단히 성의가 느껴지는 아주 깔끔한 작품집이다. 처음 모습은 어떠했나? 초창기의 엽서시가 궁금하여 묻자, 두꺼운 자료집이 나온다. 언뜻 보기에도 시간과 추억이 진하게 묻어있는 초창기의 엽서시. 요즘 발행하는 것보다 세련되지 못하고 언뜻 조금 어설퍼 보이는 면도 있지만, 화려한 색감이 배제된 오랜 만에 만나는 아날로그적 정취의 흑백 잉크가 오히려 정겹다.

이렇게 두꺼운 동인 자료집이 몇 개 쌓이는 동안 그들이 함께 했을 시간을 본다. 매달 각자의 시를 써와 합평회도 가지며 서로 자극이 되고 격려가 되고 결속력도 생겼겠으나, 시를 보는 서로 다른 시각으로 인해 때로 마음도 상했을 수 있는 시 동인회 활동.

오랜 내력을 가진 내공을 부러워하며, 동인 활동의 가장 어려운 점이 무엇이냐고 물었다. '매달 신작시를 써서 제출해야 한다는 것'이라고 했다. 공산품처럼 계획적 생산이 가능하지 않은 정신의 산물, 詩. 그게 우리를 가장 기쁘게도 또한 가장 힘겹게도 한다. 그게 우리를 만나게도 하지만, 또 헤어지게도 한다. 시로 인해 모인 동인들이니, 시가 제대로 쓰여지지 않아 매달 작품을 내지 못하면 결국 동인 활동을 그만두겠다는 사람도 생길 수밖에 없었을 것이다. 스스로를 발산하는 통로이기도 한 시가, 사람을 만나게도 하는 시가, 또한 나를 옭아매고 괴롭히는 부담이며 굴레가 되기도 하고, 한때 의기투합했던 사람들 곁에서 떠나가게도 했을 것이다.

그런 면을 감지하고 서로 보듬어 안으며, 20여 년 오랜 세월을 걸어온 엽서시. 그들이 이룬 시의 숲이 풍성하고 아름답다. 훈훈하고 정겨워 마음 풍요롭게 한다.

우리는 외로워도 외롭지 않다
서로의 몸 부대끼며 관솔을 키우고
옹이가 박히는 세월을 살고
바람이 불 때 때론 꺾이기도 하였다

관성으로 산 세월의 뒤란에 숨어 있는 것들
외로운 것들은 외롭게 잠들고
서로 몸 부대끼고 싶은 것들은 잠들지 못하는
수런거리는 숲
관성의 반대방향으로 고개 돌린
나이테가 더 깊게
자라는 골 가운데로
바람이 불고

견딜 것 많은 세월

어깨 마주 대고

파도 치는 숲

— 박원희 「숲」 전문

견딜 것 많은 세월, 파도치는 세상의 숲에서 어깨 마주 대고 있는 그들이 있다. 외로워도 외롭지 않은 사람들이 있다. 그렇게 서로의 어깨가 되어주며 숲을 이루고 있는 그들이 아름다워 보였다. 시를 나누며 마음을 나누는 사람들, 서로의 눈이 되어 주고 서로를 배려하는 정겨움이 마음의 길을 낸 이 시인들이 참 부러웠다.

외로워도 외롭지 않다

동인 탐방을 가기 전 질문지를 만들지도 않고 특별히 작정한 것도 없이 동인들의 시만 먼저 살펴보고 갔던 나는, 그저 편안하게 앉아 두서없이 이런저런 이야기를 주고받았다. 녹음기도 가져가지 않고 수첩에 몇 자 적는 시늉만 했다. 그래도 책에 올리려면 사진은 찍어야 할텐데, 이종수 시인의 어머님이 내주신 수박과 감자가 탁자에 좀 남아있을 때 사진은 한 장 찍어야 할텐데……, 내가 감자를 다 먹을 때까지도 이원이·박원희 시인이 오지 않았다.

작가회의 사무국장 회의가 있어 안동에 갔다 오느라 늦었다는 이원익 시인과, 사모님과 함께 경기도 양평에 다녀오는 박원희 시인이 거의 같이 들어왔다. 엄연히 현직 국어교사인 이원익 시인이지만 내겐 가장 만만한(?) 후배라서, 많이 늦었으니 밖에서 손들고 좀 서 있다가 들어오라는 농담을 건네는데, 세 사람이 오자, 아니 동인 모두가 참석하자 말없이 고요하고 점잖았던 방안 공기가 갑자기 달라졌다. 생기 넘쳤다.

가장 체격이 좋은 이원익 시인이 거의 '걸어 다니는 종합병원'이라며 '주치의' 박원희 시인을 찾으며 엄살(?)을 떤다. 그러자 박원희 시인은 이원익이 아닌 이종수 시인에게 시침을 한다. 이제 보니 이종수 시인의 얼굴이 이상하다. 처음 봤을 때 얼굴이 좀 변한 것 같다는 생각이 들며, 부은 건가 살이 오른 건가 했더니, 촛불집회 참여를 하며 찬 기운이 몸에 들어와 이상이 생긴 거였다. 그래도 이종수 시인은 별말이 없다. 그답다.

서로의 건강 이야기를 하며 요즘 의사의 진단을 받은, 별로 좋지 못한 내 건강상태를 말하자, 이후 내내 박원희 시인과 사모님은 내게 약이 되는 것들을 일러주기 시작한다. 지금 당장 침을 맞으라는 이원익 시인의 재촉을, 찬 기운에 침을 맞으며 안 된다고 박원희 시인이 가라앉혔으나, 이후 식당으로 자리를 옮겨 헤어질 때까지 동인들은 내내 지금 나한테 무엇이 좋은가, 무엇을 주의해야 하는가를 일러주며 건강에 마음을 써줬다.

배병무 시인이 빗속에 미리 가서 예약한, 가까이 있는 골목 식당으로 옮겨 생태찌개를 맛있게 먹었다. 마침 박원희 시인 생일이란다. 간단히 건배도 하고 축하의 말도 주고받고, 오고가는 말과 눈빛으로 식탁 위에 와글와글 끓는 찌개처럼 분위기가 덥혀지는 것을 보면서, 아, 엽서시 동인들, 이들은 '내가 있어서'가 아닌 '네가 있어서' 행복한 사람이라는 생각이 들었다. 서로가 있음으로 마음 훈훈해지며 위안이 되고 행복해지는 사람들, 그들이 이룬 시의 숲, 사람의 숲 속에 잠시 함께하는 내 목구멍이 뜨거워지는 것이, 다만 뜨거운 찌개국물을 넘기기 때문만은 아니었다.

엽서에 담아 보내는 영혼의 울력

모두의 배웅을 받으며 먼저 차에 오를 때, 여전히 비가 내리고 있었다. 빗길에 대전까지 가야 하는 김규성·이정섭 시인이 조금 걱정되었다. 모임 장소가 조금만 거리가 있어도 가지 못하는 핑계거리를 먼저 찾는 나를 생각할 때, 가까운 듯해도 그리 가깝지만은 않은 대전에서도 이렇게 오가는 동인들 행보가 참 미덥고 좋아보였다.

오늘 처음 보는데도 엽서시 동인들의 맏형인 김규성 시인은 오랜 지기 같이 편안한 느낌이었다. 연배가 가장 높으면서도, 큰 목소리를 내지 않으려는 이 분이 엽서시의 구심점 역할을 한다는 감이 들었다. 저녁에 있을 대전의 촛불집회에 참여해야 한다고 서두르는 막내 이정섭 시인의 예사롭지 않은 눈빛이 또한 엽서시의 새로운 생기를 불어넣는 원동력이 되고 있다는 느낌을 지울 수 없었다. '충북작가회의'에서도 튼실한 기둥 역할을 하는 박원희·배병무·이원익·이종수 네 시인들. 오늘의 만남으로 그들이 내 곁에 더 가까이 다가선다. 그들이 있다는 것만으로도 참 든든하다.

엽서시 동인들. 그들이 써가는 시의 원력은 어쩌면 개인적 차원을 넘어 이미 함께하여 힘을 더하는 영혼의 울력이 되고 있다. 마음을 나누며 오래 같이한 시간, 서로를 보고 느끼고 배려하며, 서로의 훈기 속에서 서로를 격려하는 기운이 그들에게 가득하다. 서로의 존재가 서로를 더 기운 나게, 생동감 넘치게 하는 진정한 동반자의 냄새가 좋다.

詩라는 돋을무늬를 몸에 아로새긴 사람들. 불빛 같은, 꽃잎 같은 시를 엽서에 담아 일파만파 세상에 물결로 번지게 하는 사람들. 여섯 명의 젊은 시인들을 만나고 오는 길, 어느새 내 몸에도 천 년 전 올린 꽃색 소지공양이, 그 꽃잎들이 詩의 무늬로 돋아나는 듯했다.

《충북작가》 제25호, 2008년 여름

좋은 시란 무엇인가

— 이재무 시인과의 대담

■ 일시 : 2002년 4월 18일 오후 5시

■ 장소 : 충북민예총 사무실

■ 대담 : 김은숙(시인, 《충북작가》 편집위원)

■ 정리 : 류정환(시인)

김은숙 안녕하십니까? 처음 뵙겠습니다. 편집회의 땐 교수님을 만난다는 기대감 때문에 선뜻 자청했었는데, 어제부터 걱정을 많이 했습니다. 초면인데 자연스럽게 대화가 될까, 기다리면서 내내 긴장했습니다.

이재무 편하게 합시다. 사실 얼마 전에 《현대시》와 대담을 하면서 이런 저런 얘기를 했는데, 《충북작가》와 얘기가 겹치지 않을까 제가 오히려 걱정을 많이 했어요. 하긴 같은 얘기도 질문자에 따라 달라질 수 있으니까…….

김은숙 예. 오늘 대담 주제가 '좋은 시란 무엇인가'인데요. 저도 시를 쓰고 있지만, 시인들 누구나 끊임없이 고민하는 문제가 아닌가 생각합니다. 오늘 교수님 말씀 들으면서 그런 물음에 대한 답을 구해보고 시 창작에 대한 정리도 하는 시간을 갖고자 이 자리를 마련했습니다.

먼저, 청주라는 지역이 중앙문단의 흐름을 민감하게 파악하지 못하고 있는 편인데요, 한국 시단의 방향이 어떤 흐름을 보이고 있는가, 어떤 경향을 보이고 있는가를 짚어 주시지요.

이재무 예. 한국 시단이 여전히 중앙문단 중심인 것이 사실인데요, 근자에 들어 이러한 경계가 다소 둔화되는 긍정적 조짐들이 보이는 것 같습니다. 지역을 연고로 해서 시 전문 잡지들이 우후죽순 격으로 많이 생겼어요. 가령 광주에 《시와 사람》이 있고, 부산에 《신생》과 대구에 《시와 반시》가 있고, 청주에도 《애지》란 잡지가 있지 않습니까? 또 각 지역에 민족문학작가회의 기관지라고 할 수 있는 잡지들이 있고, 대전에서도 올 가을 창간을 목표로 해서 시 전문 잡지 준비가 한창입니다. 강원도에도 있고 인천에도 있고……, 이렇게 양적인 측면에서는 민주화랄까 아니면 지방 분권화가 어느 정도 이루어졌는데요, 그러나 질적인 측면에서는 문단 권력이 중앙에 집중돼 있는 폐단이 여전히 남아 있습니다. 이런 경향은 물론 문학에 국한된 것은 아니고, 잘 알다시피 정치·경제 모든 부문이 중앙 중심으로 편성이 돼 있죠. 이런 현실을 고쳐나가야 할 텐데, 무엇보다도 지역의 시인들이 시정신으로 무장을 해야죠. 이를테면, 지역에서 활동하는 시인 가운데 중앙에 대한 의존이나 구애를 받지 않고 활동하는 시인이 있지 않습니까? 예를 들어 전라도에 송수권·안도현·김용택·고재종, 울산에 정일근, 부산 최형철, 대구에 문인수, 충북에 송찬호·도종환 등등의 시인들이 중앙에 근거를 둔 시인들 못지 않게 시의 진경을 펼치고 있죠. 결국 중앙에 대한 소외감과 의존도를 탈피해서 질적으로 작품을 가지고 승부를 걸겠다는 정신을 갖는 것이 중앙집권화를 극복할 수 있을 것 같아요.

또 문단에 달라진 풍경 중에 하나, 이건 바람직하지 않은 현상이라 여겨지는데요, 과거 80년대만 해도 이념을 중심으로 해서 스펙트럼이 형성됐었는데, 90년대 사회주의 붕괴 이후 문단의 권력구도가 이념보다 학연 중심으로 재편성되는 조짐을 보이고 있습니다. 80년대의 대립구도가 타자를 인정하지 않거나 지나치게 예각 일변도였던 부정적 측면도 있었지만, 지금보다는 순수하지 않았나 하는 생각을 합니다.

김은숙 지역에도 문인들이 많이 배출되고 있는데, 말씀하신 것처럼 원고청탁을 받는 시인들은 극소수란 말이죠. 문인들이 조명을 받는데는 우선 등단매체의 영향력이 결정적일 수도 있겠는데요, 어쨌든 지속적으로 문예지의 지면이 할애되어서 작품을 발표할 수 있어야 하는데, 발표의 기회가 지방 문인들에게 많이 안 온다는 거거든요. 지금 이《충북작가》도 회원들 작품 중심으로 묶여 왔습니다. 회원들에게 이것 말고는 발표 지면이 거의 없다 보니까 '우리끼리의 책'이 된 면도 없잖아 있습니다. 그래서 이번 편집회의 땐 다른 지역 문인들의 작품도 받아서 수록하자는 얘기가 나와서 울산에 계신 정일근 시인 등 다른 지역의 몇몇 문인께도 청탁을 했는데……, 결국은 지역 문인들에게 발표 지면이 없다는 게 딜레마인 것 같습니다.

이재무 《시와 반시》, 《시와 사람》, 《신생〉 같은 잡지가 중앙에도 많이 알려져 있고 중앙에도 독자를 많이 확보하면서 시 전문 잡지로서의 권위를 구축했는데, 그렇게 된 가장 큰 동인은 지면을 지역 문인들에게만 할애하지 않고 전국을 대상으로 해서 작품을 수록했다는 거죠. 물론, 회원들의 지면도 부족한데 타지역 문인들에게까지 지면을 할애할 필요가 있겠느냐 하는 지역 여론의 압력도 있었겠지만, 적절한 비율로 할애해서 상호 교류의 장이 만들어진다면 충북지역의 좋은 시도 타지역 문예지에 발표될 수 있지 않겠습니까? 또 전국에 잡지는 많지만 많은 독자를 확보한 건 아니거든요. 그러니까 다소 출혈이 있더라도 다른 지역 문인과 시민들에게 배포해서 알리는 것도 중요하지요. 읽혀지지 않으면 존재도 인정받기 어려운 거니까, 그런 작업도 필요할 것 같습니다.

그리고 출신 매체에 따라서 활동에 영향을 받을 수밖에 없다는 말씀을 하셨는데, 문단의 불공평과 폐단에 대한 논의는 늘 전개되어 왔지만, 사실 한두 사람의 노력으로 극복될 가능성도 없을 뿐더러 뚜렷한 대안이 없어요. 가령, 대구에 있는 유홍준이란 시인이 있어요. 만나본 적은 없는데 시가 참 좋데요. 《시와 반시》로 데뷔한 신인이지만 여기 저기 부지런히 발표하면서 지면을 확보했어요. 시가 좋고 읽혀지면 독자가 기억을 하거든요. 그러니까 지면에 대한 투정이 없을 수는 없겠지만, 결국 개인이 올바른 시정신을 갖고 좋은 작품을 쓰는 데 전념을 하는 것이 빠른 길이 아닌가 생각이 드는군요.

김은숙 그게 결국 문학의 본질이기도 하겠지요. 최근 지면의 한계를 극복하는 방안 중의 하나가 인터넷 활용인 것 같아요. 무명 시인도 인터넷에 작품을 발표해서 독자층을 확보하는 것이 요즘 경향 중의 하나인데, 전에 송수권 선생님과 말씀을 나누는 중에 요즘 인터넷에서 난무하는 '유통언어'에 대해 염려하시는 걸 들은 적이 있습니다. 치열하게 자기 안에서 나오는 언어가 아니라 여기저기서 좋은 어귀만 짜깁기를 해서 만들어내고, 표절이라는 인식도 없이 모방이 난무하고 있다는 거죠. 경계가 없다는 장점을 이용해서 문학이 대중에게 접근하는 데 기여하는 것은 긍정적인 면으로 보아야겠지만, 그런 폐단이 있는 것 같습니다.

이재무 모든 것이 양지가 있으면 음지가 있게 마련이죠. 인터넷도 그런 건데, 구더기 무서워 장 못 담그겠습니까? 그게 우리의 현실이고 일상화되어 있다면 단점을 극복해 가면서 좋은 쪽으로 확대하고 발전시켜 나가야겠죠. 제가 시창작 지도를 하면서 엘리어트의 말을 자주 인용을 합니다. 뭐냐 하면, 훌륭한 시인은 다른 사람의 시를 베끼되 들키지 않는다는 말입니다. 하늘 아래 새로운 창조란 없지요. 결국 창조라는 것도 기존의 텍스트를 바탕으로 자기의 새로움을 보태는 게 아니겠습니까? 그런 면에서 처음 시에 입문하는 사람들의 모방은 긍정적으로 봐주고 싶어요. 하나의 학습과정으로서 이해할 수 있겠는데, 그러나 그건 자기 세계를 확보하기 이전까지의 수련과정에서 필요한 것이고, 그 이후에는 독창적 세계를 창출해야겠죠. 자기 이름을 드러내고 도덕심 없이 표절행위를 의도적으로 일삼는 것은 그냥 넘겨선 안 될 문제죠.

김은숙 제가 인터넷 시동인 모임인 '빈터'에서 활동하고 있습니다. 60명이 넘는 동인들이 다양한 시들을 꼼꼼히 읽으면서 배우는 것도 참 많습니다. 기본적으로 그 시가 담고있는 서정성(정서), 압축미, 긴장감, 언어감각 등등의 요소를 눈여겨보면서 읽게 되는데, 어떤 작품은 아무리 읽어도 무슨 말인지 알 수가 없는 거예요. 그것이 깨진 시 혹은 해체시의 부류인지 모르겠지만. 또 어떤 시는 쉽게 읽히면서도 가슴 밑바닥까지 서늘하게 좋은 시란 느낌이 와 닿거든요. 그렇다면 좋은 시라는 것과 쉽게 읽히는 문제를 어떻게 봐야 하겠습니까?

이재무 저는 그렇게 보고 싶습니다. 수수께끼라는 것이 있는데, 수수께끼는 답이 있을 때 수수께끼고, 답이 없으면 수수께끼로서 자격이 없죠. 결국 어떠한 난해한 시도 소통이 돼야 합니다. 수수께끼가 결국은 풀리듯이, 난해한 시도 어떠한 코드로든 풀려야 하는데요. 문제는 자기도 모르는 무슨 소린지 모르고 쓰는 경우가 있단 말이에요. 전혀 타자를 염두에 두지 않고 소통불능의 시들을 유행처럼 쏟아놓고 있다는 말이죠. 그래서 독자의 역량이 필요한 겁니다. 주체적 독자라면 답이 없는 수수께끼를 인정하지 않듯이 남의 시에 대한 판단 능력이 있어야지요. 그런데 대부분의 독자들이 풍문에 의해서 가치평가를 해 버린단 말입니다. 누구누구 시가 좋다더라 하는 식인데, 비주체적 독자라고 할 수 있죠.

그런데 저는, 좋은 시와 나쁜 시가 있을 뿐이지 쉬운 시와 난해한 시가 있다고는 보지 않습니다. 난해한 시 가운데에도 좋은 시가 있을 수 있고, 쉬운 시 가운데에도 좋은 시가 있을 수 있죠. 저 개인적인 성향을 말씀드린다면, 소통이 잘 되는 시가 좋지 않겠느냐, 국민교육을 이수한 사람이면 누구나 인지가 가능한, 실제로 명편이라고 기억되는 시들을 보면 그렇게 어렵게 씌어진 것이 아니거든요. 저도 신경림 선생님께 술집에서 들은 얘긴데, 김소월 시인은 불과 오백 단어를 가지고 시를 다

썼다지 않습니까? 그리고 또 하나, 귀로 들은 언어를 시어로 사용했을 때 좋은 시가 많은 것 같아요. 무슨 말이냐 하면, 눈으로 익힌 언어는 학습으로 인지된 언어이기 때문에 추상어·관념어가 많고, 귀로 들은 언어는 생활언어예요. 생활과 밀착된 언어로서 정서적 밀도가 높다는 거죠. 우리가 백석의 시를 기억하는 이유가 생활풍속에서 나온 시어들이기 때문이라는 겁니다.

또 좋은 시의 조건을 들자면, 발견의 미학이 있어야 할 것 같아요. 구태의연한 이야기, 누구나 다 뻔히 생각하는 이야기는 좋지 않죠. '낯설게 하기'란 말도 있지만, 발견이라는 게 단순히 기법상의 발견이 아니라 현상 이면에 어떤 것, 무엇을 보는 것이죠. 가령, 대나무가 바르고 곧다고 했을 때, 대나무가 바르고 곧은 이유는 속이 비어 있기 때문이다, 사람도 자기 욕망을 비웠을 때 바르고 곧게 살 수 있다, 이렇게 볼 수 있는 거죠. 요즘 무슨무슨 비리 사건으로 정국이 혼란스럽습니다만, 그 주인공들은 대나무처럼 속을 비우지 못한 존재들이에요. 속을 채우니까 훼절할 수밖에 없고 자기가 본래 지향했던 삶에서 이탈해서 살고 있는 거죠. 그러니까 현상 이면의 진실을 발견해서 사람이 살아가는 원리, 지혜를 보여 줘야 한다고 보고, 따라서 발견을 보여주지 못하는 시들은 좋은 시라고 볼 수 없을 것 같습니다. 결국 좋은 시의 요건이 여러 가지가 있는데, 일단 대체 불가능한 최상급의 적정한 언어로 구성된 언어 형상력을 보여 줬을 때 좋은 시로 통용될 수 있지 않을까, 개인적으로 그런 생각을 갖고 있습니다.

김은숙 교수님 말씀을 들으면서 그런 생각이 들었습니다. 쉬운 시냐

난해한 시냐가 좋은 시의 척도가 되는 건 아니지만 사람들과 소통할 수 있어야 한다는 말씀인데요. 누구나 읽어서 알 수 있는 시가 좋은 시라는 얘기들도 하지만, 요즘 베스트셀러로 등록되는 시집들을 보면, 등단이라는 검증도 과정도 거치지 않고 (등단이 꼭 중요한 건 아니지만) 문학적 치열성도 찾아볼 수 없는 사람들의 시집이 훨씬 잘 팔리거든요. 그러나 그것을 좋은 시라고 인정할 수 없는 것은 교수님 말씀하신 발견의 미학이 결여된, 일상적 언어를 늘어놓고 있단 말입니다. 긴장감도 떨어지고 언어의 직조에도 밀도가 있다는 느낌을 받을 수 없는, 감상적 언어들을 나열해 놓고 있는데, 그러나 학생들이나 일반 독자들이 그런 시를 많이 읽고 있는 게 현실이고…….

이재무 그러니까, 독자 대중들은 대개 체제 이데올로기에 오염된 언어를 좋아합니다. 그들에게 익숙한 언어를 좋아하죠. 가령 음악으로 치면, 클래식 음악을 들으려면 훈련이 필요한데 대중음악을 듣는 데 훈련할 필요는 없잖아요? 좋은 시를 향유할 수 있는 능력을 갖추려면 그만큼 지적 투자를 해야 하거든요. 어느 정도 배경 지식이 필요합니다. 그런데 그게 갖춰지지 않으니까 현재 지적 수준이나 취향에 부합되는 언어를 찾게 되는데, 그런 것들은 체제 이데올로기에 오염된 경우가 많아요. 더불어서 하나 말씀드리면 사람들은 수학이 어렵거나 음악이 어렵거나 미술이 어려운 데 대해서는 문제제기를 하지 않습니다. 그런데 유독 시의 어려움에 대해서는 불만이 많거든요. 이건 유종호 선생님 말씀이지만, 모든 가치 있는 것들은 다 어렵습니다. 예를 들어서, 다른 사람을 위해서 봉사한다, 굉장히 어려운 일이죠. 어려운데, 독자들은 지적 투자를 하지 않고 어려운 것만 탓한단 말입니다. 정말 큰 문제는, 독자들이 어렵다고 하는 시들을 보면 실제로 그렇게 어려운 게 아니라는 겁니다. 어렵지 않은 것임에도 불구하고 어렵다고 인지하고 있으니까 시 자체를 기피하게 되는 거죠.

선생님께서 또 문제제기를 하는 것이, 정말이지 소통 장애를 느끼는 시들, 요설에 가까운 시들이 있는데, 왜 그런 현상이 나타나느냐 하면, 제가 《에세이 비평》에 쓴 일도 있습니다만, 대개 체험적 진실에 바탕을 둔 시들이 있는가 하면 근자에 와서 늘어나는 추세로 의도적 계획에 의해서 생산되는 시들이 있습니다. 머리로 조작하는 시들이죠. 그런 시도 있을 수 있다는 생각은 들어요. 그런데 문제는 독자들이 그런 시들을 선호하고 평자들에게 주목의 대상이 된다는 것이죠. 아무래도 이론가들은 자신의 이론적 틀에 들어맞는 시들을 좋아할 수밖에 없어요. 그래야 할 얘기도 많고. 그런데 소통이 가능한 시들은 이론의 틀에는 맞지 않는 시들이 있거든요. 그러니까 평자들로부터 외면을 당하죠. 머리로 이해되는 게 아니라 가슴으로 느껴지니까. 비평가들의 관심이 요구되는 부분이라고 할 수 있습니다.

김은숙 예. 선생님 말씀처럼 시인은 많이 생산이 되는데 독자는 확장이 안 되고 있습니다. 그래서 독자 확장 문제도 시인에게 주어진 과제랄 수 있겠는데, 시를 바라보는 시각도 그렇고 비평가보다 오히려 시인들이 좋은 시를 더 잘 알아보는 것 같아요. 시를 쓰는 입장에서 끊임없이 고민을 해서 그런지 좋은 시를 발견하는 힘이 비평가들보다 오히려 시인들에게 있다는 느낌을 받거든요. 그러다 보니까 다른 시인에게 인정받을 때가 가장 기쁜 게 아닌가 하는 생각도 들고요. 가령 교수님 시 중에서 제가 좋아하는 시가 많지만 그 중에서도 〈푸성귀를 많이 먹고 잔 날은〉을 읽고 참 좋은 느낌을 받았는데, 아까 선생님께서 말씀하신 '발견의 미학'의 진수를 그 작품에서 봤다는 생각이 드네요. 그래서 시 쓰는 사람들이 서로를 알아보는 게 아닌가…….

이재무 칭찬해 주셔서 고맙습니다(웃음). 잠깐 말씀을 덧붙이자면, 제가 개인적으로 김현 선생의 비평을 좋아하는데, 김현 선생이 그런 얘기를 했어요. 자신은 비평 행위를 할 때 좋은 작품을 만나면 가슴이 뛴다는 거예요. 감동을 먼저 받았다는 거죠. 그 감동의 원천이 무엇인가, 감동의 원인이 무엇인가를 찾는 것이 비평 행위가 아니냐. 그런데 반대로 작품이 처음에는 주목을 끌지 못했는데 비평을 해 보니까 좋다고 인정할 수밖에 없다, 하는 경우가 요즘 비평 행위의 대부분이라고 할 수 있어요. 그게 문제라는 겁니다. 이론의 틀에 적합한 시를 좋은 시로 평가하는, 그러다 보니까 이론가의 눈에 띄어야 한다는 신진 시인들의 조급증, 그래서 페미니즘의 경우도 더 공격적이고 자극적이고 엽기적인 것을 추구하는, 물론 그런 현상이 문학의 일부를 구성한다는 것은 인정합니다만, 그것이 문학 행위의 전부인 것처럼, 그래야 뜰 수 있다는 조급증은 문제가 있는 거죠.

김은숙 남성 중심의 사회에서 금기시 되었던 것 중에 하나가 여성성을 표현하는 것이었는데, 요즘은 오히려 여성성을 도발적이고 자극적으로 표현하는 경향이 있는 것 같습니다. 예전에 금지된 언어를 써서 눈길을 끈 후에 유명해지는 시인들도 더러 있는데요. 그런 시들은 읽을 때 재미는 있지만 오래 감동을 주는 시는 적다는 생각이 듭니다만…….

이재무 그렇죠. 그래서 좋은 시는 시간의 풍화작용을 견디는 시들이죠. 가령 7, 80년 전에 쓰여진 백석의 시나 정지용의 시들은 여전히 좋은 시로 기억되고 있지 않습니까? 정지용의 경우 당시에는 「카페 프란스」 같은 모더니즘 시가 평자들의 주목을 받았죠. 그런데 오히려 지금은 「향수」가 정지용의 대표시가 되지 않았습니까? 백석의 시는 당시에는 별로 주목을 못 받았거든요. 향토적이고 토속적인 세계가 김기림 같은 모더니스트에 치였다고 볼 수 있죠. 그러나 지금은 백석의 시가 더 새롭고 낯선 의미로 다가오거든요?

그럼 새로움이란 것이 과연 뭘까. 기법 면에서의 새로움은 아니죠. 기법의 새로움은 또 다른 기법의 새로움 앞에서는 낡고 고루한 것으로 전락해 버리고 말죠. 결국 내용의 진정성이나 발견에서 새로움을 추구해야 하는데, 지금 많은 경우 기법 면에서의 새로움, 형식적 실험만을 추구하다 보니까 곧 새로운 패러다임이나 패턴에 의해서 생명이 오래 가지 못하죠. 결국 시간의 풍화작용을 견디는 작품은 무엇인가, 이런 것을 염두에 두고, 길게 보고 창작을 해야 하지 않을까 생각이 듭니다.

김은숙 여성시가, 여성이기 때문에 감수해야 했던 삶의 질곡이나 남성중심 사회에 금기 시 되었던 여성성을 드러내어 여성의 존재며 가치에 대한 재인식에서 출발한 것이라면, 여러 가지 사회문제를 다룬 시들도 많이 있잖아요? 예를 들어 농촌문제, 노동문제, 환경문제를 다룬 시들이 계속 쓰여지고 있는데요, 그런 시들의 긍정적인 면도 있지만 어떤 한계도 있을 것 같아요.

이재무 예. 한 시대마다 시의 패러다임이 있습니다. 패러다임이라는 것이 절대적 객관적 개념은 아니죠. 과학조차도 패러다임은 새로운 패러다임에 의해서 헤게모니가 교체가 되죠. 갈릴레오의 지동설이 나오기 전에는 천동설이 확고부동한 과학적 패러다임이었는데 지동설에 의해서 교체가 됐고, 이후 신과학, 양자물리학 등 끊임없는 패러다임의 교체가 이루어집니다. 시도 마찬가지죠. 잘 아시다시피 80년대 시적 패러다임은 민족시 아니었습니까? 그러나 사회주의 붕괴 이후에 계몽이성에 대한 회의·불신, 그리고 대체담론으로서 해체주의, 포스트모더니즘, 이런 연속선상에서 지금 구조주의가 나타나고 해체주의가 나타나고 생태주의가 나타나고, 페미니즘이 나타나고, 탈역사주의가 나타나고……, 그래서 어떻게 보면 우리 시단은 새로운 패러다임의 각축장이라고 해도 과언이 아닐 정도로 여러 패러다임이 혼재하고 있습니다.

여기서 문제는 그런 패러다임에 대해서 충분한 숙고 없이, 자기 이론체계도 없이 흐름에 몰입하거나 편승하는 태도죠. 가령 요즘 생태주의가 중요한 시적 패러다임 중에 하나인데, 시 전문지를 펼쳐 보면 너도나도 생태를 소재로 삼지 않은 시가 거의 없을 정도로, 과거 80년대 민중시의 폐단을 그대로 답습하고 있습니다. 형태와 모양을 달리하고 있을 뿐이죠. 그런데 그런 식의 생태주의는 이미 조선시대 강호를 노래한 작품에 다 있고, 또 30년대 청록파의 그것과 차별성이 없지 않습니까? 제가 말씀드리고 싶은 것은, 문학이라고 하는 것은 결국 허위의식과의 싸움입니다. 말하자면 자신이 느낀 것 이상으로 과장되게 말하는 것은 허위의식이죠. 실제로 생활 속에서 그것을 담보하지 못한 상태에서 관념적이고 추상적인 수준에서 말한다고 해서 생태의식이 가져지는 것은 아니거든요. 그렇게 자기성찰과 자기반성의 계기 없이 흐름에 편승하는 태도, 허위의식으로서의 시 쓰기, 이런 현상이 문제가 되고 있는 거죠. 좀 심하게 말하면, 우리 시인들 중에는 왜 득도한 사람이 그렇게 많은지, 웬 불교신자는 그렇게 많은지 모르겠습니다. 절을 찾아가고 도인이 되고, 작게 깨닫고 크게 얘기하고, 이런 것을 보면서 여전히 우리에게 채찍으로서 또 교훈으로서 다가오는 시인이 김수영 시인이 아닌가. 김수영 시인은 시대의 허위의식, 그리고 자기의 허위의식과 치열하게 싸웠던 시인 아닙니까? 자기 안에 존재하는 모순성과 치부를 다 드러내고 자기 성찰의 계기로 삼고 그랬는데, 지금의 시인들은 그런 것이 없어요. 성찰이 아주 없는 건 아니지만 거의 관성적 수준에서 이루어지고 있고 매너리즘에 빠져 있죠.

페미니즘도 마찬가집니다. 아버지로 표현되는 기성 이데올로기에 대한 거부감, 남성 우월주의 혹은 남성중심 사고방식에 대한 안티테제로서 페미니즘이 나왔는데, 페미니즘이 바람직하게 전개되자면 남성을 적대 개념으로 규정하지 말고 상생의 관계, 더불어 사는 존재 차원으로 이해해야지, 남성을 타도해야 할 적으로서 규정한다면 80년대 폐단을 그대로 닮는 것이고, 그러한 공격성과 엽기적 상상력은 여성운동에도 장애로 작용하지 않을까 우려가 생깁니다. 우선 당장의 호기심과 신비함으로 주목을 끌 수는 있겠지만 시간의 풍화작용을 견디면서 인간의 근원적인 문제를 해결하는 데 도움을 주기는 어렵지 않겠느냐 하는 것이 제 생각입니다.

김은숙 예. 아까 말씀하신 생태주의 같은 경우를 보면 도시에 사는 시인들은 문명의 폐해로 파괴되는 인간에 대한 염려의 목소리를 많이 내는가 하면 자연을 찾아간 사람들은 일시적, 순간적 발견이나 느낌으로 대단한 도를 터득한 듯 시를 쓰기도 하는데, 그 중에는 육화되지 않은 시들이 많이 있는 것 같아요. 제가 알고 있는 시인 하나는 도시에서 직장에 다니다가 그만두고 귀농을 했거든요. 혹 아실지 모르겠는데 우포늪 근처에 정착한 배한봉 시인 말인데요, 지금은 우포늪 하면 배한봉, 배한봉 하면 우포늪이라고 인식하고 있고, 심지어는 우포늪은 배한봉 것이라고 말하는 사람들도 있습니다. 그러나 그렇게 되기까지 그분의 희생은 컸겠죠. 남들이 소중하다고 생각하는 가치를 버리고 가서 생태운동도 하고 나무도 키우고 늪도 관찰하고 하면서 시도 쓰고, 그런 진정성이 있으니까 사람들에게 그 글 또한 감동을 주는 것 같습니다만…….

이재무 그렇죠. 그런데 저는 이런 말씀을 드리고 싶어요. 생태미학에서 잊지 말아야 할 것이 있는데, 그것은 바로 '관계성'입니다. 자연과 인간의 관계가 지나치게 인간 중심적이죠. 자연을 수단화하고 자연을 개척하고 인식 수단으로 삼았죠. 그러니까 인간 중심적으로 자연을 봤단 말입니다. 생태주의란 것이 그런 사고방식에 대한 반론 아닙니까? 이원론적 세계관을 부정하고 일원론적 세계관을 주장하는, 인간도 자연의 일부라는 거죠. 그런데 인간을 포함해서 자연을 보면, 모든 자연은 고리로 이어져 있단 말이죠. 그것이 상호 관계성입니다. 예를 들면, 미국에서 있었던 일인데, 사슴목장 주변에서 늑대들이 자꾸 사슴을 잡아먹으니까 늑대들을 다 죽여 버렸어요. 그리고 나서 사슴이 번창을 할 줄 알았는데 오히려 사슴들이 죽어 가더라는 거예요. 그 이유가 뭐냐 하면, 천적이 없어지니까 사슴이 기하급수적으로 늘어났고, 따라서 초원이 황폐해지고 점차 굶어 죽게 됐다는 겁니다. 실제로 늑대가 사슴사냥을 할 때는 그 무리 가운데 가장 약하고 병든 사슴을 공격을 하죠. 사슴 역시 약자, 즉 무리의 질서를 탄력있게 지켜 나가는 데 방해가 되는 사슴을 왕따를 시켜서 나름대로 자기들의 질서를 유지해 나가는 겁니다. 늑대를 없애 버리니까 오히려 사슴의 질서도 무너지는 것, 이게 관계성이에요. 도시에서 자연을 소재로 한다고 해서 생태시가 쓰여지는 게 아니고 중요한 건 관계성이란 말입니다. 남성이 여성을 억압하는 것, 그건 관계를 무시하는 거죠. 서로 타자를 인정하는 것, 이런 관계성이 지켜지면 그것이 나는 생태시라고 보는 겁니다. 원리를 찾자는 거죠. 소재를 빌려다 쓰는 것이 생태시의 전부가 아니고, 생태의 원리는 상호주체를 인정한다, 상생, 관계성을 중시한다, 그렇다면 도시에서 생태라는 소재와 용어를 전혀 쓰지 않더라도 타자를 인정하는 관계성의 내용이 들어가 있다면 생태시가 되는 겁니다.

그런데 요즘 문제가 뭐냐 하면, 환경시가 많아요. 환경이라는 것은 결국 인간 중심이거든요. 인간이 편하게 잘 살기 위해서 환경을 조성하는 거예요. 그러니까 근본적으로 환경시를 생태시라고 볼 수 없는 거죠. 그러나 관계성을 강조하다 보면 환경 얘기를 하지 않더라도 생태의 원리가 들어 있으니까 그것이 바로 생태시가 아니냐, 이런 말씀을 드리고 싶습니다.

또 한 가지는 생태 담론으로 종류가 굉장히 많습니다. 마르크스 생태주의, 에코페미니즘, 근원주의 생태학, 사회주의 생태학 등등 열 몇 가지나 되는데, 저는 근원주의 생태학은 문제가 있다고 봐요. 이론상으로는 그럴듯하죠. 과거로 가자, 과거가 오래된 미래다, 이런 얘기를 하는데, 그렇다면 당장 아파트 버리고 자동차 버릴 수 있겠습니까? 그건 인간으로서 불가능한 꿈이에요. 유토피아인데, 이런 극단주의라는 것은 언제든지 다시 돌아갈 수가 있어요. 가령 당장에 자동차 굴리지 않고 아파트 버리고 인간의 편의시설을 버린다고 칩시다. 너무 불편하고 힘들어요. 구도자적 자세가 필요합니다. 아까 우포에 사시는 배한봉 시인 얘기를 하셨지만, 그렇게 존재론적 결단을 감행하는 시인도 있겠죠. 그러나 모두에게 그것을 요구한다는 것은 무리지요.

또 하나 문제는 인간의 모든 모순문제를 제쳐두고 생태를 논의한다는 것은 자기모순입니다. 가령 자연이 인간의 식민지 아닙니까? 그렇다면 여성도 남성의 식민지예요. 또 가진 자와 못 가진 자의 관계에서 밑바닥 계층은 가진 자의 식민지입니다. 또 나라와 나라 사이에 식민지가 있어요. 그러니까 탈식민지의 사고방식, 남성과 여성의 동등한 관계, 가진 자와 못 가진 자의 동등한 관계, 이런 것이 결국 자연과 인간의 동등한 관계를 가져오는 것이죠. 그런데 인간의 불평등의 문제를 도외시하고 자연으로만 달려간다는 것은 문제 해결 방법은 아니라는 겁니다. 사람들이 귀농을 하거나 자연으로 돌아가서 사는 것도 하나의 방편은 되겠지만 그게 전부는 아니고, 도시에 살면서 생태의 원리인 관계성을 회복하는 것, 즉 억압과 피억압의 관계, 주인과 종의 관계, 이런 사회적인 여러 가지 불평등의 문제를 극복하고 해결해 나가는 것이 결국 생태의 원리를 실천하는 것이라는 생각이 듭니다.

머레이 북친이 주창한 사회주의 생태학이라는 것도 있는데, 물론 유럽 중심적 사고—동양을 타자로 보려고 하는 안 좋은 측면이 있습니다만, 지금 얘기했던 인간의 제 모순문제와 인간과 자연 관계를 같이 봤거든요. 동일성 차원에서 이해하려고 했다는 거죠. 그런 면에서 머레이 북친의 사회주의 생태학이 바람직하다고 생각하고 있습니다.

김은숙 예. 시적 패러다임에 관한 여러 가지 말씀을 해 주셨는데요. 애초에 시는 '노래하는 것'으로 시작됐고, 기본적으로 운율이 깔려 있는 게 전통적인 시의 형식이었던 것에 비해서 요즘 시가 점점 산문화 되는 경향이 있습니다. 이렇게 운율이 무시되거나 시에 도입되는 산문성·서사성 문제를 어떻게 보십니까?

이재무 예. 전통적인 시법에서는 운율성이 대단히 중요했죠. 그런데 모든 제도나 양식을 보면 사회 생산체제와 긴밀한 관계가 있습니다. 가령 옷의 형태가 달라지는 것, 대중음악도 랩이라고 해서 가사도 길어지고 속도도 빨라지고, 그러니까 우리가 살고 있는 후기 자본주의 사회가 아주 복합적이고 다양화되어 있지 않습니까? 흔히 말하기를 현대는 운문의 시대가 아니고 산문의 시대라 하지요. 따라서 복잡한 현대인의 내면세계를 담아내는 것이 기존의 시 형식으로는 벅찬 느낌이 들고, 그래서 자연스럽게 산문화 되는 경향을 보이는 것은 당연한데, 그러니 역시 지나치다는 생각이 드는 게 사실이죠.

이쯤에서 김수영 시인의 형식과 내용의 문제를 떠올릴 필요가 있습니다. 「시여, 침을 뱉어라」라는 산문을 읽어 보셨겠지만, 내용은 형식에 대고 불만을 토로하죠. 난 할 말이 많은데 너의 형식이 답답하다는 거죠. 반대로 형식은 내용에 대해서 불만이 많습니다. 그렇게 많은 내용이 들어오면 내가 어떻게 감당하느냐는 겁니다. 이렇게 내용과 형식이 서로 불만을 토로하고 그 가운데서의 긴장상태, 이것이 바람직하다는 김수영의 시인의 시론을 저는 적극적으로 옹호하는 입장이고요.

또 한 가지는, 이건 김춘수 선생이 하신 말씀 같은데, 산문시에도 엄연히 안으로 존재하는 음악성이 있습니다. 음률이 있는데, 그것이 관습적으로 적용이 되면 문제가 있을 것 같아요. 가령 박두진의 「해」 같은 산문시에 보이는 음률은 문제가 있다는 거죠. 관성적으로 붙인 거니까. 김춘수 시인은 산문시에서 음률성을 내용과 맞게 바람직하게 적용한 시의 사례로 정지용의 「백록담」을 들고 있어요. 내용과 조화를 이루는 형식이라는 얘긴데, 결국 내용과 탄력적인 관계를 가져야 할 것 같습니다. 우리가 흔히 말하는 2음보니 3음보니 하는 것을 관성적으로 붙이는 것은 문제가 있고, 김소월의 음률성이 지금 후기 자본주의 사회에도 바람직하겠느냐 하는 의문이 드는 거죠. 시대가 달라지고 삶의 양태가 달라지면 반드시 형식의 변화가 따르는 것처럼 시의 음률성도 탄력적으로 변화해야 하는 것은 당연한데, 그것을 얼마나 의식을 하고 작업을 하는지 모르겠지만, 지금 시들은 한마디로 수다스럽죠. 요설에 가깝고, 문제가 있는 것 같습니다.

김은숙 예. 시를 쓰는 사람들이 그런 부분을 좀더 자각을 해야 할 필요가 있지 않을까 생각이 듭니다. 요즘 시단에 시인들이 참 많은데, 선생님께서 주목하는 신인이라든가, 좋은 시를 쓰는 시인이 있다면 말씀해 주시지요.

이재무 예. 멀리 갈 것 없이 충남 홍성인가요? 이정록 시인, 그리고 여성으로는 김선우 시인의 시를 좋게 봤습니다. 또 아까 말씀드렸던 유홍준 시인, 시집은 아직 안 낸 것 같아요. 또 예리한 관찰력이 돋보이는 김기택 시인, 또 함민복 시인, 박형준 시인, 이런 시인들의 시를 개인적으로 좋아합니다.

김은숙 예. 교수님도 시를 쓰시고 시창작 강의도 하시는데요, 시인으로서 추구하는 시세계가 있다면 어떤 것인가 이 기회에 밝혀 주시겠습니까?

이재무 저는 계획을 하고 시를 쓰는 쪽은 아니고, 항상 몸의 리듬에 맡겨요. 제가 《삶의 문학》 동인 출신이라서 그런지는 모르겠는데, 삶의 보폭과 같이 가는 것 같아요. 삶보다 시가 앞서거나 혹은 삶보다 크게 뒤떨어지거나 그런 건 아닌 것 같고, 또 시도 하나의 살아있는 유기체라고 하는데, 생명체라고 한다면 나름대로 자기운동을 하지 않겠습니까? 거기에 나를 자연스럽게 맡겨 버리는 입장입니다.

올 6월에 새 시집이 나오는데, 제가 의도한 건 아니지만 시들이 생태주의 쪽으로 가고 있더라고요. 시대 변화에 대해서 민감하게 반응하고 흐름에 편승하는 것은 문제가 있지만, 시대가 달라졌음에도 불구하고 옛 노래만 고집하고 있는 것도 답답하다는 생각이 듭니다. 그래서 흔히 사회 변화에 탄력적으로 대응하라 — 는 말을 하는데, 가령 이젠 민족의 현실을 노래하더라도 80년대 방식으로 노래하면 곤란할 것 같아요.

이젠 벗어 버려야 하는 형식이거든요. 2002년도를 살고 있다면 이 시대에 맞는 호흡, 리듬, 방식으로 민족현실을 노래할 수 있어야 할 것 같고, 솔직히 말씀드리면 저는 농촌을 떠난 지 오래됐습니다. 서울에서만 한 15년쯤 살고 있고, 당연히 서울 생리가 몸에 뱄어요. 자연스럽게 내 주변 얘기를 쓸 수밖에 없고, 또 서울이 주는 여러 가지 환멸로 해서 생태주의에 관심을 갖게 되고, 그렇게 저절로 방향이 진행되는 거죠. 연구논문 쓰듯이 어떤 시세계를 펼쳐 보겠다, 하는 계획에 의해서 쓰는 시인도 많다고 그래요. 그렇게 계획에 의해 쓰여진 시들이 비평의 주목을 많이 받는 모양인데, 비평자의 안목으로 보면 접근하기가 편하죠. 일목요연하니까. 그런데 시인은, 앞에서 한 얘기를 뒤에서 뒤집는 것이 가능하다고 봅니다. 상반된 정서, 상반된 인식 태도를 보여줄 수 있다는 거죠. 왜냐하면 우리 삶 자체가 그렇지 않습니까? 그게 보다 솔직한 대응방식인 것 같아요. 계획 의도에 따라 일관성을 지키기 위해서 무리하다 보면 허위의식에 빠질 가능성이 많죠.

김은숙 교수님 말씀에 충분히 공감을 합니다. 특히 삶의 보폭과 시의 보폭 말씀에 대한 말씀이 가슴에 와 닿는 것이, 시를 쓰는 데도 흐름이 있는 것 같아요. 저 같은 경우 때로는 제 시가 너무 감춰서 잘 모르겠다는 말을 듣기도 하고 때로는 너무 어둡다는 평을 듣기도 합니다. 그런데 일정한 시기를 지나니까 나도 모르게 그것들을 벗어나 있는 거예요. 교수님 말씀을 듣고 보니 그것이 제 시적 흐름을 자연스럽게 따라왔기 때문이었다는 생각이 듭니다.

저는 개인적인 시를 쓰는 사람은 무엇보다도 '깨어 있어야 한다'는 생각을 합니다. 감각도, 방식도, 시각도 모든 것이 깨어 있어야 한다고 생각하는데, 지금까지의 말씀을 종합하시면서, 시인에게 필요한 요소는 어떤 것인가, 또 마지막으로 그런 시인에게서 나오는 바람직한 시는 어떤 것이어야 하는가 정리를 해 주시죠.

이재무 예. 저도 시를 쓰는 입장이고 부끄러운 시를 토해 내면서 독자 여러분에게 뭔가를 요구한다는 것이 어패가 있지만, 희망사항을 얘기할게요. 창작 지도를 하다 보면 이런 생각이 많이 듭니다. 뭐냐 하면, 결국 새로움을 보여주지 못하면 시로서는 자격미달이 아니냐. 우리가 일상적 삶을 살면서 잘 느끼지 못했던, 보통사람들이 보지 못했던 이면을 보자는 거죠.

그리고 시인들이 너무 거창하게 말하려고 할 필요가 없는 것 같아요. 이젠 거대담론 시대도 아니고, 시인이 한 시대의 사명의식과 책임의식을 가지고 문화의 전위에 서서 역할을 다하던 시대는 아니지 않습니까? 우리 주변에서 소외된 것들, 버려진 것들, 주변적인 것들 속에서 큰 것보다 작은 것을 발견해서 사람들에게 읽혔을 때, 아, 그럴 수도 있겠구나! 하는 작은 깨달음, 예지를 보여주는 시들이 많았으면 좋겠다는 겁니다. 그런 것들이 많은 사람들에게 감동을 주다 보면 그것이 보편적 감동으로 이어지는 것이죠. 작은 것을 노래했는데 모든 사람에게 읽게 했다면, 특수하고 구체적인 것을 노래했는데 보편성을 획득하는 것이죠. 큰 것을 말했는데 읽히지 않았다면 보편적인 것을 추구했지만 특수한 것으로 전락한 거라고 할 수 있지 않겠습니까?

또 아까 얘기하고 겹치는데, 좋은 시인은 허위의식과의 싸움에서 승리하는 잡니다. 자기를 과장되게 말할 것도 없고, 늘 삶에 대해서 반성하는 태도가 필요하죠. 다만 나날의 일상을 살면서 자꾸 깨어 있으려고 하고 말에 대한 책임도 느껴야 할 것 같고요. 또 문학을 권력의 도구로 삼으려고 하는 태도에서 벗어나고, 후배 시인들이나 시인 지망생에게 부탁하고 싶은 게 있다면, 이건 저 자신에게 스스로 던지는 말이기도 한데, 조급증·초조감에서 벗어나서 여유 있게, 길게 보고 창작을 했으면 좋겠습니다.

또 이 말도 저에 대한 바람인데요, 문단 시인들을 보면 초기에 반짝했다가 시가 점차 형편없어지는 경우가 많지 않습니까? 그런데 반대로 연륜이 쌓이면 더 좋고 더 알찬 시를 쓰는 시인도 있지 않습니까? 그런 시인이 드물어요. 그래서 항상 시인은 데뷔할 때의 초심과 긴장을 잃지 않았으면 좋겠습니다. 어느 정도 이름을 얻게 되면 타성에 젖어서 권위를 누리려고만 하는데, 항상 시작하는 자세로 시를 쓴다면 다 성공하는 시인이 될 수 있지 않을까 생각을 하고요, 시가 생활이 됐으면 좋겠다는 생각도 아울러 말씀드립니다.

김은숙 예. 끊임없이 누구나 고민하는 문제지만, 좋은 시란 무엇인가에 대한 교수님의 여러 가지 말씀이 저에게도 많은 도움이 됐고, 시를 좋아하고 시를 쓰고자 하는 《충북작가》 독자들에게도 큰 보탬이 되리라 믿습니다. 어려운 시간 내서 좋은 말씀 나눠주셔서 고맙습니다.

이재무 귀한 지면을 내 주셔서 오히려 제가 고맙고요, 누가 안 됐으면 좋겠습니다. 고맙습니다.

《충북작가》 14호, 2002년 여름

'PoemCafe 빈터'를 찾아서

'PoemCafe 빈터'는 21세기 한국 현대시의 세계화를 목표로 결성된 젊은 시인들의 모임입니다. 21세기에는 인터넷을 통한 사이버 공동체가 실현 가능해질 것입니다. 우리는 이러한 변화에 적극 대응하고 지역성을 탈피하기 위하여 인터넷 홈페이지 운영을 통한 문학 활동에, 가장 앞장서 나아가고자 합니다. 우리 나라 문인은 물론 외국의 시인들을 계속 동인으로 영입할 계획입니다. 더불어 외국의 문학 단체, 동인회, 인터넷 사이트 등과 연계하여 그 활동영역을 넓혀 갈 예정입니다.

인터넷 문학 동인회 'PoemCafe 빈터'(대표 정한용·시인)에서 '빈터'를 소개하는 글의 첫 부분이다. 'PoemCafe 빈터'는 2000년 1월 1일 '젊은 시인들의 모임'으로 인터넷상에 첫발을 내디뎠다. 현재 인터넷상에서 활동하고 있는 국내 사이버문학모임이 많으나 일반적으로 동일 혹은 근거리 지역 문학동호인들의 오프라인 모임이나 계간지를 중심으로 활동하다가 사이버공간을 확보, 활동의 범위를 확대한 경우이다. 즉, 오프라인 모임의 바탕에 사이버공간에서의 교류가 첨가된 형태가 대부분이다.

그런데 'PoemCafe 빈터'는 처음부터 사이버공간에서의 문학활동으로 시작되었고, 그래서 늘 '빈터'에는 국내 최초의 사이버 문학 동인회라는 이름이 붙는다. 사이버공간에서의 문학활동이니 동인들간의 생활 공간적 거리에서 오는 지역적 한계는 문제가 되지 않으며 국내 각 지역만이 아니라 해외 문인들까지 동인으로 활동할 수 있다.

'PoemCafe 빈터'는 역사로 본다면 채 3년이 안 된 어린(?) 단체이다. 하지만 2002년 11월 현재 국내외 80여 명의 시인과 사이버 이론 전문가 5명이 동인으로 참여하고 있으며, 사이트 조회수가 40만에 다가서는 최대 온라인 동인모임으로 발돋움했다. 특히 외국 시인들을 과감하게 동인으로 영입하여 문학의 국제화를 시도한 것은 일찍이 전례가 없는 새로운 시도이다. 현재 전세계 10여 개국 출신 15명에 이르는 외국인과 해외에 거주하는 우리 교포시인 4명이 동인으로 참여하고 있다.

'PoemCafe빈터'(www.poemcafe.com)에 접속하면 [KOREAN]과 [ENGLISH] 중 선택하라는 페이지를 처음 만나게 된다. 즉 영문 페이지를 따로 운영하고 있는데 이 공간에는 국내 동인들에 대한 소개만이 아니라 한두 편씩이라도 동인들의 작품이 영문으로 번역되어 올려있다. 이는 우리 시의 세계화를 목표로 출발한 'PoemCafe 빈터'의 일면을 보여주는 것으로 다른 문학사이트와 차별화 되는 'PoemCafe 빈터'만의 특성이다.

주로 인터넷에서 온라인 상으로 활동하는 'PoemCafe 빈터'의 사이트에는 동인과 독자의 시를 중심으로, 문학과 문화정보에 관련된 산문 등을 싣고 있다. 온라인 활동의 한계를 극복하기 위하여 오프라인 활동도 겸하는데, 정기모임이 작년까지는 격주로, 올해 들어서는 월 1회씩 열려 12월 현재 50회에 이르고 있다. 정기모임에서는 동인들 사이의 우의를 다지는 일과 함께 작품토론회를 갖는다. 동인들이 준비해온 신작시를 함께 읽어가며 합평을 하는 시간은 시 공부를 함께 하는 뜨거운 문학적 열기로 충만해지는 귀한 시간이다.

한편 여름과 겨울에 한 번씩 전국 총회를 연 2회씩 가져 정기모임에도 참여하기 어려운 원거리 동인들의 결속력을 다지고 있다. 지금까지 총 5회의 전국총회를 열었으며, 이번 겨울에 여섯 번째 총회가 예정되어 있다.

오프라인 활동의 하나로 작년 6월에 첫 동인지를 출판하고 동인과 독자가 참석한 가운데 출판기념회를 가졌으며, 2002 빈터 동인지는 동인 60여 명이 참여하여 앤솔로지 『보임』(Viewing)이라는 이름으로 11월말 출간, 12월 14일 출판기념회가 예정되어 있다. 동인지는 당분간 일년에 한두 번 무크지 형식으로 출판하다가 2004 년쯤 시 전문 계간지로 발전시킬 구상을 갖고 있다. 계간지와 함께 '빈터'는 출판 쪽으로도 영역을 확대해 나갈 생각이다. 지금도 많은 문학지들이 새롭게 창간되고 있어 수요에 비해 공급이 넘치는 것이 사실이지만, '빈터'가 쌓은 국제적 문화교류의 자양이 새로운 독자층을 형성해낼 수 있을 것이라는 게 동인들의 생각이다.

처음에는 인터넷 시동인 모임으로 시작하여 시인들만 동인으로 활동하였으나, 2002년 가을 사이트 개편을 하면서, 장경기, 김재국, 이용욱, 임종기, 유종윤 등 사이버문학 비평가들도 동인으로 영입하여 사이버문학에 대한 연구가 'PoemCafe 빈터'를 중심으로 활발하게 전개되도록 그 토대를 마련하고 있다. 이는 사이버문학에 대한 이론적 세계도 단단히 구축해 나가겠다는 'PoemCafe 빈터'의 새로운 의욕적 출발의 일면을 보여주는 것으로 보인다.

현재 'PoemCafe 빈터'는 조회수가 40만에 다가서며, 올려진 독자들의 작품이 6,000편에 이른다. 'PoemCafe 빈터'에 이렇게 시인과 독자들이 몰리는 데에는 몇 가지 이유가 있을 것으로 판단된다.

첫째, 'PoemCafe 빈터'는 동인회 출발부터 한국 문학의 틀에 갇혀있지 말고 우리 문학을 세계화하자는 취지로 글로벌화를 주창하고 있다. 실제로 동인 구성원에서 대표 정한용 시인을 비롯해서 박주택, 김완하, 이성목, 이윤학, 이준후, 권애숙, 배한봉, 박복영, 조말선, 이영수, 윤성택 시인 등 국내 시인 62명을 비롯해 사이버문학 비평가 5명, 아디사(영국), 킴벌리 스노우(미국), 제인 펜톤 킨(호주), 이고르 이사코프스키(마케도니아), 스네자나 부칼(네덜란드), 리디아 딤코프스카(유고슬라비아), 토드 스위프트(캐나다) 등 외국의 여러 나라 젊은 시인 16명, 해외 교포시인 4명 등, 현재 총 87명이 동인으로 가입하여 활동하고 있다. 이러한 동인구성은 현재의 추세라면 앞으로 더욱 다양하고 풍성해질 것으로 기대된다. 2004년경엔 국내동인 100여 명, 외국동인 50여 명으로 확대할 계획을 '빈터'는 세우고 있다.

'PoemCafe 빈터' 동인으로 들어온 외국 시인은 거의 모두가 아마 국내에는 처음 소개되는 젊은이들일 것이다. 젊지만 이미 자국 내외의 활동에서 두각을 나타내며 그 영향력이 확대되기 시작하는 중요한 시인들이기 때문에, 이들과의 교류는 앞으로 한국문학을 해외로 나가게 만드는데 중요한 교두보가 되리라 생각한다. 또 독자의 입장에서도 새로운 분위기의 작품들을 다양하게 읽을 수 있어 대체로 만족하는 편이다. 다만 언어소통과 작품 번역에서 아직은 적잖은 어려움을 겪고 있다.

둘째, 'PoemCafe 빈터'의 콘텐츠 구성이 전적으로 독자지향으로 되어 있어 독자들의 능동적인 참여를 유도하고 있다는 점이다. 독자가 글을 올리면 동인들과 일반독자들이 함께 작품비평에 참가하고, 또 독자문단 우수작을 주단위로 선정하여 발표하고 있다. 독자문단에서 이루어지는 쌍방향 의사소통은 일부 고정 매니아를 만들어 냈을 정도로 호응이 좋다. 작품과 함께 일반적인 문화계의 문제 거리를 토론의 광장으로 유도하여 독자들이 의견을 제시하도록 하는 자리도 마련하고 있다. 'PoemCafe 빈터' 사이트를 직접 찾아가 보면 '온라인문학상공모' 등 독자지향 콘텐츠들을 여러 곳에서 발견할 수 있는데, 여기서 독자를 동인들 이상의 귀중한 손님으로 받아들이고자 하는 'PoemCafe 빈터'의 배려와 자세를 발견할 수 있으며 이런 점이 독자들의 발길을 끊임없이 이끄는 힘이 아닌가 생각된다.

셋째, 기존 문단이 병폐처럼 안고 있는 권위주의적인 모습을 'PoemCafe 빈터'에서는 찾아보기 어렵다. 우선 동인 가입절차를 보면, 운영위원들이 동인가입 여부를 심의하면서 유명세나 등단여부를 따지지 않는다. 문단파벌주의 또는 등단잡지 우선주의 같은 왜곡된 질서가 우리 문단을 지배해왔던 것이 사실이다. 지금은 그런 것들이 조금씩 효력을 잃고 있는 마당인데, 'PoemCafe 빈터'는 이런 것에서도 먼저 앞서고자 하는 것이다. 독자들에겐 이런 모습이 신선하게 비쳐지는 것 같다. 젊음을 자산으로 자유롭고 다양하며 신선한 단체를 만들어 가고자 하는 모습을 'PoemCafe 빈터'에서 발견할 수 있다.

마지막으로 사이트에 저장된 시인·독자의 작품이 수천 편 수록되어 있는데, 독자들에게 회원가입 등의 불편한 절차 없이도 누구나 열람할 수 있는 좋은 자료실 역할을 해준다. 동인의 성격상, 특정한 경향이나 주류는 인정하지 않고 다양한 가능성이 개방되어 있기 때문에 작품의 성향도 여러 가지이다. 독자들은 다양한 시작품과 산문들을 읽을 수 있고, 문학이나 특히 시에 관심이 덜한 일반인들도 여기에 오면 귀중한 자료들을 많이 얻을 수 있다.

'PoemCafe 빈터'는 앞으로도 다양한 활동계획을 마련해놓고 있다. 거기에 따르면 국내외 젊은 시인들을 지속적으로 영입하고, 최근 문을 연 네트웍 공간에 국내외 문학단체/잡지/동인회를 협력단체로 연결해 가고 있다. 특히 네트웍 작업은 전세계에 유례가 없는 새로운 작업으로 일정한 성과가 축적되면 시인들 그룹을 온라인으로 연결하는 어려운 일을 주체적으로 수행할 수 있다.

또 독자들을 사이트 운영에 직접 참여하도록 다양한 콘텐츠를 새롭게 개발하여 제공할 계획이 세워져 있으며, 디지털을 통한 새로운 문학 형태라 할 멀티미디어문학과 하이퍼텍스트도 개척해 나갈 계획이다.

한편 오프라인에서의 정기모임 또한 개최지역을 다양화하고 프로그램을 고급화하여, 가능한 많은 동인이 직접 참여하도록 유도함으로써 발전과 자극의 기회를 제공하려 하며, 또한 영문 사이트를 좀더 체계화하여 외국의 단체·사이트들과 연계해 정보를 주고받는 협력체제를 구축해 나갈 계획도 의욕적으로 세우고 있다. 현재 사이버공간을 통해 활동하고 있는 문학동호회는 셀 수 없이 많이 있다. 그러나 거기에 참여하는 회원들의 문학적 전문성과 깊이를 들여다보면 아직도 많은 문인들이 사이버공간에 일정한 거리를 두고 있으며, 인터넷을 통한 문학활동에 적극적으로 참여하는 문인들이 적은 상황이라는 걸 알 수 있다. 문인들의 적극적 참여가 안 되다보니, 문학을 좋아하는 동호인들의 모임은 여러 사이트에 많으나 전문적 깊이를 충족시키는 사이트는 그에 비해 얼마 안 되는 편이다.

인터넷 문학활동의 이런 상황에 비추어 볼 때, 동인들의 진지한 문학적 깊이와 열정, 다양한 문학 콘텐츠 개발, 우리 문학의 세계화와 인터넷을 통한 사이버 공동체 실현을 위한 노력, 독자를 배려하는 정신 등 지금까지 보여준 'PoemCafe 빈터'의 활동은 우리 나라 사이버문학의 새로운 활로를 열어 가는 독보적인 문학모임으로 평가될 수 있다.

아울러 'PoemCafe 빈터'가 지금까지 쌓아온 문학적 자양의 토대가, 앞으로도 사이버공간을 찾는 진지한 문학 독자들의 갈증을 충분히 해소해 주는 수준 높은 활동으로 이어져서, 우리나라 사이버문학의 내실 있는 발전을 이루어 나가는데 초석이 되고, 한국 문학의 발전에 깊이 기여하는 문학모임으로 더욱 성장하기를 기대한다.

《충북작가》 15호, 2002년 겨울

세상을 보는 눈

Society

흐름에 대하여

비가 내린다. 차 한 잔을 들며 하늘에서 땅으로 흐르는 투명한 물줄기를, 그 장엄한 순리의 한 흐름을 바라본다. 캄캄한 밤의 터널을 묵묵히 통과한 후 맞는 신새벽, 밤의 크나큰 품안에서 새로이 잉태해낸 순결한 아침을 본다.

무거운 밤의 휘장을 천천히 거두며 신신新新한 아침에게로 순연히 자리를 내어주는 이 당연한 시간의 흐름을 보며, 황폐한 겨울의 몸을 온전히 태워 신생新生의 봄을 뜨겁게 밀어 올리는 놀라운 계절의 흐름을, 무성한 여름의 숲이 만들어내는 결실의 가을로의 흐름을 생각한다.

빛나는 젊음에서 깊은 성숙의 노년으로 우리 삶의 시간들이 오늘도 소리 없이 그러나 또 어김없이 흘러가는 것을 본다. 삶에서 죽음으로, 생성에서 소멸로 가는 흐름을, 그 소멸이 다시 새로운 생성의 토양을 일궈내는 우주의 장대한 흐름을 이 빗속에서 바라본다.

어쩌면 오늘 차 한 잔을 들며 묵상默想하듯 맞이하는 이 시간이, 한 순간이 아닌 영원인지도 모르겠다. 영원한 흐름 속에 보이지 않는 작은 점 같은 이 순간이 모여 결국 영원의 시간을 만들어 가는 것이니. 작은 순간일 뿐인 오늘의 삶이 쌓이고 쌓여 한 사람의 인생이 되고 영원이라는 이름의 유장한 흐름을 이루는 것일 테니.

순간에서 영원으로 끊임없이 내딛는 우리의 발자국들. 그 발자국이 이뤄내는 무늬는 오늘 어떤 모양일까? 제대로 된 걸음으로 제대로 된 모양과 깊이와 향기를 지닌 아름다운 무늬를 만들고 있는 것인지 모르겠다. 만들어 가는 무늬가 세상 속에 제대로 조화를 이루는 것인지 모르겠다. 아름다운 풍경의 한 조각이라도 채색하는 무늬인지 또 그 무늬가 남기는 여백은 아름다울지 모르겠다.

'모든 사라지는 것은 뒤에 여백을 남긴다'는 고정희 시인의 시가 문득 떠오른다.

오 모든 사라지는 것들 뒤에 남아 있는
둥근 여백이여 뒤안길이여
모든 부재 뒤에 떠오르는 존재여
여백이란 쓸쓸함이구나
쓸쓸함 또한 여백이구나
그리하여 여백이란 탄생이구나

—「모든 사라지는 것은 뒤에 여백을 남긴다」 중에서

그렇다. 여백이란 쓸쓸함이자 또 하나의 새로운 탄생이다. 한 생을 마감한 후 남기는 무덤보다, 무덤이 있는 선산보다, 살아있을 적 뱉어낸 수많은 말씀보다 더 크나큰 것이 여백일 것이다.

하루하루 살아가다 결국 한 곳으로 귀결되는 우리 생의 흐름, 그 마감의 자리에 남는 여백은 또 어떤 것일까를 생각한다. 우리 지어내는 삶의 무늬가 부디 아름답고 향기롭기를, 우주의 크나큰 순리에 조화로운 흐름이기를, 또한 사라진 뒤 남는 생의 여백이 넉넉하고 편안하기를 더불어 소망해본다. 차 한 잔을 들며…….

《동양일보》 2003년 7월 9일 '차 한 잔을 들며'

깊은 쉼표

어느 만큼의 속도로 오늘을 살고 있는지, 때로 삶의 속도감이 무섭게 느껴진다. 내가 속도를 조절하며 사는 게 아니라, 일상의 속도 속에 묻혀버리는 느낌이 더 크기도 하다. 한 발짝 한 발짝 내 의지로 꾹꾹 내딛는 삶이 아니라, 나도 모르게 사회라는 큰 무리에 합류되어 하루하루 빠른 속도로 흘러가는 느낌이다.

우리는 어디로, 어느 곳으로 가고 있는 것일까? 결국 우리 생의 마지막에 찍을 삶의 마침표를 향해 그렇게 서둘러 가고 있는 건 아닌지. 급하게 서두르지 않아도 결국 각자의 '그곳'에 도달할 텐데 말이다.

물론 오늘을 사는 이 시간들이 그냥 빠르게 흘러가는 것만은 아니라는 것, 그 바쁜 행보 속에 많은 것을 채색하며 조금씩이라도 나름대로의 뭔가를 이루며 살아가고 있다는 것을 안다.

그래도 혹 우리가 쉬어야 할 때 쉬지 못하고 머물러야 할 곳에 오래 머물지 못하는 것은 아닌지. 깊은 호흡이 필요한데, 안으로의 고요한 침잠이 필요하기도 한데, 주위를 오래 바라보기도 해야 하는데, 어느새 깊고 따뜻한 시선을 잃어가고 있는지 모르겠다.

해야 할 일이 많고 나를 필요로 하는 곳이 있다는 것은 행복한 일이다. 할 수 있는 일이 아무 것도 없다거나, 누구도 나를 필요로 하지 않는다면 그것처럼 불행한 일도 없을 테니까. 그래서 우리는 모두 늘 바쁘게 움직이며 작은 것이라도 실수하지 않으려고, 누구보다 능력 있는 사람이 되려고, 어느 곳에서건 필요한 사람이 되려고 오늘도 나를 혹사시키는 것도 같다. 다른 사람들에게 그리고 이 사회에 필요한 존재가 되기 위해 온힘을 기울이듯이 나 스스로를 위해서도 충분히 시간을 내어줄 수 있어야하는 건 잊고 말이다

그렇다. 지금껏 우린 그렇게 최선을 다해 바쁘게 살아왔으니, 이제 때로는 스스로를 위해 아주 깊고 그윽한 삶의 쉼표를 만들어보면 어떨까? 때로 모든 일손을 놓고 안으로 깊이 침잠하여 지금까지 잊고 있었던 우리 내면을 고요히 응시해보는 시간 속에 오래 머물러 보면 어떨까? 시간도 좀 천천히 흘러가게 두고 아니 시간을 잊기도 하면서, 느릿느릿 아주 천천히 걸어가며 여유를 가지고 주위를 둘러보면 우리 시선도 더 부드럽고 넉넉해질 것 같다.

여름이다. 음력 4월 16일부터 석 달 동안 각 사찰에서는 승려들이 한 곳에 머물면서 좌선과 수행에 전념하는 하안거夏安居에 들어간다. 우리 기운이 밖으로 발산되기 쉬운 이 여름, 멀리 산이며 바다를 찾아 떠나는 밖으로의 여행만이 아니라, 한동안 잊고 있던 안으로의 여행을, 깊은 쉼표 속에 머무는 묵언默言의 여행을 계획해보면 어떨까? 수많은 말들이 난무하는 세상에서 며칠쯤 입을 닫고 아름다운 자연의 소리에 귀를 크게 열어놓는 생각만으로도 우리 몸이 새롭게 푸르러지는 것 같다.

차 한 잔을 들며 차분히 머무는 시간을 닮은, 아늑하고 깊은 생의 쉼

표 속에서 더 깊고 깊게 침잠하고 더 깊고 깊게 숨을 쉬는 행복한 시간을 가끔은 만들어가고 싶다.

《동양일보》 2003년 7월 16일 '차 한 잔을 들며'

뒷모습을 보는 시선

오늘 우리는 서로의 모습을 얼마나 정직하게 드러내며 살고 있는가 모르겠다. 남들에게 더 근사하게 보이기 위해 일부러 참모습을 감추고 속인다는 게 아니라, 주변 사람들을 힘들게 하지 않기 위해 힘겨움을 감추고 편안함을 가장하는 경우도 우리 삶엔 참 많다.

주저앉을 정도로 힘겨운 상황에서도 아무렇지도 않은 척 여유를 가장하기도 하고, 눈물을 흘릴 정도로 고통스러워도 얼굴 가득 웃음을 머금기도 한다. 심지어 우리에게 가장 가까운 가족들 앞에서도 말이다. 아니 어쩌면 가족들 앞일수록 더 당당한 체, 여유 있는 모습으로 웃는 얼굴을 가장하고 있는 건 아닐까?

문득, 중국의 시인이며 수필가인 주쯔칭이 쓴 「아버지의 뒷모습」이라는 수필이 떠오른다. 가슴속에 선명하게 각인되어 있는 아버지의 뒷모습을 회상하는 소박한 내용의 이 수필은 시대와 장소를 뛰어넘어 오늘을 사는 우리들 마음에도 쉽게 와닿는 글이다.

이 수필에서의 아버지는 갑자기 상고喪故와 실직을 당한 암담한 상황에서도 아들 앞에서는 슬픔을 감추고 당당한 모습을 보이려 한다. 이미 장성한 아들을 위해 남들에게 쓸데없는 부탁을 하기도 하는 아버지. 하지만 아들은 아버지의 그런 모습에서 따뜻한 부정父情을 느끼는 것이 아니라 오히려 더 부담을 느낀다. 심지어 세상 물정 모르는 순박한 분이라고 속으로 은근히 비웃기도 한다.

그런데 기차에 오른 아들에게 귤을 사다주기 위해, 위험하게 두 개의 플랫폼을 건너가서 뚱뚱한 몸으로 높은 벽을 넘다가 기우뚱 흔들리는 아버지의 그 뒷모습을 보는 순간, 아들의 눈에는 눈물이 고인다. 흔들림 없이 당당한 아버지에게서가 아니라, 흔들리는 모습, 완전하지 않고 뭔가 부족하게 비어있는 모습에서 오히려 아들은 아버지의 마음을 읽고, 아버지의 뒷모습에서 느낀 그 뜨거운 사랑을 오랫동안 마음속에 담고 살아간다.

생활이 힘겹다고, 너무나 힘에 부치고 자꾸만 지쳐간다고 가족들에게 그 모습을 온전히 드러내기란 결코 쉬운 것은 아니다. 내 힘겨움이 가족에게 전이되어 편안하고 행복한 분위기를 깨트릴까봐 더 주저하게 되니까.

그러나 오늘 나는 이런 생각이 든다. 가까운 사람일수록 서로의 뒷모습을 보이면서 살아야 하지 않을까, 비록 기운 없고 어깨도 축 쳐진 나약한 모습, 흔들리는 모습이라 하더라도, 그렇게 비어있는 모습까지도 보이면서 살아야 하지 않을까 생각한다. 힘겨운 모습까지도 서슴없이 보이는 것부터 서로의 고통을 나눌 수 있는 것이니까. 언제나 당당하고 자신감 있는 모습으로 반듯하게 살아갈 수 있으면 더없이 좋겠지만, 그러나 혹, 상황이 어렵고 삶이 무거울 때, 짊어진 고통도 기꺼이 보이면서 함께 그 짐을 나눠지자고 할 수 있어야 진정으로 사랑하는 관계라는 생각이다.

뒷모습은 말보다, 얼굴보다 정직하다. 사랑하는 사람의 뒷모습을 우리는 얼마나 바라보고 사는가? 오늘 우리 가족의, 친구의 뒷모습을 따뜻한 시선으로 오래도록 바라보면 어떨까? 뒷모습에 담긴 쓸쓸함과 힘겨움을, 말하기 전에 먼저 느낄 수 있는 사람이 진정 가까운 사람일 것이라는 생각이 드는 오후다

《동양일보》 2003년 7월 23일 '차 한 잔을 들며'

풍경의 그늘

1.

사흘 동안 일상에서 벗어나 화양계곡의 가을 속에 파묻혀 지낼 수 있었다. 무성한 엽록의 여름을 다 태우며 소진한 후 이 가을을 더 그윽한 아름다움으로 물들이는 저 눈부신 단풍들. 다 태워진 소멸의 찬란한 아름다움 앞에 절로 숙연해지는데, 얼마 후면 저 형형색색의 이파리들이 지금 가지고 있는 모든 것을 아낌없이 내던지고 또 다른 생성을 위한 거름이 되리라.

심상치 않은 바람이 겨울로 들어설 채비를 하고 있다. 한 계절이 건너가고 있음을 본다. 가을을 건너 겨울로 들어선 후 알몸으로 황량한 시간을 견디는 차디찬 나무의 시간도, 뿌리 밑 그 깊은 곳은 봄을 위한 뜨거운 준비가 이루어지리니 겨울 속에 준비되어지는 찬연한 연둣빛 생명을 가을의 끄트머리에 서서 문득 생각한다. 삶에서 죽음으로, 생성에서 소멸로 가는 흐름을, 그 소멸이 다시 새로운 생성의 토양을 일궈내는 우주의 장대한 흐름을 바라본다.

2.

영원한 것은 없으리. 자연이나 사람, 모든 현상까지도 영원하지 않기에 더 귀하고 아름답게 여겨지는 것이리니, 생성과 소멸의 끊임없는 변화는 마땅하고도 자연스러운 것이다. 그렇다. 만남 다음에 이별이 있듯, 삶이 있으면 반드시 죽음이 있다는 당연한 순리를 누가 부정하고 거부할 수 있으랴. 하지만 머릿속에 인정하는 그 당연한 순리를 직접 몸으로 겪을 때는 감당하기 힘들게 아프고 무서울 뿐이다.

마흔 고개를 넘어서고도 여전히 견디기 힘들게 버거운 것이 있다. 육친과의 이별이 그렇다. 지난 5월말, 갑작스레 아버지가 떠나가셨다. 아주 갑작스레……. 그 황망함을 무엇으로 말할 수 있으랴. 많은 날들을 아무런 자각도 없이 넋을 놓고 지냈다. 머리도 가슴도 텅 빈 채 그저 막막히 보낸 날들만 무겁게 쌓여갔다.

내가 선친께 마음을 모아 온전히 성의를 다하지 못했다고 생각하니, 더구나 나로 인해 가슴 한쪽 늘 애달파하셨을 것을 생각하니 이 세상에 남아있는 사실만으로도 나는 힘들었다. 갑작스런 죽음을 받아들이기가 어렵기도 했지만, 자식 노릇 제대로 하지 못한 나 스스로를 용서하기가 더 힘들었다. 다른 형제보다 내가 오래 늪에서 허우적거리는 시간을 보낸 건 무엇보다 내가 나를 용서하기가 힘들어서였다.

어린 시절, 부모 형제와 떨어져 조부모님 손에 오래 키워진 나는, 홀로 버림받은 느낌으로 인한 정신적 굴곡 속에 성장했다. 바르고 밝게 성장하지 못하고, 이방인 같은 느낌으로 진정한 가족이 되지도 못하고, 피해의식 속에 나는 늘 가족들에게 화가 나있었던 것 같다. 잘못 형성된 성격과 인격의 원인을 모두 유폐된 어린 시절에 있다고 생각하는 나는, 표시를 내건 안 내건 가족들에게 쉽게 서운해했다. 그 서운함이 아무 허물도 스스럼도 없는 사이를 만들지 못하고 어떤 거리를 두었던 것 같다. 어린 시절을 가족들 속에 파묻혀 지내지 못한 것이, 성장해서 어른이 된 후에도 가족들 속으로 다가서지 못하고 저만큼 멀찌감치 서서 가족들을 그리워만 하게 했다. 그저 절절히 그리워하기만 했다. 다정스레 이름 부르며 다가서지 못하고…….

먼 길 그렇게 가셨어도 떠나지 않고 여전히 곁에 계신 것 같은 아버지. 불현듯 생각이 날 때마다 아픈 회한이 가슴을 후빈다. 오랫동안 그렇게 곁에 계시리라. 얼마 전 꿈에 선친을 보고 '마음의 사원'이라는 제목의 시 네 편을 썼다. 오래도록 내 마음의 사원에 자리하실 아버지. 지금 내가 할 수 있는 건 아무 것도 없다. 남아계신 어머니를 살펴드리는 일이 있지만, 그것으로 선친에 대한 부채감을 지울 수는 없으리. 사십구재를 지내고 선친의 유품을 사르며 사찰 뒤란에서 내가 본 것은 무엇인가 모르겠다. 어쩌면 더 편안해지신 모습인 것도 같고, 그저 허허로운 표정인 것도 같고…….

3.

어느새 나도 생의 오후에 서있다. 조금씩 이울어 가는 햇살이 얼마 후면 더 빛을 잃고 어두워지리라. 고요히 어둠 속에 서서 어둠을 바라보다가 스스로 어둠이 되는 날이 오리라. 이렇게 가지가 늘어지고 맥이 빠진 나무가 되어 빛을 잃어 가는 햇빛 아래 서니, 빛나는 젊음이 내게 있었던가 하는 생각이 문득 든다.

내 삶에도 왕성한 기운이 안으로 넘실대며 많은 것을 꿈꾸고 내 꿈꾸는 것들이 여러 가지 또 많은 것을 가능하게 할 수도 있다는 걸 그 때, 그 젊음의 시기에는 미처 생각지도 못했다. 오히려 어둡고 축 쳐진 젊은 날을 보내며 자신을 무거워하고 스스로를 부담스러운 짐처럼 끌고 다녔다. 때로 스스로를 내팽개치고 싶기도 하고 산속 깊이 묻어두고 싶다는 생각도 하면서 그저 자신을 무거워했다. 그러다 보니 어느새 이렇게 한 시절이 가버리고 그렇게 눈부시게 빛나던 젊음의 시기를 멀찌감치에서 뒤돌아보는 생의 오후에 서있다.

그동안 어떤 길을 어떻게 걸어와 여기에 이른 것인가. 우리 삶의 시간들은 오늘도 소리 없이 그러나 또 어김없이 흘러가는데 지금 내가 서 있는 이곳은 어디인가. 어디로 가고 있는가. 이제 조금은 눈이 깊어지고, 생각을 새기고, 정을 베풀 수도 감출 수도 있게 되었지만, 여전히 내 걸음은 어설프기만 하다. 여전히 주변을 서성이며 안으로 들어가지 못하고 있다.

햇살 이우는 오후의 언덕에 서서 늘어지듯 조금 몸을 낮추고 가까이 저녁이 오는 소리에 귀를 댄다. 저녁이 내리기 전 내 영혼을 붉게 물들일 장대한 노을을 기다리며.

4.

노을처럼 단풍처럼 아름다운 풍경 앞에 서면 불현듯 눈물이 고이기도 한다. 그 풍경이 눈부시게 아름다울수록 안으로 물이 고이며 풍경의 이면에 담긴 그늘이며 침묵을 또 바라보게 된다. 때로 환한 웃음이 머금은 한없는 쓸쓸함과 슬픔의 파문이 더 강하듯, 아름다운 풍경의 이면은 사람을 더 고요히 잠겨 깊어가게 한다. 환한 햇살보다 웃음보다 풍경의 그늘이 더 강한 힘으로 사람을 잡아당기고 그 그늘에 오래 머물게 한다. 그늘 속에 오래 머물러 때로 그늘이 되게도 하면서.

더러 어떤 햇살은 고르게도 퍼져
그 맑은 몸으로 큰집을 짓는다
바람마저 절로 넓어져 휘어지는 허공
환한 웃음들 펄럭이다 일순간 흩어진다

돌아드는 이파리 뒤 파문 일고
깊은 주름 무성히 물결친다
어쩌면 햇살과 한 몸인 저 그늘이
저렇게 패인 이면의 주름이
주름 뒤 그늘에 담긴 침묵이
저리 더딘 침묵의 울림이
오랫동안 나를 잡아당긴 것 같다

몸 속 패인 고랑마다
느릿느릿 스며드는 고요
무겁고 편안하다

이 낯익은 무거움 무거운 울림

깊숙한 침묵으로 쓰다듬는다

— 졸시 「풍경의 그늘」 전문

5.

몸 속 깊이 침묵의 공간을 내어주고 싶다. 오래도록 안에서 묵새긴 농익은 침묵의 몸체를 키우고 싶다. 침묵의 공간, 그 안에 나도 들고 싶다. 그 안에서 침묵의 몸이 되고 싶다. 침묵으로 살아가며 더 낮고 깊어지고 싶다.

그러나 바람처럼 흔들리는 내 생각이며 몸이여. 진정한 침묵에 닿지 못하고, 접근하지도 못하고 침잠의 시간을 동경하고만 있는 날들이여. 일상의 시간이 수북히 쌓여 한 생애를 이루니 건너지 못하는 이 흐름이 오히려 몸이 되고 있다.

옷자락을 여미며 가을이 길을 건너가려 한다. 길을 건너 눈앞에서 모습을 감추려 한다. 그렇게 가을은 사라지는가? 사라지는 것인가? 더 아름다운 몸을 준비하려 잠시 모습을 감추고 더 낮게 잠류潛流하는 것이리니, 모습을 감추는 계절처럼 우리 생의 이면에 모습을 숨긴 더 많은 것들을 생각한다.

《시와 정신》 2003년 겨울호

유령난초를 찾아서

하나의 사회가 용인하고 허용하는 삶의 모습, 삶의 형태는 어디까지인가? 사회 구성원이 만들어낸 제도나 관습에서 일탈된 삶은 불온한가? 그 사회의 보편적 삶의 모습으로 살아가지 않으면 불온한 것으로 보고 있지 않는가? 제도권 교육에서 일탈한 사람은 어떤 집단에서도 제대로 융화하지 못할 것이라며 불온한 시선으로 보고, 평범한 결혼생활을 하지 않고 혼자 사는 사람을 불온하게 보고, 심지어 음식도 그 지역의 입맛에 맞지 않으면 부정되어 밥상 밖으로 밀려나고 있지 않은가?

많은 사람들이 단조로운 삶에서 벗어나고 싶다며 일상에서의 일탈을 꿈꾼다. 일탈의 일환으로 가끔 여행을 떠나지만 그것은 잠시 한 호흡을 쉬어가는 삶의 환기에 지나지 않는 것이리라. 그렇게 평소 일탈을 꿈꾸던 이들도 지속적으로 일상적 삶의 궤도나 사회적 통념의 틀에서 벗어나 살아가는 사람이 혹 주변에 있으면, 그의 의지와 용기에 박수를 보내는 것이 아니라, 사회적 안정의 이름으로 편견에 가득 찬 혹독한 평가들을 매복해두었다가 비난의 화살을 쏘아댈 뿐이다.

하여, 궤도에서 일탈하는 삶은 대단한 용기를 바탕으로 한 결단이 필요한 것이리라. 그런 용기를 부여해주는 근원은 무엇일까? 그건 바로 추구하는 가치에 대한 '열정'이 아닐까 싶다.

얼마 전 스파이크 존즈 감독의「어댑테이션」이라는 영화를 보았다. 이 영화는 오랫동안 무엇인가를 골똘히 생각하게 하는 독특한 요소가 있었는데, 그것은 유령난초로 상징화된 최상의 아름다움을 향한 열정적 삶의 모습, 자기 삶의 숨겨진 정수를 찾으려고 하는 인물들의 치열한 모습에서 전해오는 것이었다.

「어댑테이션」은 수잔 올린의 베스트셀러『난초도둑』과 이 책을 영화로 각색해야 하는 시나리오작가 찰리 카프우먼의 작가적 고뇌가 이중의 축으로 전개된다. 희귀 난초를 찾아 눈을 번뜩이며 난초 밀렵이 금지된 거대한 습지를 헤매는 존 라로쉬, 안정되고 편안한 일상이지만 생기 없는 삶에 권태를 느끼던 중, 존 라로쉬라는 이단적 인물을 만나면서 스스로의 삶을 다시 들여다보고 존 라로쉬와 함께 유령난초를 찾아 나서는 수잔, 그리고『난초도둑』을 제대로 된 하나의 영화로 탄생시키기 위해 치열하게 고뇌하는 작가 찰리 카프우먼, 이 세 인물 모두가 내 눈엔 참으로 빛나 보였다. 특히 희귀 난초에 빠져 온 생애를 투신하는 존 라로쉬는 가족에게나 사회에게서나 외면당하는 이단적 삶으로 살아가지만, 난초에 대한 치열하고 진지한 순정의 열정은 언뜻 초라해 보이는 그를 더 빛나게 하는 삶의 정수로 보였다.

때로 우리 사회는 열정이 넘쳐 심지어 범람하는 것처럼 보이기도 하고 때로는 어디를 둘러봐도 어떤 열정도 없이 건조한 모습으로 다가온다. 왜 이렇게 극단의 모습으로 비춰질까. 어떤 것이건 지속적이지 않은 일회적 관심 순간적 열정은 진정한 열정으로 보이지 않기 때문이 아닌가 싶다. 잠깐 동안의 나들이 같은 관심, 기분 전환식의 열광을 진정한 열정으로 볼 수는 없지 않은가. 어떤 희생이나 비난까지도 감수할 마음으로 생의 순정을 바칠 수 있는 열정적 삶의 모습이 더 그리운 요즈음이다.

《충청리뷰》 2004년 11월 26일 '우암세평'

산을 보며

선배 교사의 부친상이 있어 지난 주 금요일 경남 밀양으로 문상을 다녀왔다. 폭설과 한파 소식이 떠들썩하게 예고된 가운데, 동료 선생님 몇 분과 차 한 대에 동승하여 오전부터 서둘러 출발했다. 마음 편하게 대하는 좋은 분들과 이런저런 이야기를 주고받으며 온종일을 같이 하다 보니, 조문을 위해 갑자기 떠난 길이 또 하나 아름다운 무늬가 새겨진 마음 풍요로운 여행이 되었다.

청주에서 밀양까지 오가는 길, 우리나라 대부분의 길이 그렇듯, 아주 쉽게 시선이 머물게 되는 건 우리와 동행하듯 이어지는 산들이었다. 흐린 하늘 아래 묵화처럼 펼쳐지는 겨울 산의 모습. 그 능선을 바라보면서 아래쪽으로 내려 갈수록 달라지는 산의 형태에 대한 말을 주고받기도 하고, 여기저기서 들은 정확하지 않은 풍수에 대한 이야기며, 몇 개의 능선을 지나 만나는 도시에 대한 느낌과 추억을 되짚는 담소를 나누며 갔다.

"산은 늘 나를 안고 있어요. 산이 외면하듯 돌아서 있는 것을 보지 못했어요."

산을 바라보던 선생님 한 분이 지나가듯 한 말이 불현듯 가슴에 깊숙이 들어와 앉았다.

그렇다. 고개만 조금 돌려도 쉽게 볼 수 있는 이 땅의 굳건한 돌기 저 부드러운 능선들. 병풍처럼 둘러서서 어디서나 한결같이 크나큰 품으로 우리를 푸근히 안고 있는 산의 자태. 아무리 둘러봐도 등을 돌려 돌아앉은 느낌의 산은 없다.

아무 것도 내어줄 수 없다고 마음을 돌려 외면하고 가파르게 등을 돌려 앉은 자세보다, 누군가를 향해 마음을 열고 팔을 벌려 푸근히 안으려 하는 것은 얼마나 아름다운 자세인가. 가슴에 있는 온기를 다 내어주는 마음일 때 저절로 나오는 푸근히 안는 자세. 수척한 겨울 산을 바라보던 내 마음이 새삼 훈훈해졌다. 그렇게 한결같은 마음으로 우리를 안아주는 것이 고향과 부모님 그리고 자연 이외에 또 무엇이 있으랴. 그런 한결같은 존재들을 귀한 줄 모르고, 감사한 줄 모르고, 우리는 또 얼마나 함부로 대하는지. 늘 한결같아 소중한 줄 모르던 존재를 상실한 다음엔 또 얼마나 많은 후회로 가슴을 치는가.

소중한 것들을 마음을 기울여 지키며 살아야겠다. 우리에게 너무나 은혜로운 자연의 소중함이야 더 말할 것이 없겠고, 아무리 오랜 기간 먼 곳으로 떠났다 돌아와도 어린 시절의 추억을 고스란히 품고 우리를 맞아주는 고향의 소중함 또한 마음에 새겨야겠다. 무엇보다 부모님과 가족, 많은 소중한 이들이 우리 곁에 있다는 것에 감사하며, 마음 깊이 안아주며 살아야겠다. 서로를 소중히 여기고 따뜻이 안아주는 마음이 충만한 우리네 삶이기를 소망한다.

《중부매일》 2007년 2월 6일 '세정유감'

설렘과 두려움으로 딛는 첫걸음

'처음' 혹은 '시작'이라는 신선한 말과 나란히 하는 '설렘'과 '두려움'을 생각하게 되는 3월이다. 사람이건 일이건 익숙해지면 마음 편안한 대신 긴장감은 떨어지고, 무엇이건 새로 시작하면 마음 또한 새로워지며 시작에 따른 남다른 각오를 하게 마련인데, 그와 더불어 새로운 상황에 대한 설렘과 두려움이 동시에 수반된다.

교사라는 것에 감사하며 만 23년 교직생활을 해온 내 삶의 중심에는, 일 년을 나와 동고동락하는 아이들이 소중하게 자리한다. 전혀 모르고 지내던 낯선 사이가, 꽃샘바람 부는 3월 교실에서 처음 만나 가장 소중한 존재로 한 해를 보내고, 평생 지워지지 않는 스승과 제자라는 아름다운 인연이 된다. 새로운 아이들과 새로운 출발을 하는 매력적인 달 3월, 더 좋은 선생님이 되어야겠다는 각오를 마음에 새기며 나도 출발선에 선다.

새 학년의 출발선에서 마음을 다지는 게 비단 선생님들뿐이겠는가? 이번에 나는 개방형자율학교라는 새로운 모델로 개교한 청원고등학교에서 3월을 시작하는데, 우리 학교는 학교생활 안내를 위해 입학식 전에 홈페이지를 개설했다. 새로 진입하는 단계인 고등학교 생활에 아이들이 얼마나 궁금한 점이 많은지, 홈페이지엔 이런저런 질문이 넘쳐난다. 학교에 대한 친화력과 자긍심을 형성하고, 안정적으로 고등학교 생활을 시작하도록 돕기 위해 실시하는 신입생오리엔테이션에서 모든 사항을 자세히 안내한다고 공지해도, 질문은 끊임이 없다.

교복, 두발, 자율학습, 반 편성, 심지어 옥상 사용문제까지 끊임없이 올라오는 학생들의 질문을 보며, 궁금함 속에 담긴 낯선 생활에 대한 두려움을 본다. 고등학생이 되는 아이에게 부모님들께서도 대학 진학과 관련한 기대 등 많은 당부를 하셨을 테고, 우리나라의 사회적 요구와 교육 여건을 모르지 않는 학생들 나름대로 이제 더 열심히 공부해야겠다는 결심을 했을 것은 자명하다.

뭔가는 달라져야 할 것 같고 열심히 해야 할 것 같은데, 방법은 잘 모르겠고 쉽게 길은 안 보이니, 고교 입학의 문턱에서 설렘보다는 이런저런 두려움이 많은 학생들. 그런 두려움이 아주 다양한 질문으로 얼굴을 내미는 것이리. 학교 홈페이지에 나도 때로 답변도 하고 격려도 해주지만, 혼자 웃을 때가 더 많다. 아이들 글에 담긴 두려움과 순수함이 보여서이다.

설렘보다는 두려움으로 첫 발을 내딛는 아이들. 학교가 결코 두려운 곳이 아닌, 내 꿈을 이뤄가는 소중한 터전이며, 서로 소통하며 정을 나누는 따뜻한 곳, 진정한 나를 만들어가는 보람 있는 공간이라는 것을 아이들도 서서히 알게 될 것이다. 내 아이들 곁으로 첫 발을 내딛는 설레는 3월이다.

《중부매일》 2007년 3월 6일 '세정유감'

마중물이 된 사람

2004년 간행된 임의진 시인의 시집 『지구별에서 만난 아름다운 인연, 사랑』에 수록되어 있는 시 「마중물이 된 사람」을 나는 가끔 생각한다. 이 시를 처음 접했을 때 먼저 들어온 건 '마중물'이라는 단어였다. 시의 문맥 속에서 충분히 의미를 헤아렸으나, 일상에서 거의 사용해보지 않은 낯선 단어라 일부러 국어사전을 들춰 찾아보았다.

'마중물: 펌프로 물을 퍼 올릴 때, 물을 이끌어 올리기 위하여 먼저 위 구멍에 붓는 물'

마중물이라는 단어의 어여쁜 발음이나 모양새 이상 그 의미가 근사하기 이를 데 없다. '마중'이라는 단어를 평소 좋아하는 나는, 이후 '마중물'이라는 단어를 더 좋아하게 되었다. 아니 좋아한다는 것보다는 누군가의 마중물이 되어야겠다는, 마중물 같은 삶을 살고 싶다는 생각을 문득문득 하게 되었다.

> 우리 어릴 적 펌프질로 물 길어 먹을 때
> '마중물'이라고 있었다.

한 바가지 먼저 윗구멍에 붓고 부지런히 뿜어 대면
그 물이 땅 속 깊이 마중 나가 큰물을 데불고 왔다.

마중물을 넣고 얼마간 뿜다 보면
낭창하게 손에 느껴지는 물의 무게가 오졌다.

누군가 먼저 슬픔의 '마중물'이 되어준 사랑이
우리들 곁에 있다.

누군가 먼저 슬픔의 무저갱으로 제 몸을 던져
모두를 구원한 사람이 있다.

그가 먼저 굵은 눈물을 하염없이 흘렸기에
그가 먼저 감당할 수 없는 현실을 꿋꿋이 견뎠기에……

— 임의진, 「마중물이 된 사람」 전문

이 시를 쓴 임의진 시인은 전라도 땅 어딘가에서 목회활동을 하면서, 농사도 짓고 그림도 그리며 산다는 얘기를 들은 적이 있다. 가난한 이들과 생활하면서 슬프고 애잔한 그들의 이야기에 귀 기울이고 그 사연들을 시며 수필로 담아내고 있다는 시인의 소식을 들으며, 이 시대 가난한 이들의 위로가 되고 용기를 주는 삶을 실천하는 슬픔의 마중물 같은 사람이 많았으면 좋겠다는 생각이 들었다. 아니 내가 할 수 있는 분야에서 나도 그런 마중물 노릇하며 살아야겠다는 생각이 들었다.

어두운 땅 속 깊이 내려가 그 밑 캄캄하게 엎드려있는 물줄기를 끌어올리는 마중물처럼, 내가 기울인 노력이 누군가에게 작은 힘이 될 수 있다면, 내 눈길 손길이 누군가의 위로가 되고 용기가 될 수 있다면 얼마나 보람된 일인가. 웃음이건 눈물이건 함께 나누며, 서로 연결된 작은 인연의 고리가 기쁨이 되고 믿음이 되고 격려가 될 수 있다면 진정 행복한 게 아닐까. 땅속 깊이 들어가 큰물을 데리고 오는 마중물 같은 사람이 많고 많아, 우리 살고 있는 이 사회에 큰 보람과 기쁨과 사랑의 힘찬 물줄기 시원하게 길어 올릴 수 있었으면…….

《중부매일》 2007년 4월 3일 '세정유감'

박제가 되어가는 페가수스Pegasus의 날개

'박제가 되어버린 천재를 아시오? 유쾌하오. 이럴 땐 연애까지라도 유쾌하오'로 시작하는 천재 시인 이상李箱의 소설「날개」. 실험정신이 강한 시를 써오던 이상은, 한 인간의 내면을 두드러지게 묘사한 소설「날개」에서도 보편적 정서를 넘어선 파격적인 내용을 의식의 흐름 기법으로 탁월하게 그려냈다. '날자, 날자, 한 번만 더 날자꾸나, 한 번만 더 날아보자꾸나'로 끝나는 이 소설을 생각할 때마다 그리스 신화 속 '패가수스'가 떠오르는 건 왜일까?

움직임 자체가 생명체로서의 본질인 동물이, 주체적인 동작이 불가능하게 고정된 박제가 된다면, 그건 곧 가장 중요한 본질을 상실하는 것 아닌가. 한 번만 더 날아보자고 간절한 마음을 담아낸 작가 이상은, 날아보기는커녕 마음껏 움직일 수조차 없이 박제가 되어가고 있는 자신을 소설의 첫 부분에서 이미 언급하고 있다.

나를 들여다볼 겨를도 없이 여념 없는 일상 속에 시 한 편 못 쓰고 있는 요즈음, 패가수스를 자주 생각하게 되는 건 어쩌면 내 삶의 본질적 요소인 '영감靈感'이라는 날개가 박제가 되고 있는 건 아닌가 하는 불안감과 두려움이 엄습해 와서 그런 것 같다.

오르페우스, 프로메테우스, 아프로디테, 에로스와 프쉬케 등 그리스 신화에서 만나는 수많은 존재 가운데서도 천마天馬 페가수스는 내게 가장 특별하다. 발길질로 샘을 팠다는 하늘을 나는 말 페가수스. 이 페가수스는 상상력, 즉 우리의 영감을 상징하는 게 아닐까? 어떻게 말이 하늘로 날아오를 수 있는가? 말에게 날개를 달아 하늘을 날게 하는 것은 상상력이 아니고는 만들어낼 수 없다. 이렇게 우리의 상상력은 불가능한 것 없이 다양한 창조의 원천이 된다.

페가수스가 발길질로 팠다는 히포크레네 샘에 찾아가 예술의 여신들인 뮤즈Muse들이 물을 마시고, 노래를 부르거나 춤을 추었다고 하는 이야기에서, 고대 그리스인들도 영감이 샘물처럼 끊임없이 솟아날 때 모든 예술 활동이 가능하다고 생각했다는 걸 알 수 있다. 또한 하늘과 땅을 잇는 천마 페가수스를 통해 우리의 상상력은 땅에서 샘솟는 것이면서도 그 본질은 하늘의 비밀에 닿아있다는 것을 신화는 말해주고 있다.

우리의 정신세계를 무한히 풍요롭게 하는 상상력. 이 상상력이 사라진다면 우리의 삶은 얼마나 건조하고 각박할 것인가. 현대 사회를 신화가 사라진 시대라고 말한다. 더 이상 인간은 꿈꾸지 않는다는 것이다. 원하는 것을 쉽게 이루고 빨리 다가서는 시대, 상상력이 사라지고 꿈이 사라진 시대에 우리는 행복한가? 우리 삶의 중요한 요소이며 동력인 상상력, 페가수스의 날개가 박제가 되어가는 건 아닌가 두려워지는 요즈음이다.

《중부매일》 2007년 5월 1일 '세정유감'

어제의 당신 때문에 오늘 우리가 있습니다

우리 역사엔 기억하고 새겨야 할 일들이 많지만, 그 중에서도 한 마음으로 뜻을 모아 용기 있는 걸음을 내딛던 민중들의 뜨거운 함성이 기록한 역사는 특별한 의미로 새겨지게 된다. 하여, 1987년 6월의 그 함성을 오늘 우리가 기억하며 뜻을 기리는 건 마땅하다.

6월 민주화항쟁 20돌맞이 문화행사가 6월 한 달 동안 곳곳에서 다채롭게 열린다. 충북민예총에서도 '어제의 당신 때문에 오늘 우리가 있습니다'라는 큰 주제로 시민 대동놀이 한마당, 시낭송회, 충북 민족극 한마당, 소리로 그린 그림, 경축음악회 등 20년 전 6월의 함성을 기리는 문화 행사를 마련, 시민들과 함께 그 날의 의미를 새기고 있다.

어찌 6월의 그 함성을 잊을 수 있으리. 6월 항쟁 10돌에 부쳐 1997년에 쓴 졸시 한 편을 다시 꺼내 들여다본다.

수많은 입자의 반란 같은 만남이었네
큰 사랑의 물결
소리마저 정지된 채 흐르는 길
싸움처럼 부딪히는 웅혼한 그림자 너머

함성으로 장벽 넘는 사람의 큰 울림이었네

사람아, 아 사람아
6월의 어둠 저편 햇살까지 두근거리고
간곡한 희망의 빛 뿌리까지 일으켜 세우며
뜨거운 시선 큰 물결로 일제히 일어서네
누구였던가, 깃발 함께 일어서
뜨거운 체온 모두 깊은 숨으로 하나 되어
크나큰 하늘까지 한 힘으로 닿아보려
푸른 하늘 열리는 길 온 힘으로 넓히었네
모든 두려움 어둠 넘는 눈빛 저 편 묶어두고
지상의 작은 손발 크게 잡고 흔들었네

다시 6월 하늘
부드러운 바람 흐르는 한 세상 열려있고
둥근 웃음 담은 얼굴들 스치듯 쉽게 만나지만
사람아, 아 사람아
힘껏 소리치던 건강한 외침
뜨거운 사람의 소리들
다시 찾고 싶은 열망 안고
저무는 들녘에 서 있네

— 졸시 「사람아, 아 사람아」 전문

'어제의 당신 때문에 오늘 우리가 있습니다.' 당연하면서도 깊은 의미를 내포한 말 앞에서 다시 숙연해진다. '어제의 당신'들이 한 자리에 모여 이 땅의 민주화를 위해 함성을 지를 때의 모습을, 이 땅 민중들이 지축을 흔들던 그 큰 울림을 오늘 우리는 어떻게 기억하고 있는가? 어제의 당신들이 흘린 피가 오늘 이 땅의 민주화로 꽃피운 것을 오늘의 우리는 어떻게 가꿔가고 있는가?

오늘을 살면서 내일을 계획하고 준비해가는 것이 필요한 것처럼, 오늘이 있도록 한 어제의 노력도 헛되지 않게 잘 가꿔가야 하겠다. 또한 지금 우리가 살고 있는 오늘이 뒷날 어떻게 평가될 것인가를 두려워하며, 우리의 오늘이 다음 세대에게 무엇인가를 남기고 길을 열어주는 '의미 있는 어제'가 될 수 있도록 성의 있는 노력을 기울여야 할 것이다. 우리의 한 걸음 한 걸음이 써가는 역사의 의미를 다시 생각하게 되는 6월이다.

《중부매일》 2007년 6월 5일 '세정유감'

초록 경전보다 눈부신

현재 내가 근무하는 학교는 청원군 오창읍 구룡리에 있다. 올해 신설되어 개교한 지 얼마 안 되는 고등학교인데, 요즘 새로 지은 건물이 다 그렇듯이 시설도 참 편리하고 쾌적하지만, 그보다 좋은 점은 도심과는 많이 다르게 넉넉한 주변의 녹지며 맑은 공기가 마음을 늘 여유 있고 풍요롭게 한다는 것이다.

우리 학생들을 위해 일부러 마련해 놓은 듯 학교 바로 옆에는 백여 년 정도 된 느티나무가 정겹게 서 있고, 넉넉한 나무 그늘 아래로 몇 발자국 걸어가면, 청둥오리까지 평화롭게 노니는 구룡소호지(오창읍 구룡리 소재 저수지)가 저절로 눈길을 오래 머물게 한다.

교무실 내 자리에 앉아 창밖을 바라보면 무성한 녹음의 함성이 눈부신 요즈음, 마음은 신비로운 초록 경전 속으로 하염없는 걸음을 내닫는데, 이 초록의 함성보다 더 강하게 나를 잡아당기는 아름다운 존재들이 있다. 그건 바로 우리 아이들이다. 조금은 서툴고, 흔들리기도 하고 또 조금 산만한 면도 있어 그만큼 우리의 눈길, 손길이 필요하지만, 어떤 아이건 나름대로의 꿈이 있고 희망이 있다. '꿈', '희망'……, 얼마나 눈부신 말들인가? 더구나 무엇이 되고 싶다든가, 무엇인가를 이루고 싶다는 생각과는 멀리 떨어져서 생활하는 세대에게는 말이다. 이렇게 빛나는 존재들에 둘러싸여 생활하는 행복함이라니…….

일반적으로 '학교'라고 하면 틀에 박힌 정형성, 획일성, 경직된 사고 등 가슴 답답한 어휘를 먼저 떠올리는 사람들이 많다. 그러나 그 안을 깊숙이 들여다보면 학교는 그렇게 단조롭거나 답답하지만은 않은 곳이다. 수많은 맑은 눈동자들이 빛나고, 그 눈빛 속에 자신만의 꿈을 담고 있으며, 그 꿈을 이루기 위해 부단히 수고를 아끼지 않는다. 오늘을 충실히 생활하며 스스로의 내일을 열어가는 아이들. 그리고 그들 곁에는 늘 아이들 하나하나를 지켜보고, 아이들이 가진 저마다의 역량을 발견하고 북돋워주려는 교사들이 있다.

한 시간 한 시간의 수업 시간이 단순히 지식을 전달하는 건조한 시간이 아니라, 교사와 학생들이 함께 생각하고 느낌을 나누며 교감하는 시간이다. 3년이라는 고등학교 시절이 아이들 저마다의 꿈을 이루기 위해 선생님들과 함께 고민하고 스스로를 채찍질하며 미래를 개척해가는 소중한 시간이다. 이렇게 의미 있는 시기에 아이들과 함께 있을 수 있으니, 또한 이 아이들을 통해 오늘도 빛나는 꿈과 희망을 볼 수 있으니 얼마나 감사한가?

어느 학교나 7월초는 기말고사 기간이다. 기말고사를 앞두고 공부에 매진하는 아이들, 힘들어 보이기도 하지만, 무엇인가에 몰두해있는 이 아이들의 모습이 무성한 녹음보다, 그 초록이 함성보다 더 아름답게 빛난다.

《중부매일》 2007년 7월 3일 '세정유감'

한여름 밤의 꿈

멘델스존의 「결혼행진곡」은 오늘날 결혼식에서 연주되는 가장 통속화된 명곡이다. 이곡은 극음악 「한여름 밤의 꿈A Midsummer Night's Dream」에 실려 있는데, 멘델스존의 이 극음악은 영국의 문호 셰익스피어의 희곡을 바탕으로 작곡한 것이다. 두 사람의 사랑이 공식적으로 맺어지는 결혼식에서 의례적으로 연주되는 곡이 「한여름 밤의 꿈」의 일부라는 점이 흥미롭다. 사랑도 인생도 다 한 여름밤의 꿈과 같다는 것을 새로운 삶의 시작점에서 이미 통찰해낸 것일까.

「한여름 밤의 꿈」의 '한여름 밤'이란 일 년 중 가장 밤이 짧은 하지夏至 무렵의 성 요한제 전야를 가리키는 것으로, 서양에서는 그날 밤에 여러 가지 환상적 괴변이 생긴다는 미신이 있다. 이 무렵을 배경으로 귀족과 서민, 요정이 숲에 모여 서로 친근한 관계를 맺으면서, 낭만적이고 몽환적夢幻的인 세계가 전개되는 셰익스피어의 「한여름 밤의 꿈」은 환상과 시와 다양한 사랑의 방식을 보여준다.

헤르미아에 대한 리센데르와 데메트리오스의 사랑이 한 방울 마법의 꽃즙 때문에 미움으로, 그 미움이 또 한 방울의 꽃즙으로 인해 사랑으로 옮겨가는 「한여름 밤의 꿈」을 통해, 사랑과 미움, 행복과 불행 등 극과 극의 감정이나 상황도 마치 야누스의 얼굴같이 쉽게 역전될 수 있음을 새삼 생각하게 된다. 아니 어찌 보면 사랑과 미움이라는 말도 반대가 아닌 공존의 개념임을 실감하게 한다.

모든 사랑은 요정의 마법을 닮은 환상의 옷을 입는다. 일찍이 시인 한용운이 「임의 침묵」에서 '향기로운 임의 말소리에 귀먹고, 꽃다운 임의 얼굴에 눈멀었다'고 한 것처럼 사랑에 빠지면 그렇게 사랑하는 사람을 중심으로 온 우주가 운행된다. 그러나 이 환상적 마법의 상태가 어찌 영원할 수 있으리. 마법의 옷은 손상되기가 쉬워서, 이 옷을 걸칠 때 설렘이나 기대가 컸던 것 이상의 실망과 상처와 마음 불편한 미움까지 남긴다. 극과 극을 오가는 혼돈이다.

어찌 사랑만이겠는가. 우리가 꿈꾸는 사랑, 행복, 정의, 평화 이 모든 것은 이미 반대 개념을 내포한 양면성으로, 또한 단순한 상황이 아닌 복합적 양상으로 존재한다. 정의에 대한 갈망은 불의 속에서 싹트며, 행복한 순간일수록 행복이 깨질까 두려워한다. 갈등의 심화로 황폐화되었을 때 한 순간의 평화도 소중히 여겨진다. 어느 것 하나 영원한 것이 없으며, 언제 어떻게 다른 모습으로 변할지 모르는 우리네 삶. 한여름 밤의 꿈처럼 덧없기만 하다. 그러나 우리는 이 덧없는 삶을 아름다운 꿈으로 채워간다. 아니, 한여름 밤처럼 순간적인 삶을 여전히 환상적 꿈으로 채워가는 능력이 우리에게 있으니 얼마나 다행인가!

《중부매일》 2007년 7월 31일 '세정유감'

9월도 저녁이면

시인 조지훈은 수필 「멋설」에서 '우주 원리의 실재는 멋'이라고 하면서, '멋을 멋있게 하는 것이 무상인가 하면, 무상을 무상하게 하는 것이 바로 멋'이라고 말했다. 무상한 우리 삶이 그 무상함으로, 영원하지 않음으로 멋이 있다고 말하고 있다. 그렇다. 무엇이건 영원하지 않다는 것은 얼마나 다행인가! 많은 것들이 영원하길 바라지만 실은 모든 것이 영원하지 않음으로 더 아름답고 귀하고 멋이 있는 게 아닐까.

갑자기 들려오는 누군가의 부음이나, 계절의 변화만큼 삶의 무상함을 절감하게 하는 것이 있을까. 맹위를 떨치던 한여름 날씨도 며칠 비가 오락가락하는 사이 더 버티지 못하고 물러가고, 어느새 우리는 이미 가을의 문턱에 들어서 있다. 바야흐로 가을의 문에 들어서는 9월. 9월에 들어서며 강연호의 시 한편을 꺼내 들여다본다.

9월도 저녁이면 바람은 이분쉼표로 분다
괄호 속의 숫자놀이처럼
노을도 생각이 많아 오래 머물고
하릴없이 도랑 막고 물장구치던 아이들

집 찾아 돌아가길 기다려 등불은 켜진다

9월도 저녁이면 습자지에 물감 번지듯
푸른 산그늘 골똘히 머금는 마을
빈집의 돌담은 제풀에 귀가 빠지고
지난 여름은 어떠했나
살갗의 얼룩 지우며
저무는 일 하나로 남은 사람들은
묵묵히 밥상 물리고 이부자리를 편다

9월도 저녁이면 삶이란 죽음이란
애매한 그리움이란
손바닥에 하나 더 새겨지는 손금 같은 것
지난 여름은 어떠했나
9월도 저녁이면 죄다 글썽해진다

— 강연호, 「9월도 저녁이면」 전문

우리의 지난 여름은 어떠했나. 얼마나 사랑하고 얼마나 마음을 나누었으며, 얼마나 뜨거웠나. 얼마나 무기력했고 얼마나 후회하고 얼마나 원망했는가. 얼마나 나를 지켰으며, 얼마나 나를 버렸나. 얼마나 남을 바라봤고 얼마나 마음을 헤아렸으며, 얼마나 상대를 배려하며 살았는가. 또한 얼마나 나를 소중히 키워간 시간이었는가.

충분히 사랑하지 못해서, 마음을 나누지 못해서, 배려하지 못해서, 헤아리지 못해서 마음이 따가운 계절, 누구나 생각이 많아지고 눈이 깊어지고 고개가 수그러지는 가을이다. 눈길이 머무는 모든 것이 눈물을 머금게 하는 9월, 저녁이면 누구나 이렇게 글썽해질 수밖에 없다.

저물녘에 죽림동 쪽에서 교원대 방향으로 접어들어 고요한 시골길로 차를 몰아가니, 튼실하게 영근 벼들이 일렁이는 들녘의 빛깔이 눈에 들어왔다. 빛깔의 변화가 생각을 많게 하는 계절, 내 삶의 빛깔과 계절을 생각하게 되는 9월이다.

《중부매일》 2007년 9월 4일 '세정유감'

갈참나무 숲으로 가자

따뜻한 눈길과 풍성한 덕담이 넘치는 가운데 민족의 명절 한가위가 지나갔다. 마음 넉넉하고 훈훈한 날이 되라는 인사를 참 잘 하는 나지만, 돌이켜보면 보름달처럼 둥근 마음으로 생활하는 날이 도대체 몇 날인지 모르겠다. 마음이 넉넉한 것만큼 중요한 것이 또 있을까, 그것을 알면서도 순간에 소용돌이치며 작은 일에 온 신경을 쓰고 때로 참 각박해지는 마음기둥들. 이런 때는 고개를 들어 멀리 산과 들을 바라보면 마음은 저절로 차분히 정돈되고 둥글어진다.

풍요로움의 정점 한가위를 넘어섰으니 이제는 산과 들의 풍광도 크게 변모하리라. 10월은 바야흐로 단풍의 계절. 온 산하는 아름답게 물들어갈 것이니, 차츰 몸을 비워가는 들판의 허허로움과는 달리 산빛 물빛은 더 곱게 물들어가며 사람들을 깊숙이 잡아당길 것이다.

한여름의 촘촘한 엽록葉綠의 시간을 지나서, 진초록빛 푸른 물을 바닥까지 쏟아낸 후 하루하루 곱게 물들어갈 잎새들, 그 아름다운 소멸을 바라보며 사람들 눈은 더 깊어지리라. 저리 아름다운 소멸의 빛을 스스로 만들어내기까지 가파른 바람과 깊숙이 패인 화농의 상처며 아픔을 힘겹게 견딘 나날은 얼마나 될까. 우리의 소멸로 가는 길도 과연 저렇게 아름다울 수 있을까. 한 생애 뜨겁게 태우고 눈부신 아름다움 속에 내는 장엄한 조락凋落의 길을 바라보는 사람들 눈은 누구나 겸허해질 수 밖에 없을 것이다.

나의 사랑은 늘 불온하였다
견뎌내거나 견뎌내지 못한 시간이
시월의 저녁 아래 낮게 엎드리고
갈참나무 매달린 저 작은 열매가
이 계절의 정수리에 아프도록 빛난다
굳어버린 생채기만 단단한 옹이로 키우며
어설픈 열매조차 맺지 못한 내 불온한 사랑은
저녁 갈참나무 숲에 와서 무릎을 꿇는다
그대여 나여 지나간 사랑이여
갈참나무 저 작은 도토리처럼
떫은 몸 스스로를 몇 번이고 씻어내며 지워
거친 밥상 따뜻하게 채우는 양식이 되거나
해거름 쓸쓸한 가지로 날아드는 새에게
푸근한 둥지 자리조차 내어주지 못한
척박한 묵정밭의 생애여
시월의 저녁 지금도
붉나무 잎새는 눈부시게 더욱 붉어지고
넉넉한 과즙의 사과 익어가며 수런거리는데

후줄근히 구겨진 내 사랑의 허물은
갈참나무 숲에 쌓인다

— 졸시 「갈참나무 숲으로 가자」 전문

어설픈 열매조차 맺지 못한 스스로가 부끄러워 무릎을 꿇는 시월의 숲. 누군가의 속을 따뜻하게 채우는 한 그릇 밥이 되거나, 푸근한 둥지 자리조차 내어주지 못하고 한 생애가 그저 척박한 묵정밭인 스스로로 인해 가슴에 눈물 고이고, 후줄근히 구겨진 허물만 쌓여 마음 스산해지는 가을. 가까이 있는 사람에게 손을 내밀고 마음의 어깨를 겯어 서로 조금씩이라도 훈훈해지는 가을이었으면 싶다.

《중부매일》 2007년 10월 2일 '세정유감'

저무는 날의 기도

무엇이건 새롭게 시작한다는 것은 얼마나 소중한가? 시작이 소중하다는 것은 바로 시작할 때의 마음이 소중하다는 것. 새로운 시작에 깃드는 신선한 마음, 희망찬 의욕 그리고 남다른 결심은 뜻한 바를 추구하게 하는 원동력이 된다. 새로 새기는 마음은 새로운 힘을 부여하는 계기가 되고 자신이 원하는 방향으로 삶을 이끌어 가는 동력이 된다.

그러나 어떤 새로운 시작도 언제까지나 시작과 출발의 단계에 머물러 있지는 못하는 것이니, 새벽으로 시작한 하루도 언제나 저물어 어둠의 시간을 맞듯 말이다. 세상의 공기를 우렁차게 가르며 새로 출생한 어떤 아이라도 어느 날엔 청년이 되고 장년의 무게를 지니고 노년의 걸음을 걷는 것과 다를 바 없다.

바야흐로 한 해가 저물어 가는 11월. 몸빛을 바꾼 지 얼마 안 되는 가을도 어느덧 겨울의 문을 향해 서 있는데, 지금 내가 살고 있는 삶의 계절은 어느 무렵인가.

사십대 문턱에 들어서면
바라볼 시간이 많지 않다는 것을 안다

기다릴 인연이 많지 않다는 것도 안다
아니, 와 있는 인연들을 조심스레 접어 두고
보속의 거울을 닦아야 한다

씨 뿌리는 이십대도
가꾸는 삼십대도 아주 빠르게 흘러
거두는 사십대 이랑에 들어서면
가야 할 길이 멀지 않다는 것을 안다
선택할 끈이 길지 않다는 것도 안다
방황하던 시절이나
지루하던 고비도 눈물겹게 그러안고
인생의 지도를 마감해야 한다

쭉정이든 알곡이든
제 몸에서 스스로 추수하는 사십대,
사십대 들녘에 들어서면
땅바닥에 침을 퉤, 뱉아도
그것이 외로움이라는 것을 안다
다시는 매달리지 않는 날이 와도
그것이 슬픔이라는 것을 안다

— 고정희 「사십대」 전문

바라볼 시간이 많지 않다는 것을 아는, 기다릴 인연이 많지 않다는 것을 아는 사십대. 가야 할 길이 멀지 않다는 것을 아는, 선택할 끈이 길지 않다는 것도 아는 사십대. 쭉정이든 알곡이든 제 몸에서 스스로 추수하는 사십대에 나는, 아니 우리는 무엇을 거두고 있는가. 어느덧 한 해의 저물녘에 들어선 11월에, 올 한 해 시작할 때의 마음은 어떻게 거두어지고 있는가, 한 해를 시작할 때의 결심은 어떻게 가꾸어져 어느 만큼의 튼실한 알곡을 스스로 추수하고 있는가를 다시 생각해본다.

땅바닥에 침을 퉤, 뱉어도 그것이 외로움이라는 것을 아는 나이, 다시는 매달리지 않는 날이 와도 그것이 슬픔이라는 것을 아는 나이의 가을은 누구나 고요히 묵상하는 시간이 많아질 것이다. 스스로 고요해져서 거대한 자연의 흐름에 무릎을 꿇고 겸허히 저무는 날의 기도를 드리는 계절. 고요의 마음, 고요의 몸으로 삶의 흐름에 순응하며, 저무는 가을 저녁을 기도처럼 응시하는 11월이다.

《중부매일》 2007년 11월 6일 '세정유감'

목숨의 우레 소리를 듣는다

한 해가 열두 달이라는 것을 절감하는 것은 바로 그 열두 번째 달에 이르러야 가능한 것일까. 이제 한 해의 마지막, 그 열두 번째 문이 열렸다. 한 해의 끝 지점에 이르러서야 온몸 세포 하나하나에 우주의 순리에 대한 숙연함이 스며들고, 보이는 것, 들리는 것이 있듯이, 우리 삶의 저물녘에 이르러서야 보이고 들리는 것이 있을 것이니, 그 숨결 그 소리는 어떤 빛깔, 어떤 깊디깊은 울림일까

이곳에 이르러
목숨의 우레 소리를 듣는다

절망해본 사람은 알리라
진실로 늙어본 이는 알고 있으리라

세상에서 제일 추운 무덤가에
허리 구부리고 피어 있는
할미꽃의 둘레

이곳에 이르면
언어란 얼마나 허망한 것인가

꽃이란 이름은 또 얼마나
슬픈 벼랑인가

할미꽃
네 자줏빛 숨결에
태양이 가라앉는다

— 문정희 「할미꽃」 전문

그렇다. 그러하다. 절망해 본 사람은 알리라, 진실로 늙어본 이는 알고 있으리라. 깊은 고뇌와 절망의 밤을 지새워 본 사람만이 목숨의 우레 소리를 들을 수 있는 것. 한 발짝 한 발짝 내디뎌온 온 생애 삶의 궤적에서 스스로 깨닫고 깊어지는 목숨의 울림. 그 목숨의 우레 소리를 들을 수 있으리니, 세상에서 제일 추운 무덤가에 허리 구부리고 있는 자줏빛 숨결에 고요히 귀를 대고 온몸으로 깊디깊은 울림을 받아들이는 시간. 태양이 가라앉는 한 해의 마지막 숨결에 귀를 대고 순결한 우주의 호흡을 온몸으로 받아들이는 시간은 생애의 마지막 시간만은 아니리라.

우리는 얼마나 마지막 시간을 많이 맞이하는가. 하루의 마지막 시간,

한 달의 마지막 시간, 한 해의 마지막 시간을 끊임없이 맞고 또 보내고 있다. 그러면서 끝이라고 생각하는 순간이 새로운 시작이라는 말은 또 얼마나 많이들 하고 있는가. 그렇다. 한 해가 끝나면 다음 또 새로운 한 해가 시작된다. 그러나…… 그러나…… 분명 우리의 한 해는 저무는 것. 다시는 되돌아 다시 살 수 없는 것이니 누가 우리의 한 해를 다시 돌려놓을 것인가.

물리적으로는 매일 똑같은 양의 시간이 우리 앞에 놓이지만, 그 시간에 대한 인식의 밀도는 참으로 다르니, 매일을 이렇게 한 해의 마지막 12월처럼 인식하고 숙연한 마음으로 산다면 우리 삶은 어떻게 달라질까. 한 해의 마지막처럼, 우리 삶의 마지막처럼 하루하루를 산다면, 태양이 가라앉는 자줏빛 숨결을 인식하고 목숨의 우레 소릴 들을 수 있을까.

시간 앞에서 더 엄숙해지는 요즈음. 꽃이라는 이름이 얼마나 슬픈 벼랑인가를 생각하는 요즈음. 세상에서 제일 추운 무덤가에 허리 구부리고 피어 있는 할미꽃의 자줏빛에 저절로 스며들 수 있어도 좋겠다.

《중부매일》 2007년 12월 4일 '세정유감'

창작과 소통의 이름, OPEN STUDIO

청원군 문의면 마동리에 가면, '마동 창작마을'이라는 독특한 공간이 있다. 마동 창작마을은 1995년 폐교된 초등학교 분교를 개조한 창작공간으로 작업실과 전시실, 작품보관실 등 문화 공간 및 숙소로 활용하면서 미술인 창작마을을 형성한 곳이다.

현재 이홍원 화백을 비롯해 나무 조각가 손영익 님, 돌 조각가 송일상 님, 도예가 유재홍 님, 전통 붓 장인 유필무 님 등 전공이 다른 5명의 미술가들이 상주해 왕성한 창작 활동을 벌이고 있다.

이 창작마을이 지난 5일부터 11일까지 일반인들에게 작가의 창작 공간을 개방하는 '오픈 스튜디오'를 열었다. "관람객들이 작가의 작품 세계를 피부로 느낄 수 있도록 하기 위해 스튜디오를 오픈하게 됐다"고 하는 마동 창작마을 관계자의 말처럼, 오픈 스튜디오의 목적은 스스로를 보여 타인에게 다가서는 의미 있는 소통이 아닐까 싶다.

모름지기 예술가들은 미술만이 아니라, 음악이며 문학 할 것 없이 자기만의 창작공간을 원하고, 그 공간에서 스스로를 직면하며 자기만의 목소리며 색깔을 담은 창작으로 개성 있는 예술세계를 구축해 간다. 자신만의 예술세계가 깊어질수록 주변과의 소통에 마음을 쓰지 못하고 스스로의 성에 갇혀버리는 면도 많다는 것을 생각할 때, 지난해에 이어 두 번째 오픈 스튜디오를 마련한 〈마동 창작마을〉이 시사해주는 면이 크다 하겠다.

모두 미술창작이라는 큰 울타리 속에 있다하더라도 화가, 나무 조각가, 돌 조각가, 도예가, 전통 붓 장인 등 전공이 다른 5명의 미술가들이 하나의 공간에 상주해 왕성한 창작 활동을 하고 있는 것은 이 다섯 명의 미술가들이 서로의 영역에 대한 존중과 배려, 상호소통이 없으면 가능하지 않을 것이다.

거대 자본의 원리에 지배당하는 현대 사회에서 크게 돈이 되지도 않는 예술에 정신과 몸과 스스로의 일생을 담는 예술가들만큼 자존의식이 강한 사람들이 있을까? 그러나 10년 넘는 세월을 함께 먹고 자고 창작하며 상대방에 대한 배려와 동반자적 이해로 스스로의 예술적 지평도 넓혀가며, 버려진 폐교에 사람의 향기, 예술적 생기를 불어넣는 마동 창작마을 사람들. 창작을 매개로 함께 하는 동지同志들의 손길, 발길, 서로에게 내는 마음길로 사람 목소리가 잦아들던 마을이 다시 예술적 생기로 살아나고 있다.

오픈스튜디오는 창작마을 안에 거주하는 예술가들의 창작과정과 작품만을 열어 보이는 것이 아니라, 그들의 예술혼과 사람에게 열려있는 소통의 자세를 우리에게 보여주고 있다.

단순히 미술가들의 창작 과정 및 작업공간이 궁금해서가 아니라, 그들의 다양한 작품세계와 삶을 오픈하듯 자신들의 세계를 열어 세상과, 사람들과 소통하는 아름다운 마음에 다가서고 싶은 사람들은 문의면 마동리에 위치한 마동 창작마을에 걸음해 보는 것도 좋을 듯하다.

CBS 라디오 2008년 6월 13일 '문화칼럼'

촛불문화제

우리나라에는 수많은 문화제가 있다. 전국 단위의 문화제보다는 지역의 유래 및 역사적 특성을 살려 그 의미를 새기거나, 문화·생활적 특성 및 특산물 등을 살린 지역 문화제가 축제형식으로 연중 지속적로 행해지고 있다.

저마다의 특성이 있기도 하지만 별 차별성 없이 비슷한 점도 많아서, 지자체의 막대한 예산을 투자하는 큰 행사이면서도 지역의 특성을 살린 성과를 거두지 못하고 의례적 행사로 그치고 마는 것에 대한 우려도 많다.

이런 가운데 요즘 우리나라에서는 전국적, 동시 다발적으로 행해지는 새로운 문화제가 눈에 띈다. 바로 '촛불문화제'이다. 미국산 쇠고기 수입 문제와 관련, 국민과 정부 사이의 소통에 문제가 생기자 지난 5월 초부터 '소리 없는 아우성, 생명의 불을 밝히다'라는 표제로 국민의 의사를 거대한 촛불모임으로 알리고 있다.

대통령 탄핵이 있었던 몇 년 전에도 수많은 촛불들이 시청앞 광장에 모여 탄핵에 반대하는 침묵시위를 했지만 그때도 촛불시위, 촛불집회라고 했지 문화제라고 하지는 않았는데, 요즘 확산되고 있는 촛불집회를 촛불문화제라고하는 것은 왜일까?

격렬한 정치적인 구호를 외치면 불법 집회로 여겨져 의사표현에 앞서 강제 진압될 수도 있다. 시위 자체가 목적이 아니고 의사 표현을 위해 촛불을 밝히는 것이라면, 좀더 성숙한 시민의식을 반영한 평화적 집회, 즉 문화제 형식의 새로운 시도가 필요하다는 인식 아래, 대단위 촛불모임의 변화가 진행된 것이다. 집회의 취지에 공감하는 연예인들도 동참, 함께 노래를 부르고 참여 시민들이 사안에 대한 자유발언을 하는 등, 국민들이 침묵하고 지켜본다는 것을 강조하는 전체 퍼포먼스 개념의 촛불문화제로 개최한다는 것이다. 무분별한 언동과 폭력적 행위를 지양하고, 머리 위로 올라가는 것은 오직 촛불로, 침묵 속에서 국민들의 의사를 생명의 촛불로 표현한다고 한다.

하지만 1, 2만 명이었던 참여인원이, 5만 이상으로 확대되어 대규모 행사로 진행되다보니, 끝까지 냉정하고 차분하게만 진행되지 못하는 면도 있고, 아무리 촛불을 밝혀 의사 표현을 해도 정부와 국민 간 소통의 단절이 개선되지 않자, 날로 구호는 격렬해지고 특공대 투입이며, 물대포 난사 등 강경 진압과 관련한 우려의 목소리도 나오고 있다.

이를 통해, 수많은 군중이 뜻을 같이한다는 것만으로 집회의 성격을 시위가 아닌 문화제 형태로 자리매김하기가 그리 쉽지 않다는 것도 알 수 있다. 하지만 그렇다고 촛불문화제를 함부로 폄하시키지 말고 그 의미를 다시 새겨볼 필요가 있겠다. 앞으로도 정부와 국민 사이의 의사소통이 원활하지 못하면, 우리 사회의 민심을 드러내기 위한 집단 의사표현의 장이 필요할 수 있다.

이번에 새로운 형식을 도입한 촛불집회를 본보기로 법과 질서의 테두리 내에서 평화의 외침, 침묵의 외침을 보여주는 이런 문화제 형식으로 자리 잡는 것이 어떨까 하는 생각이다. 다른 어떤 나라에서도 찾아볼 수 없는 우리만의 문화제, 공감하는 사람이면 어느 곳에서나 평화적으로 뜻을 표명할 수 있는 의사표현의 문화제로 말이다.

CBS 라디오 2008년 6월 6일 '문화칼럼'

지역문화가 나아갈 길

우리 지역에서 오래 활동하고 있는 연극인 유순웅 씨가 지난 2월, 서울 만해 NGO교육센터에서 제16회 민족예술상을 수상했다. 민족예술상은 최근 3년간 문화예술의 발전에 기여하고, 뛰어난 예술적 가치가 인정되는 작품 활동을 한 사람에게 주어지는 상인데, 충북민예총 부지회장인 유순웅 씨는 1인극「염쟁이 유씨」를 통해 삶과 죽음에 대한 고민을 해학과 풍자로 풀어내 예술운동의 대중화와 민족극운동에 기여한 공을 인정받아 수상자로 선정되었다.

동일 작품으로 유순웅 씨는 지난 해 현대충북예술상 본상을 수상하기도 했는데, 이렇게 의미 있는 상을 이어서 수상하게 한 작품「염쟁이 유씨」는 대학로에서 1인극으로 최장기간 공연기록을 세웠고, 지난해 서울연극제에서 인기상을 수상했으며, 서울에서만 600회 공연을 돌파하여 주목받기도 했다.

1인극「염쟁이 유씨」를 통해 지역 문화가 나아갈 길을 생각한다. 유순웅씨가 김인경 작가와 의기투합해 완성하여, 2004년 청주 연극창고 새벽에서 첫 공연을 한 후, 십여 군데 지역순회공연을 하던 중, 국립극장에서 열린 '시선집중 배우전'의 초대를 받아 서울의 큰 무대에서 공연을 시작한 「염쟁이 유씨」. 지난해 3월 대학로로 자리를 옮겨 공연을 올린 후 대학로에서 흥행 베스트 5위 안에 빠지지 않는 대박 공연이 된 요인은 무엇일까?

서울에 상경한 충청도 촌놈 염쟁이인 그는 정치가, 아들, 아버지, 조폭 등 15명의 인물들로 모습을 바꿔가며 시종일관 익살스런 표정으로 관객들과 함께 염을 치러내고, 한세상 잘 사는 게 더 어렵고 힘들다는 메시지를 전해 끝내 관객들의 눈시울을 적시며 마무리 하는 「염쟁이 유씨」.

이 공연에 대해 주인공 유순웅씨는 다음과 같이 말했다.

"「염쟁이 유씨」가 서울에서도 통한 것은 창작극이기 때문입니다. 전 세계에서 저 밖에는 할 수 없는 공연이지요. 그래서 공연을 보기 위해 일본에서까지 오기도 합니다. 지금 지역문화는 서울 문화의 복사판입니다. 지역 자생적으로 새 문화를 창출하려는 노력이 있어야 합니다."

유순웅 씨의 오랜 경륜에서 우러나온 말처럼, 서울중심의 문화 지형도에서 지역문화가 살 길은 자기만의 정서와 모방할 수 없는 색깔을 담아낸 독창성에 있을 것이다. 누구나 할 수 있는 닮은꼴의 비슷비슷한 작품이 아니라, 나만의, 우리만의 생각과 정서와 웃음과 눈물을 담아내 누구도 흉내 낼 수 없는 자기만의 영역을 확보하고 그 지평을 넓고 깊게 확장해가야 할 것이다.

이제 「염쟁이 유씨」는 작은 지역에서 시작해 서울의 대학로를 넘어 해외 진출까지 바라보고 있다. 외국인을 대상으로 하는 해외 공연에서는 대사를 대폭 줄이고, 한국 전통 염을 소개하는 식으로 진행해 외국인이 관람하기 불편하지 않게 배려 할 예정이라고 한다. 충북의 연극인이 아닌 세계 속의 연극인으로 발돋움하며 충북연극사를 다시 쓰고 있는 연극배우 유순웅 씨를 통해 지역문화가 나아갈 길을 다시 짚어본다.

CBS 라디오 2008년 6월 20일 '문화칼럼'

유의미한 수학여행修學旅行, school trip

수학여행에 대해 생각해 본다. 교육 활동의 하나로서 교사의 인솔 아래 실시하는 수학여행은 다음과 같은 교육적 효과를 얻을 수 있다고 한다.

첫째, 현장을 직접 견학함으로써 교과 외의 분야에 대한 학습을 기도할 수 있고, 넓은 식견과 풍부한 정서를 육성시키는 데 보탬을 줄 수 있다는 것. 둘째, 학교 밖에서의 집단적 행동을 통해서 공중도덕 등에 대한 바람직한 체험을 얻을 수 있다는 것. 셋째, 사제師弟와 학우學友가 함께 생활함으로써 즐거운 추억을 갖게 되고, 학교생활의 인상을 풍부하게 할 수 있다는 것이다. 이런 수학여행을 추진할 때는, 특히 학생의 경제적·신체적·정신적 상황 및 가정형편 등을 충분히 고려해야 한다는 유의사항이 있다.

이런 가운데, 지난달 서울의 어느 고등학교에서 국내외 여섯 코스로 일정을 달리하여 실시한 수학여행이 큰 화제가 되었다. 동급생들이 함께 여행하며 추억을 공유하는 일반적인 수학여행과는 달리 이 학교는 호주 시드니 및 일본 도쿄와 아사히가와 코스, 중국 베이징과 상하이 등의 네 가지 국외 코스와, 제주도와 서남해안 두 곳의 국내 코스로 여행을 추진했다. 선택 코스에 따라 여행비용이 최대 179만 5000원에서 20만 6000원까지 9배의 차이가 났는데, 상당수 학생들은 실제 가고 싶은 곳과 상관없이 각자 집안의 경제력에 따라 코스를 선택해야 했을 것이다.

획일적인 한 가지 일정으로 추진되는 수학여행보다, 학생들에게 자율적인 선택권을 부여한다는 점에서 긍정적인 면도 있겠고, 이에 따라 학교 측에서는 수학여행에 대한 학생 만족도가 높다는 말을 했다고 하지만, 그 만족도는 스스로에게 선택권이 주어졌다는 요소 때문일 것이다

그러나 학생들에게 선택의 상황을 부여할 때도, 교육적 차원에서 고려할 사항은 분명 있다. 모두에 언급했던, 학생의 경제적·신체적·정신적 상황 및 가정형편 등을 충분히 고려해야 한다는, 바로 수학여행 추진의 유의사항 말이다. 시드니를 선택하고 싶어도, 부모님의 경제능력을 고려해 서남해로 가야 했던 학생들이 있다면, 80% 이상의 학생 만족도 운운하는 이 학교의 교육적 자세는 결코 바람직하지 못하다고 생각한다.

학생들에게 선택권을 부여해서, 수학여행을 좀더 다양한 프로그램으로 추진할 수 있다. 그럴 때도 아직 어린 학생들이 상처받지 않고, 경제적 상황으로 인한 위화감이 조성되지 않게, 비슷한 여행경비의 다양한 프로그램을 마련해야 할 것이다. 여행 자체만이 아니라, 여행 이후 학생들 마음에 남고 정신적으로 함양될 요소까지 교육적 차원에서 고려하는 게 마땅하다.

이런 가운데 지난달 학년 단위로, '하나 됨을 위하여, 더 큰 나를 위하여!'라는 주제를 내걸고 4박 5일간의 체험행진을 추진한, 개방형 자율학교 청원고등학교의 국토순례체험행진이 눈길을 끈다.

1~2학년 학생 470여 명과 교직원 35명 전원이 참가한 국토순례체험행진은 기존의 수학여행, 야영수련활동, 소풍 등을 접목시킨 것으로, 학교를 출발해 전체 1800㎞의 여정 중 70㎞를 걸어서 이동했다고 한다.

1학년은 동해안 포항에서 일명 '해병대캠프'로 일컬어지는 해양수련활동을 시작으로 안동, 영주 등 경상도 내륙권의 문화와 역사를 체험하고, 충북 북부인 단양의 수려한 자연과, 제천 및 충주의 유적지를 순례했다. 2학년은 전라도 울돌목 등 남해 일대의 견학을 시작으로 해남 땅끝마을 및 대흥사, 순천 낙안읍성, 광양제철소 등을 답사한 후, 금산 보리암, 통영의 해저터널, 한산도를 거쳐 속리산 문장대까지 완주한 후 학교로 돌아왔다.

새로운 모색, 새로운 도전과 모험, 다양성 모두 다 중요하다. 그러나 그런 것이 교육적 차원으로 학교에서 추진될 때는 무엇보다 교육의 수요자인 학생들을 먼저 생각하고 교육활동 후의 성과를 충분히 검토, 고려한 후 추진되어야 할 것이다. 의례적인 수학여행이 아니라 진정한 수학여행이 되기 위해서도 교육적 효과에 대한 우리 사회의 더 많은 고민이 필요하다.

CBS 라디오 2008년 6월 27일 '문화칼럼'

생명의 물, 악마의 선물

"주신酒神 바커스Bacchus가 해신海神 넵튠Neptune보다 더 많은 사람을 익사시켰다." 라는 말이 있다. 술을 마시고 유명幽明을 달리한 사람이 물에 빠져 숨진 사람보다 더 많을 것이라는 은유적 표현이다. 술의 해악적 측면만을 부각시켜 누군가가 꾸며낸 얘기겠지만 그럴싸하여 고개를 끄덕이게 한다.

수천 년 동안 인류에게 사랑을 받으며 인간과 희로애락을 함께 해온 술. 적절히 즐길 경우 삶의 풍미와 질을 높이고, 인간관계를 원활하게 해주는 촉매제 역할을 하기도 한다. 그렇지만 지나친 음주와 무책임한 소비는 사회적으로나 개인적으로 적지 않은 부작용을 유발하는 것 또한 사실이다.

술을 '생명의 물' 로도 말하기도 하지만, 탈무드에서는 술을 '악마가 인간에게 준 선물'로 묘사하고 있는 것은, 술의 양면적인 속성을 단적으로 보여주는 것이라 하겠다. 술이란 마시는 사람이 자제력을 잃지 않고 즐길 줄 안다면 '생명의 물'이지만 그렇지 못할 경우에는 곧 '악마의 선물'이 될 수 있다는 것이다. 음주운전으로 인한 교통사고가 줄지 않는 등 술로 인해 야기된 심각한 사회문제를 생각할 때, 술을 즐길 때 가장 필요한 덕목이 '절제'라는 것을 새삼 떠올리게 된다.

Well-being 트렌드와 함께 자신의 몸과 마음의 건강을 중시하는 문화가 보급화 되고, 사람들의 문화의식 수준이 향상 되면서 한국의 음주문화가 최근 변화하고 있다고 한다. 아무런 추억도 남기지 못하는 강압적인 술문화를 대신해 문화·스포츠·레저형의 대체 회식문화가 각광받고 있다는 것이다.

그러나 여전히 우리나라 회식에서 제일 먼저 떠오르는 것은 술이기에, 한번쯤은 건강한 음주문화에 대해 생각해봄이 어떨까 싶다. 가능한 한 알코올 도수가 낮은 술을 마신다든지, 한 번에 마시지 말고 여러 번 나누어 마신다든지, 안주를 충분히 먹은 후에 술을 마시되 천천히 마신다든지, 자기 주량을 생각해서 스스로 조절한다든지, 등등 음주관련 여러 가지 주의사항들을 말하지만, 무엇보다 중요한 것은 무리하게 술을 권하지 않는 것이 아닐까 싶다. 술을 마실 수 없을 때는 스스로 거부의사를 확실히 표시해야 할 것이며, 권하는 사람도 억지로 강요해서는 안 될 것이다. 1차 2차 3차로 이어지는 세계 어디서도 없는 우리의 음주문화를 생각할 때, 스스로 절제하고 조절하는 것이 얼마나 중요하고 필요한가를 알 수 있다

신은 물을 만들고, 사람은 술을 만들었다는 말을 한다. 사람이 사람을 위해 만든 술이 사람의 건강을 해치고 정신을 해치고 사람 관계를 해치는 악마의 선물이 되지 않도록 유의해야할 것이다. 바람직한 음주문화를 형성하여 새로운 활력이 되는 생명의 물이 되도록, 그 생명의 물로 즐거운 마음으로 사람과 어울리며 사람과 가까워지고 마음이 어

우러지도록 하는 술자리가 되도록 가정에서나 사회에서나 의도적 노력이 필요할 것이다

CBS 라디오 2008년 7월 25일 '문화칼럼'

메세나Mecenat 운동, 상생의 걸음

우리나라에서도 '메세나' 혹은 '메세나 운동'이라는 말이 자주 거론되고 있는데, '메세나'란 무엇인가?

메세나는 고대 로마의 외교관이었던 가이우스 마이케나스의 이름에서 유래한 말이다. 마이케나스는 베르길리우스·호라티우스 등의 문인들을 도왔던 돈 많은 후원자였는데, 지금은 예술 후원자를 가리키는 일반적인 용어가 되었다.

즉, 메세나는 이타적인 목적에서 문화 및 사회 분야를 지원하는 것으로, 좋은 일을 하고 만족하는 것 외에 어떠한 반대급부를 바라지 않고 수행하는 활동이다.

메세나 활동의 주체나 대상은 개인 또는 단체가 될 수 있고, 기업에서 내는 기부금 또는 성금은 메세나의 발달된 형태로 볼 수 있는데, 이렇게 사회적, 인도적 입장에서 문화 예술사업 및 공익사업 등에 지원하는 기업들을 메세나 기업이라고 한다.

1967년 미국에서 기업예술후원회가 발족한 이후, 각국의 기업인들이 메세나협의회를 설립하면서 다양한 활동을 전개하고 있는데, 기업 측에서는 이윤의 사회적 환원이라는 기업 윤리를 실천하는 것 외에, 기업 이미지까지 높일 수 있어 홍보 전략의 수단으로도 활용된다. 국내에서는 삼성, 현대, LG 등 재벌그룹을 비롯하여 포스코, 아시아나 항공, 등 총 204개 기업체가 참여한 한국 기업 메세나협의회가 94년 처음 발족되어 메세나를 행하고 있다.

2008년 7월 24일 충청북도 도청에서는 '충청북도 메세나협의회' 창립총회가 열렸다. 충청북도의 문화선진도 선포 원년을 맞아 구성한 메세나협의회에는 도지사를 비롯한 기업체, 언론사, 금융기관, 병원 및 청주·진천·충주·음성 상공회의소 회장, 충북예총, 충북민예총 등 예술단체장 등 모두 27명이 위원으로 참여해 활동하게 된다.

충청북도는 앞으로 메세나협의회를 가교로 삼아 기업과 예술단체의 1기업 1예술단체 결연 및 매칭 펀드사업을 추진한다고 한다. 기업은 현금지원, 공연티켓 구매, 사내 여유 공간의 연습장 제공 등을 시행하고 예술단체는 결연기업 홍보, 문화예술교육 전개, 노사화합을 위한 공연 및 전시행사 등을 전개한다. 이를 통해 기업이미지를 제고하고, 삶의 질을 향상시키려 하는 것으로 이는 결국 '문화선진도 정책'과 통한다는 것이다.

정우택 지사는 이번 메세나협의회 창립총회에서 "기업의 전문성과 자본력이 문화예술인들의 창의성과 만나면 효과가 극대화될 것입니다. 문화예술과 기업의 만남은 자선이 아니라 최선의 투자라는 것을 인식해야 한다"고 말했다고 한다.

충청북도도 메세나협의회 창립을 기점으로 기업과 문화예술단체 간 상호 파트너 관계를 형성해 시대의 변화와 미래의 불확실성에 능동적으로 대처하며 기업의 전문성과 자본력, 문화예술의 창의성을 결합해 서로 힘을 모아 오랫동안 더불어 상생해 나가기를 바란다.

CBS 라디오 2008년 8월 8일 '문화칼럼'

노년의 존엄성과 문화

몇 년 전 '한전'에서 고지서 전달업무를 전담할 사람을 65세 이상 노인에서만 뽑아 화제가 된 적이 있다. 그런데 선발 연령보다 55대 1이라는 놀라운 경쟁률이 더 화제가 되었다. 이는 일할 능력과 의지가 많은 노인들의 심정을 말해주는 사례이며, 65세의 사람을 노인으로 보아야 하느냐 하는 의문의 시점이 되기도 했다.

유엔의 기준에 따르면, 고령 비율이 전체 인구에서 7%에 해당하면 고령화 사회로 분류한다. 한국은 이미 2000년 7.3%를 넘어섰으며, 특히 우리나라 노인인구의 증가속도는 다른 외국과 비교해도 매우 빠른 것으로 나타나고 있다.

노령화 사회로의 급진전에 대한 인식이 확산되는 가운데, 일면 우려의 목소리가 커져왔다. 늘어나는 노인 인구에 따른 경제적 생산력, 국가 경쟁력에 대한 영향 관계, 복지 정책의 부재, 혹은 사회적인 문제에 이르기까지 노인 인구의 증가는 우리 사회의 한 과제로 등장하고 있다.

그런가 하면 한편에서는 노인들을 강력한 소비계층으로 보며, 새로운 황금시장으로 환호하기도 한다. 실버산업, 실버마케팅이 많이 등장하는 것은 이 때문이다. 실버타운에서 실버용품에 이르기까지 노년층이 증가할수록 비즈니스 차원에서는 오히려 고객이 증가하고 시장의 신천지가 열리는 셈이다.

하지만 이렇게 노년층을 대상으로 하는 비즈니스는 있어도, 노년층의 삶, 노년층의 문화, 혹은 문화공간에 대한 관심은 너무 부족하다. 사회적으로 노인 인구가 증가하고 노인이 될수록 사람들은 불안에 떨어도 말이다. 물론, 노후 생활을 위해서는 경제적인 대책 마련이 우선 필요하다. 그러나 경제적으로 안정되면 노년의 생활이 행복할까?

일반적으로 거론되는 노인복지의 5대 원칙을 생각해 볼 필요가 있다. 자립, 참여, 보호, 자아실현, 존엄성 이렇게 다섯 가지이다. 경제적으로나 일상생활에서 자립할 수 있도록 하며, 지역 사회나 정책 수립에 참여할 수 있어야 한다. 자아실현을 하는 것은 물론, 인간의 존엄성이 지켜질 수 있도록 보호되고 뒷받침이 이루어져야 한다.

이 다섯 가지 원칙 아래, 한 가지 생각해볼 점은 바로 문화적 관점이다. 우리나라의 수많은 노년층은 지금 어디에서 대부분의 시간을 보내고 있을까? 드라마를 보면 대부분의 노인들은 집안에 있거나 노인정을 오간다. 경제적인 활동을 하거나 자신만의 사회적인 활동을 하는 경우는 매우 드물다. 물론 부유한 집안의 노인들은 회사의 사장이나 이사로 등장하며 골프를 즐기거나 여행을 하기도 하지만, 이런 생활을 하는 사람들은 극소수이고, 대부분의 서민 노인들은 공원에 가서 소일하는 일이 많다.

다행히 요즘에는 요가며 스포츠댄스, 등산, 노래교실 등 노년층을 대상으로 열려있는 문화공간이 늘어가고 있다. 하지만 이 정도로는 부족하다. 정부 차원에서는 물론, 지방자치단체며 민간단체에서도 노년층이 생활의 중심에서 더 많이 참여하고 즐거움을 나눌 수 있도록 다양한 프로그램을 계발하고 기회를 제공하여야 하겠다.

사회에서 소외된 계층이 아닌 모든 것에 참여하며 보호받는 계층으로, 오래도록 존엄성을 지켜갈 수 있도록 우리 사회 전반에서 더 많은 배려와 노력이 필요할 것이다.

CBS 라디오 2008년 8월 22일 '문화칼럼'

떠나간 당신, 이곳으로 다시 돌아오십시오

16년 세월의 먼길을 돌아 3년 전, 맑은 고을 청주淸州로 나는 돌아왔습니다. 그렇게 떠나고 싶어했던 곳이 가장 그리운 곳이 되다니요? 고향을 알고 그리워하기 위해 경기도며 인천 등지로 떠나게 되었던 것일까요? 떠나는 순간 이미 그리움은 시작된 것이니, 떠날 수 있었기에 또한 그리워하게 되었나 봅니다.

청주에 살고있을 땐 오히려 내 고장에 별 관심이 없었습니다. 떠난 후에야 알고 싶은 것도 많아지고 고향에 대해 말하기 시작했습니다. 내 마음의 고향에 아름답게 새겨진 상당산성上黨山城을 말하고, 흐르지 않는 듯 고요한 흐름의 무심천無心川이며, 사월 무심천변 눈부시게 흐드러진 벚꽃길을, 넉넉하고 푸르른 우암산을, 국보로 지정된 용두사지龍頭寺址 철당간을 말하고, 세계 최초의 금속활자 '직지심체요절'이 청주에서 만들어졌음을 자랑스럽게 말합니다. 터널을 이룬 가로수 길을 추억 속에 혼자 거닐기도 하며, 청주를 떠나서야 비로소 나는 청주 사람이 되었습니다

멀리 있을 때 고향을 생각하면 제일 먼저 떠오르는 것이 '무심無心'이라는 말이었습니다. 청주의 중심을 관통하는 무심천은 욕심 없고 유순

한 청주 사람들의 심성이 그대로 담겨있지요. 살아가면서 내 마음 속 욕심이 크게 자라 힘겨울 때, 그 무심無心, 무욕無慾의 마음을 스스로 심어보려 했지만, 그것 또한 비우고자 하는 또 하나의 욕심을 키우는 어설픈 일이었음을 이제서야 압니다.

당신도 기억하겠지요? 청주로 들어오는 길 양쪽에 도열하여 무성한 푸르름이 터널을 이루고 바람이 불 때마다 큰 손바닥을 흔드는 5㎞에 이르는 플라타너스 가로수길. 청주를 찾았던 사람들이 모두 인상적으로 기억하는 그 길이 지난 해 '아름다운 거리숲 대상'으로 선정되었답니다.

지난달에는 상당산성으로 소풍을 갔습니다. 산성 위에서 바라보던 푸른 청주의 숲을, 하늘빛을, 바람의 느낌을 당신도 기억하겠지요? 세월이 흘러도 자연은 여전히 눈부시더군요. 아세요? 상당산성에는 동북암문, 서북암문 두 곳의 비밀의 문이 있답니다. 이 비밀의 문을 통해 당신과 입성하고 싶습니다. 성안 곳곳을 두발로 딛고 그 흙의 기운을 온몸으로 호흡하고 싶습니다.

고향만이 아니라 사람도 곁에 없을 때 더욱 그리워지던가요? 내겐 문학 또한 그랬습니다. 어렸을 때부터의 꿈이었으나 아무래도 내 길이 아니라고 덮어두었을 때, 다시 문학은 가장 그리운 것이 되어 가슴 밑바닥에서부터 서서히 밀려왔습니다. 내게 너무 무거운 옷으로 생각되어 벗어 놓았던 문학이, 내 살이 되고 영혼이 되어 남은 생을 함께 가는 반려임을 오래 떠나 있는 동안 알았습니다. 사람도 문학도 떠나본 후에야 진정 떠날 수 없음을 알았습니다.

오래 떠나 있어도 그냥 그 자리에서 변함없이 기다려주는 것은 귀하고 아름답습니다. 어머니와 고향 이외에 또 무엇이 우리를 그렇게 기다려 줄는지요? 오래 먼길 떠나있어 지친 심신의 사람을 넉넉한 가슴으로 안아주는 우리들의 고향, 우리들의 어머니. 그러나 다시 돌아가야 할 그 품을 너무 오래 비워두지 마십시오. 너무 오래 기다리게 하지 마십시오.

무심천엔 물고기가 눈에 띄게 늘었고 백로白鷺 떼는 언제나 평화로이 날고 있습니다. 여름 철새인 백로가 겨울에도 떠나지 않고 텃새처럼 살고 있는 무심천엔 봄이면 유채꽃, 벚꽃이 만발하고, 여름의 끝자락엔 메밀꽃이, 또 가을이면 당신이 좋아하는 갈대가 햇살을 받으며 흔들릴 것입니다. 떠나간 당신, 이제 이곳으로 오세요. 이곳으로 다시 돌아오십시오.

《조선일보》 2002년 6월 19일 '지방에서 띄우는 편지'

지지 않는 불자의 꽃, 연비燃臂

내 왼쪽 팔에는 작고 동그란 연비燃臂 자국이 하나 있다. 지지 않는 한 송이 하얀 꽃으로 피어 나를 늘 바라보고 있다.

독실한 불교신자인 조부祖父의 영향으로 대학교 일 학년 때부터 사찰의 일주문을 넘나들기 시작한 나는, 삼 년 뒤인 사 학년 겨울, 진정한 불자가 되겠다는 생각으로 나로서는 참으로 힘겨운 겨울 수련회에 참여했다. 새벽 예불에 참석하기 위해 4 시 이전에 일어나 찬물로 세수를 하고 부처님께 예불을 올리고 아침 공양을 하고 법회에 참여하여 큰스님의 법문을 듣고, 죽비 소리에 깜짝깜짝 놀라며 참선參禪 수행을 하는 일주일간의 수련회. 그 마지막 순서는 몸과 마음을 기울여 오체투지로 부처님께 천 번의 절을 올린 후 부처님의 가르침을 실천하며 살겠다는 다짐을 하는 수계식受戒式이었다.

밖에는 하얀 눈이 장엄하게 내리는데 벽산碧山 큰스님의 법문을 듣고 '거룩한 부처님과, 부처님의 가르침과, 부처님의 제자이신 스님들께 귀의합니다' 라고 삼귀의三歸依 큰 맹세를 했다. 그러고 나서 오계五戒를 지킬 것을 약속하고, 이런 맹세와 약속을 영원히 잊지 않고 되새긴다는 상징으로서 팔뚝을 걷어올리고 그 위에 작은 심지를 올려 생살을 태우는 연비燃臂를 행한 후 '자행화慈行花'라는 귀한 법명을 받았다.

새로운 이름을 받으며 불자로서 살아있는 동안 실천하겠다고 맹세한 다섯 가지. 즉, 불살생계不殺生戒, 산 목숨을 죽이지 말라, 불망어계不妄語戒, 거짓말 하지 말라, 불투도계不偸盜戒, 주지 않는 것을 갖지 말라, 불사음계不邪淫戒, 삿된 음행을 하지 말라, 불음주계不飮酒戒, 술을 마시지 말라, 이 다섯 계율을 지키는 것이 계를 받던 당시에는 크게 어려울 것도 없을 것 같았다.

그러나 어떠한가? 지금까지 어떻게 살아왔는가? 돌아보기조차 참담하다. 참다운 불자가 되겠다고 다짐을 한 것은 먼 옛날의 일이 되고, 살아가는 날만큼 하루도 죄업을 쌓지 않는 날이 없다. 눈에 보이는 죄, 보이지 않는 죄. 자각하는 죄, 의식도 못하는 죄. 몸과 말과 뜻으로 그치지 않는 업業을 짓는 나날들이 이어지고 있을 뿐이다. 한 번 만들어진 연비 자국은 지워지지 않는데 맹세를 할 때의 그 초발심初發心은 어디로 갔는가?

오늘 다시 그 연비 자국을 들여다본다. 수계受戒의 의미를 생각해 본다. 다섯 계율의 참 의미는, 무엇을 하지 말라는 금지의 뜻이 아니라, 일상 속에서 참된 마음으로 자비의 삶을 살라는 진정한 실천의 가르침이 아닌가? 살아있는 생명을 사랑하고, 진실이 담긴 말과 행동을 하고, 가진 것을 아낌없이 나누며 보시하는 것을 즐기고, 단란하고 행복한 가정을 잘 지키며 서로를 보호하고, 흐트러짐 없이 바른 마음과 태도로 살아가라는, 생활 속에서 몸과 마음으로 실천해야 할 기본적이고도 큰 가르침이 아닌가?

팔 위에 심지를 올려놓고 생살을 태우는 것만이 연비이랴. 오늘도 하루만큼의 업장業障을 쌓아놓고 마음심지를 태워야겠다. 하얀 심지를 돋우어 마음불을 놓으며 '자비의 마음을 실천하며 살라'는 법명의 의미를 새로 새기고 참된 불자가 되겠다는 초발심을 다시 뜨겁게 심어야겠다.

《울산불교신문》 2002년 7월 30일

앓고 나서 보이는 것들

누구나 가끔은 '나는 누구인가?' 라는 가장 근원적인 물음을 스스로에게 묻는 시간이 있다. 지금까지 살아온 이력, 가족, 친구, 직업 등 현재 가지고 있거나 수행하고 있는 역할, 앞으로 더 추구하고 싶은 것 등 어찌 보면 중요한 것 같고 본질적인 것 같으나 실은 자신에게 주렁주렁 매달려 있는 그런 것들 말고, 정말 그런 모든 것을 제외하고 마지막에 남는 진정한 나, 나의 가장 본질은 무엇인가를 생각하는 때가 있을 것이다.

매순간 '나'로 살아가지만, 어쩌면 스스로도 '진정한' 나를 잊고, 나를 에워싸고 있는 것들이나 나에게 매달려 있는 것들을 나 자신으로 생각하고 살아가는 날들이 대부분이다. 그러다 어쩌다 고요히 침잠해서 문득 나를 들여다보고 직면하는 시점이 우리에게는 있다.

시간과 애정을 기울여온 것들일수록 스스로에게 더 많은 역할을 요구하고 책임감을 느끼게 옭아매는 경우가 많다보니, 그런 역할을 수행하고 책임을 다하면서 일 년을 보내고 이 년을 보내고 평생을 보낸다. 그러다보면 스스로도 자신에게 주어진 역할이 바로 '나' 자신이라고 생각하게 되고, 진정한 자신의 모습을 잊고 지내는 날이 많다.

다시, 묻는다. '나'는 누구인가? '우리'는 누구인가?

지난 1월부터 논의되어온 '민족문학작가회의'라는 우리 단체의 명칭을 변경하는 사안에 대한 최종 결정이 내려졌다. 회원 모두가 개명에 대한 의견을 우편으로 투표하라는 부탁을 받았고, 559명(총원 대비 41%)이 투표에 참여하여, 찬성 418명(74.8%), 반대 137명(24.5%), 무효 4명(0.7%)으로 결과가 집계되어 몇 개월간 길게 논의되어온 이 사안이 명칭 변경 쪽으로 확정되었다.

개명이 논의되는 과정에서 찬성·반대로 의견이 나뉘어져, 각 지회 및 본부 혹은 사이버 상에서 격론이 벌어진 것은 회원 모두 알고 있다. 물론 논의 과정에서 간과한 절차상의 문제점에 대한 지적과 갈등도 있었고, 이 또한 결코 가벼운 것이 아니었기에, 추진 과정상의 문제점을 검토한 집행부에서는, 각 지회별 의견수렴만이 아니라 우편투표를 통해 회원 하나하나의 의견을 묻는 등 최대한 합리적이고 민주적인 방식으로 의견 수렴을 하고자 노력을 기울였다.

우리 단체의 명칭 변경이 이미 결정되었지만, 다시 생각해 본다. 이번 개명 문제에 대한 갈등의 근본적 원인은 무엇일까? 그건 단순히 '이름'의 문제가 아니라 그 이름 안에 담아내고자 한 '정체성'의 문제일 것이다. 단체의 명칭과 그 단체가 지향하는 가장 본질적인 요소(그것을 '정체성'이라고 할 수 있지 않을까?)의 표현방식에 대한 이견들이 있었으나, 그 모든 의견 개진이 우리 단체에 대한 애정이 없으면 가능하지 않은 것임은 말할 필요도 없겠다.

어떤 사안이 발생했을 때 '찬성' 혹은 '반대' 어느 쪽에 서건, 무엇인가에 적극적으로 의사 표시를 한다는 것은 좋은 일이다. 적극적 의견 개진은 곧 애정이 있다는 것이고, 뜨거운 애정이 넘치는 단체는 열정이 있는 것일 테니까.

이번 개명 논의가 우리 단체의 정체성을 다시 생각해보는 계기가 되었다고도 한다면, 그래서 이 문학단체가 '왜 만들어졌는가', '무엇을 지향하는가'를 다시 점검해 보았다면, 스스로에 대한 점검이 거기서 그칠 게 아니라, 이 문학단체에 '한 사람의 회원으로 나는 왜 존재하는가'를 생각해보는 계기도 되지 않았을까? 단체로서의 정체성이 있듯이 회원으로서의 정체성도 있을 테니 말이다. 나는 왜 민족문학작가회의 회원인가? 충북작가회의 회원으로 나는 무엇을 하고 있는가? 우리 회원들이 다시 스스로에게 물음을 던져봐야 하지 않을까?

마음의 여유없이 이런저런 일에 몰두하여 숨가쁘게 생활하다가 일 년에 한 두 번 나는 일어나 앉지도 못하게 심하게 앓는다. 그런 때면 한없이 가라앉는 육신을 따라 더불어 마음자리도 더 낮고 깊어지며 고요히 침잠하게 된다. 그러면서 또 한 번 숨을 깊숙이 들이쉬고 내쉬며 호흡을 조절하고, 더불어 삶의 속도와 밀도를 점검하고 조절하게 된다. 심하게 앓는 시간이 물론 육체적으로 힘들기도 하지만, 또한 다시 나를 들여다보는 계기가 되어 일면 고마운 면도 있다.

개명 논의라는 몸살을 심하게 한번 앓은 '작가회의'. 단체의 이름이나 구성원들이나 모두 한번 깊숙이 숨을 들이쉬고 내쉬었으니, 그 몸과 들어앉은 정신에 걸맞는 호흡법으로 또다른 역동성을 보이리라 기대한다.

《충북작가》 23호(2007년 여름) '권두언'

아이들과 함께

School

교단일기

교단일기

— 1984년 初夏

세상이 어둠의 긴 강을 건널 때
나는 다만 나이고
밤은 다만 밤으로 흐른다

내가 가장 나답게 돌아앉는 한 점
세상은 어둠으로 돌아가도
서성이는 바람소리까지 보듬으며
어둠 속에서도 나는 잠들지 못한다

어두운 들녘 한쪽 끝에서
한 밤 내 실어올린 바람 한 자락은
내 모든 부끄러움 샅샅이 밝히는
뜨거운 아이들의 목소리. 그 때
차라리 나는 세상 끝 나부끼는 돛이고 싶었다.

저마다 반짝이는 햇살로 빗질한 교실에

내가 흘린 백묵가루는
내 입술에 묻어난 언어는
내가 그린 꿈조각은 어떤 빛깔로 흐르는 것일까

내 의식의 나락으로 무수히 쌓이는 신음 뒤편
절망처럼 떠오르는 목마른 용서여
마른 손바닥 위에 퍼지는 건강한 아침을 마시기 위하여
오늘은 서툰 몸짓이라도 균형을 잡으며
진정한 자유를 사랑을
반짝이는 눈동자를 일으킨다.

새 학기를 시작하는 날

2001. 3. 2.

건강도 좋지 않고 교지 발간도 해야 해서 올해는 담임을 안 맡았으면 했다.

그런데 오늘 출근해보니 2학년 3반 담임으로 발표가 되고 교지 업무만이 아니라 문예, 경시대회, 동아리, 자격인증 등 이런저런 업무가 주어졌다. 몸이 안 좋아 어제까지 자리에 누워있던 나는 건강 때문인지 학교 일이 더 버겁게 느껴지고 겁이 났다. 모든 일에서 도망가고 싶었고 교실에도 들어가고 싶지 않았다. 종일 의욕이 없어 아무 말도 하지 않고 하루를 보냈다.

그러나……, 마음을 추스려야 했다. 오후 종례시간 2학년 3반 교실에 무표정하게 들어섰다. 아이들과 나의 첫 대면이었으므로 내 속 감정은 드러내지 않으려 많은 애를 썼다.

이렇게 새 학기는 시작되었다.

드디어 시작

2001. 3. 7.

3월 7일 수요일, 드디어 시작되다.

오늘부터 청운반 운영이 제대로 시작되었다. 3일에 한 번은 밤 11시까지 학교에서 청운반 아이들과 교실에 있기로 한다. 처음 대면한 청운반 아이들 언어영역에 대한 전반적인 안내를 해주었다.

내가 학교에서 아이들과 교실에 있을 때 우리 아들은 과연 무엇을 하고 있을까……. 마음이 무겁다.

원석이의 힘겨움

2001. 3. 9.

원석이가 힘들어 하는구나. 원석이가 많이 힘든가보다.

저녁 시간, 급하게 원석이가 찾아왔다. 청운반을 어떻게 해야 할지……. 아직도 잘 적응이 안 되어 그만두기로 결정을 내리고 담임 선생님께 말씀을 드렸지만 또 고민이 되었던 것.

조금 더 해보자고 원석이에게 말하며, 얼마나 힘이 들면 그만둘 생각을 했을까, 안쓰럽고 안타까워 가슴 한 구석이 찡해 왔다.

원석아, 힘내자! 선생님이 지켜보며 응원해 줄게.

각자의 어려움

2001. 3. 10.

학비 감면 대상자를 조사하여 서류를 제출했다. 가정경제가 어려운 아이들이 많이 있었다.

어디 가정경제 뿐이겠는가? 보이지 않게 각자 안고 있을 어려움들이 내 눈에 아직은 보이지 않는다. 각자가 짊어지고 있는 어려움들이 아이들을 심리적으로 위축시키고 기를 꺾고 있는 것도 물론 있겠지. 더 힘든 건 그런 문제들이 대부분 해결이 어려운 것들이라는 점이다. 부모님의 문제, 경재적인 문제 등…….

그러나 또 다행인 건 아이들대로 주어진 상황을 인정하고 스스로의 힘으로 버티고 이겨내려는 의지를 그 안에 가지고 있는 것이다.

그래, 지금의 이 과정이 아이들 삶에 어떤 의미의 시간인지 다시 생각해보자. 내가 줄 수 있는 게 무엇일까.

정권이의 방문

2001. 3. 11.

새 학기가 되면 나는 웃지 않는다. 그건 남자 고등학교에 근무하며 아이들을 제압하기 위해 하는 의도적인 노력이다. 무뚝뚝하고 무표정하게 아이들을 대한다. 첫인상이 좋은 선생님은 결코 아니지만 아이들과 마무리가 되는 시기에 아이들 마음에 남을 내 모습이 좋기를 바란다.

그런데 3월 7일 내 홈피에 정권이가 찾아주었다. 현재 나는 우리 반 모두에게 쌀쌀맞게 대하는 중이라 내게 말 걸기도 힘들었을 텐데…….

허참, 이상하다. 정권이가 남긴 내용이다.

안녕하세요...^^

저 선생님반 39번 주정권이라구 해여...

홈페이지를 일러주셔서 와봤는데...정말 좋네요....

저두 시 읽고 쓰는 거 좋아해여...^^

장차 국어 선생님이 될 몸이라....^^;;;

선생님을 볼 때면 항상 느끼는 카리스마!!

정말 멋있구여...

존경스러워여.....

핸폰으로도 문자 자주 보낼께염...^^

그럼 안녕히 계세요~~~

참!! 성준이형도 글을 올렸더군여...

성준이형두 절친한 사이라서....^^;;

글을 읽다 보니 선생님께서 많이 아프셨나 봐여....

지금 건강은 어떠하신지...^^

홈페이지는 벌써 즐겨찾기에 추가를 해 놨구여...

자주 들를께염....

그럼 이만....^^

병민이가 보내온 메일

2001. 3. 13.

3월 9일 병민이가 메일을 보내왔다. 선생님 저 병민인데요. 궁금한 게 있어서 메일 보내요. …….

교차지원 문제로 고민하다 내게 상의하는 내용이었다. 참으로 기쁘고 반가웠다. 작년에 담임을 하며 마음 편치 않았던 기간이 있었다. 병민이가 힘들어한 바로 그 시기……, 병민이가 돌아오기를 기다렸던 그 기간……, 최대한 조용히 기다려줬고 병민이는 스스로 어려움을 이겨냈다.

마지막 종업식 하는 날, 종례를 하며 아이들에게 공개적으로 말했다. 선생님 마음을 가장 쓰이게 한 건 병민이였다고. 그러나 다시 마음잡고 시작해준 병민이가 고맙고 기특했다고. 아마 내 마음이 병민이에게도 전달되었나 보다. 이런 상의를 내게 해 온 병민이가 고맙고 나는 뿌듯하다.

이메일이 공개되는 것을 병민이가 편하게 생각하지 않을까봐 걱정이 되지만, 올려놓는다.

선생님 저 병민인데요...

궁금한 게 있어서 메일 보내요...

오늘 담임선생님하고 상담했는데요...

제가 경영학과 가려고 하는데요.. 이번 년도부터 수시모집이 없어져서요..

경영학과를 포기하고 이과 쪽으로 가야 되나

혼자 고민하는 거보다는 선생님께 물어보는 게 괜찮을 것 같아서요..

지금 목표는 충대로 하고 있는데.. 갈 수 있을지도 모르겠구요..

아까 담임 선생님하구 상담할 때는 제가 경영학과를 가고 싶으면 문과 시험을 보라고 하셨는데.. 만약 문과 시험을 보게 되면 내신은 어떻게 해야 되는지도 모르겠고...

아무튼 답답해서 메일 보내는 거에요...

저보다는 선생님이 입시에 대해서 많이 아시니까요...

저는 경영학과를 가고 싶은데 충대가 만약 안 되면 청대라도가고 싶거든요...

제가 여쭤보고 싶은 건요.. 만약 이과학생이 문과시험을 보게 되면 내신은 어떻게 하고 수능공부는 어떻게 해야 되는지 그게 궁금해요...

담임 선생님은 지금은 국영수를 하고 사회는 여름방학 때 하라고 하시는데.. 그런 수리 내신은 안 해도 되는 건지... 아무튼 복잡해서요... 알려주셨으면 좋겠어요...

그리고 차라리 손해가 되면 대학 과를 바꿔야 되는 건지...

아무튼 제가 또 선생님 귀찮게 하는 건 아닌지 모르겠네요...

답답해서요.. 아까 담임선생님께 말씀은 들었는데 이해두 잘 안 되구요..

아무튼 답장 주세요..... 죄송해요...

화이트데이라나 뭐라나

2001. 3. 15.

어제가 3월 14일 화이트데이였다. 그냥 지나가기가 섭섭해서인지, 아침에 출근해보니 사탕 몇 개와 작은 메모지들이 책상 위에 있었다. 모두 작년에 가르쳤던, 지금 고3 수험생 아이들이다. 얼마 있으니 작년 실장인 원석이가 와서 사탕을 들이민다. 복도에서 지나가다 작년 우리 반 아이들을 만나 농담을 건네니 경근이가 쑥스러워하며 주머니에서 사탕을 꺼내 건네고 조금 후 오형이는 초콜릿을 두 개 건네주고 달아나듯 간다. 녀석들……. 흐뭇하고 행복했다.

저녁에 일찍 퇴근을 하였다. 그런데 또 오늘 아침 책상이 요란하게 올려져 있는 사탕이며 음료수 메모들……. 난 눈시울이 뜨거워지고 가슴이 먹먹해왔다. 이런 작은 일들이, 아이들의 짤막한 인사가 가슴 뭉클해 눈물 글썽이게 하고 가슴 가득 행복함으로 채워준다.

이렇게 가슴 벅찬 날들……. 내가 교사가 아니라면 어찌 경험할 수 있으랴. 내가 교사라는 것에 감사한다. 한 사람의 교사로 아이들을 만날 수 있는 것에, 아이들 곁으로 다가설 수 있는 것에 감사한다. 내 마음을 줄 수 있고 아이들이 내 마음을 받아주는 것에 정말 감사한다.

좋은 선생님이 될 수 있도록 더 마음을 기울여야겠다.

종례도 받지 않고

2001. 3. 16.

오후 종례시간에 들어가니 보민이가 자리에 없다. 보민이가 가방을 가지고 집에 가는 것을 보았다고 아이들 중 하나가 말한다. 집에 가다니……. 종례도 받지 않고…….

교무실에 내려와 집으로 전화를 걸었다. 보민이는 집에 없었다. 동생에게 어머니가 들어오시는 대로 전화해 달라고 하며 내 휴대폰번호를 알려주었다.

오늘 저녁 청운반 지도를 해야 해서 저녁에 잠깐 집으로 식사를 하러 갔다. 보민이 어머니의 전화가 오고 긴 통화를 하게 되었다. 처음엔 언짢은 내 마음도 표현되지 않을 수 없었으나, 나도 자식을 기르는 입장이고 보니 이런 통화를 하는 보민이 어머니는 어떤 심정일까 하는 생각이 절로 들었다. 보민이가 이런 어머니 심정을 얼마나 아는 것일까? 내일 보민이와 이야기를 나눠보기로 한다.

학교에서 11시까지 있는 날이 일주일에 두 번이나 되니 보통 힘겨운 게 아니다. 체력도 뒷받침 되지 않고, 집에 있는 아들 녀석을 생각하니 마음은 더 무겁다.

보민이의 얼굴

2001. 3. 17.

아침에 보민이를 교무실로 불렀다. 일찍 집에 간 이유를 물으니 아무 이유도 없다고 한다. 그냥……, 갔다는 것이다. 그냥이라…….

대학 진학을 안 하겠다는 보민이에게, 내가 예측하는 일 년 뒤에 일어날 심경의 변화를 이야기하며 진로에 대해 다시 생각해볼 것을 권했다. 어머니를 생각하고, 보민이 자신을 더 생각해서…….

보민이와 이야기를 나누며 얼굴을 들여다 봤다. 순진하고 착한 모습이 남아있다. 가슴에 매달린 명찰에 붙은 사진을 보니 더 여리고 순수한 모습이다.

보민이에게 말했다. 너의 착하고 순진한 모습을 아느냐고. 네게 그런 요소가 있는 걸 찾아내고 키워가라고. 지금 돌아가서 한 번 거울을 들여다보라고. 네가 얼마나 선해 보이는지.

다음부터는 무단으로 가는 일이 없을 것이라는 다짐을 받고 돌려보내며, 내가 우선 보민이의 좋은 점을 발견해보겠다고 생각한다.

천재 안태용이 오랜만에

2001. 3. 18.

작년에 담임을 하며 나와 가장 메일을 많이 주고받은 아이가 태용이와 재준이다. 태용이는 국어공부에 대한 것부터 읽어야 하는 문학작품 이야기며 그밖에 여러 안부와 소식을 메일로 전했다. 스스로 천재 안태용이라고 하며 나를 웃게 하는 태용이는 내가 마음으로 많이 아끼는 제자가 되었다.

3학년이 되면서 태용이가 있는 반은 내가 수업을 들어가지 않게 되자 영 볼 수가 없었다.

3월 14일 화이트데이에 태용이가 사탕과 함께 남긴 메모 — 지난 해 선생님께 배울 수 있어서 참 행복했습니다. 올해두 배웠으면 했는데……. 많이 아쉽습니다. 선생님! 언제까지나 행복하시구요, 건강하세요. 제자 안태용 올림 — 눈시울이 뜨거워진다.

늘 잘 하고 있겠지 하는 믿음과 함께 또 가끔 생각나 보고 싶기도 한 태용이. 3월 17일 오랜만에 태용이가 메일을 보내왔다.

안녕하셨어요?

요즘 날씨가 아침저녁만 춥죠......훌쩍 -.,-

오늘 집에 왔어요. 마침내 근 2 주만에.....

학교에서 먹고 자구 하다 보니까......

우리 집 컴퓨터도 얼마 만에 잡아 보는지 모르겠어요.

메일 확인을 늦게 하니까... 앞에 왔던 편지는 다 짤려 나가고....딱 20개가 꽉찼어요^^;

참 저번에 문제집 정말 감사합니다.

요즘에 생활 패턴에 180도 바뀌니까... 낮에는 입만 살고 눈은 죽어서 비몽사몽으로 살고 있죠... 뿌연 눈으로..... 정말 적응기간이랍시고 한 게 아무 효과가 없나 싶어요.

밤 11시에 아침 7시는 예상했었는데..... 5시 40분에 일어나서 1시 40분에 자는 게 정말 넘 힘들어요.... 갑자기 그렇게 할려니까...... 휴.....그래도 적응하려고 낮잠도 안자고 버티길 계속 하니까.. 이제 어느 정도.. 되가는 것 같은데... 아침 8시 까지는 아직도 힘드네요.. 더군다나 선생님들이 교과서를 펵펵 나가니까... 하루하루가 정말 바쁘거든요.. 켜켜 (이제 차차 적응 되요!!^^;)

참 저 학교에서 잘 때 있잖아요... 원석이가 제 옆에서 자구요

재혁이랑 병선이가 아래쪽에서 자구요 민구랑 준우도 같이 자고 그래요...

그리구요 겨울 방학 때 책 읽었잖아요!? 그 덕인지 문제지에 나오는 지문이 낯설지가 않아서 좋아요. 감사합니다.!!!!!!(다른 것도 읽고 있어요...)

정말 선생님 덕분에 덜 헤매는 것 같아요...

BT날 정말 맛있게 먹었어요.. 하하

14일 날 찾아 갔더니 퇴근 하셔서.....ㅠ.ㅠ

선생님도 감기 조심 하세요 (감기가 걸렸는데 2주 째 꼼짝 안하다가 짝꿍도 옮았어요..미안해라.....)

그럼 담에 또 멜 보낼께요!!!!!

외인구단이라고?

2001. 3. 20.

우리 반을 들어갔다 오시는 선생님들이 몇 마디 말을 건네신다. 일부러 모아놓은 것 같다고. 무엇을……?

후후……. 그 의미를 물론 나는 알고 있다. 선생님들이 염려하시는 아이들이 많다는 것이다. 공부 열심히 하지 않고 행동이나 외모가 여러모로 두드러진 아이들이…….

작년 우리 반이 생각난다. '선생님 반은 외인구단이에요'라고 다른 반 아이들이 내게 했던 말이 갑자기 떠오르기도 하고. 외인구단이라……. 후후……. 우리반 아이들……, 참 개성 있었지.

아이들이 보고싶다. 3학년이 되어 반이 흩어지고 반 정도의 학생은 지금도 내게 배우고 있지만, 반면 배우지 않는 반 정도의 아이들은 얼굴도 보기 어렵다.

작년에 2학년 7반 담임을 하면서 우리 반 아이들에게 쓴 편지다. 지금은 3학년이 된 아이들을 생각하며 다시 읽어본다.

1번 상욱이부터 40번 길택이까지, 너희들 이름을 하나하나 불러본다.

우리 반 한 사람 한 사람 모두가 다 귀하고 소중한 이름으로 선생님 가슴에 새겨지는구나.

어제는 선생님 연구 수업에 모두 하나가 되어 마음을 써주어 정말 고맙고, 특히 오형이는 '언어의 역사성'에 대해 발표한 것을 그렇게 행복하게 여기고 오늘 수업시간에도 몇 번이나 말을 하는 것을 보고 정말 흐뭇하고 귀여웠단다. 아마 오형이는 '언어의 역사성'에 대해서만은 영원히 잊지 않을 것 같구나.

모둠별 발표를 위해 준비했던 원석이, 주용이, 재혁이, 태용이, 병선이, 상욱이는 각별히 고생 많았지. 정말 고맙다. 너희들 모두 그러한 준비 과정을 지나 좋은 결과가 있다는 것을 느낄 수 있었지?

자, 그러면 우리 지금 상황에서 우리가 해야 할 일을 생각해보자. 얼마 있으면 기말고사가 있다. 너희 나름대로 본격적인 준비에 들어갔겠고, 또 각 과목 수행평가 때문에도 여념이 없을 줄 알지만 선생님은 또 나름대로 염려가 되는구나. 혹 시간을 허비한 후 후회하는 학생은 없을까. 지금 이 순간 내 주어진 삶을 제대로 알차게 엮어가지 못하는 학생이 있는 것은 아닐까. 혹 별 생각 없이 아무렇게나 그저 시간을 보내고 있는 아이는 또 없는지. 별일 아닌 것에 혼자 빠져 힘겨워하고 있는 아이는 없는지. 또 무슨 걱정거리를 혼자 안고 말도 안하고 있는 아이는 없는지……. 그런 생각을 하면 안타까움에 그저 가슴이 답답해진다. 그래 선생님의 이 걱정이 쓸데없는 것이었으면 좋겠구나. 너희 모두 제대로 최선을 다해 살아가는 것이기를 바란다. 진심으로.

지난 번 중간고사 결과가 나왔을 때 너희들 기분은 어땠는지. 각자 받은 결과에 얼마나 만족하고 스스로 부끄러움을 느끼지 않았는지 한 번 스스로에게 되물어 보도록 하자. 그런 다음 후회와 아쉬움을 만드는 일을 또 한번 반복하지 않도록 다시 한 번 우리 모두 마음을 다잡도록 하자.

그래 선생님이 이렇구나. 너희들이 들으면 답답한 말을 또 하고 말았구나. 그래도 너희 알고 있지? 선생님이 어떤 마음으로 이런 말을 하는지. 그래 처음에 말한 것처럼 선생님은 너희 모두를 사랑한다. 너희 모두가 다 귀하고 소중하다. 너희들과의 만남을 선생님이 소중하게 생각하는 것처럼 선생님과의 인연이 너희에게도 뜻 깊고 아름답게 만들어지기를 진심으로 바란다.

이제 여름이고 교실 공기도 더위와 습기로 힘들어지겠지만 우리 7반만의 활기참으로 늘 행복하게 만들어 가자. 알았지?

자, 7반 화이팅하자. 화이팅!!!

너희 모두를 마음으로 안아주는 선생님이, 특히 경근이, 병민이, 태형이, 의건이를 생각하며

2000년 6월 13일

교지 편집부 아이들

2001. 3. 23.

3월 23일. 오늘은 CA가 조직되고 처음으로 특별활동이 실시되는 날이다.

나는 2학년 학생들을 대상으로 교지 편집부를 처음 만들어 아이들과 만났다. 한 반에 한 명씩 사전에 내가 지정해서 조직했다.

전에 만들었던 교지를 나누어주고 아이들과 이야기를 나누며, 지난 《청운》 10호를 만들 때가 생각났다. 그때의 교지 편집부 아이들이 생각나고 편집부 기획으로 추진했던 동문탐방이나, 설문조사, 봉사활동 등이 참으로 의미 있게 다가왔다. 작년에 만들었던 학교신문 《청운》 창간호도 만들고 보니 나름대로 의미 있었다.

내가 근무하는 학교의 흔적을 활자로 된 무엇으로 남기는 작업, 그 일을 내가 맡고 있으니 학교에 대해 더 많은 생각을 하게 되는 것 같다.

이번 교지도 알차게 한번 만들어보리라.

늦은 출근

2001. 3. 24.

3월 24일 토요일.

한 주에 두 번씩 11시까지 남아있는 게 몸에 무리가 많이 되고 있다. 더구나 어제는 너무 추워서 몸을 어떻게 할 수가 없었다. 몸이 불편하여 아침에 일어나지를 못했고 결국 병원에 들러서 출근을 늦게 했다.

아……! 이렇게 한주가 어렵게 지나갔구나. 휴일을 잘 쉬고 다음 주에는 좀더 기운내서 시작하자.

고마운 수환이의 마음

2001. 3. 26.

3월 23일 금요일 오후, 수환이 어머니가 학교로 오셨다. 학급에 걸어 놓을 커다란 거울을 사가지고. 기특하게도 수환이가 교실에 거울이 하나 필요하다고 어머니께 말씀을 드린 것이다. 아이들이 이렇게 학급에 마음을 쓰는 것이 참으로 고맙고 기특하다.

수환이는 우리 반 부실장이다. 잠시 임시실장을 하기도 했고 실장 선거 후 부실장이 되었다. 내성적인 면과 외향적인 면을 다 가지고 있는 수환이. 올해부터 미술을 시작하여 학원에 다닌다. 어머니 말씀을 들으니 수환이가 2학년 올라와서 열심히 하려는 의욕이 대단하다고 해서 다행이고 기쁘다.

며칠 전 출근하다가 현관 앞에서 수환이를 만났다. 머리를 깔끔하게 깎아서 더 단정하고 예뻐 보였다.

우리 반 아이들에게 미안하다

2001. 3. 27.

종례시간에 학급에 들어가서 아이들에게 미안하다고 사과했다.

벌써 3월의 마지막 주인데 아직 면담을 시작하지 못했다. 두 번째 시집 출판 준비며……, 몸도 불편하고 이것저것 해서 마음의 여유가 없었던 것 같다.

4월부터는 차차 면담을 시작하겠노라고, 개인적인 사정이 좀 있다고 아이들한테 미안한 마음으로 사과했다.

내일은 아이들과 교내 봉사활동을 같이하며 얘기를 좀 나눠야겠다.

귀여운 종민이

2001. 3. 28.

우리 반은 등교시간에 조금 늦으면 일주일 주번을 하기로 했다. 이번 주 주번이 종민이와 보민이다. 두 아이 다 참 쾌활하다.

아침에 수업을 들어가니 칠판에 분필이 예쁘게 쌓여져 놓여 있다. 종이에 싸서 놓은 분필을 너무나 오랜만에 보는 것이라 속으로 깜짝 놀랐다. 누가 이렇게 해 놓았느냐고 하니 주번인 종민이가 했다는 것이다. 나도 모르게 웃음이 배어져 나왔다.

종민이는 자율학습 안 하고 가는 문제 때문에 어제 내게 꾸중을 듣기도 했는데……. 귀엽고 예쁘다.

다음 날 교실 벽 한쪽에 달력이 걸려있다. 누가 갖다 걸어놓았느냐고 하니 그것도 종민이가 그런 것. 시키지 않아도 스스로 학급을 위해 무엇인가를 하려는 종민이. 너무 예뻐서 칭찬하지 않을 수가 없었다. 녀석들…….

모함이에요

2001. 3. 30.

지난 수요일 우리 반 아이들을 데리고 학교 내 봉사활동을 했다. 다 마치고 나서 한 곳에 아이들을 모아 놓고 싱겁게 이말 저말을 주고받았다. 내가 의도적으로 웃지 않으며 아이들을 엄하게 대했는데도 벌써 내 틈을 보았는지 편하게 대하는 면이 조금씩은 드러난다. 내가 허용할 수 있는 범위가 있으니 시간을 두고 지내다보면 그 범위를 아이들 스스로 느끼겠지.

그런데 그날 우리 반 아이들 사이에 장난스럽게 많이 쓰는 유행어를 알게 되었다. 어린 애들이 엄마한테 이르듯이 누가 어떻게 했다는 식으로 웃으며 나한테 어떤 점을 이르니, 그 아이는 '모함이에요 모함!' 하고 소리친다.

그날 저녁 자율학습 시간에도, 그리고 어제 종례시간에도 또 '모함이에요!'라는 소리가 나오고 아이들이 웃었다. '모함이에요 모함!' 하면서 소리치는 창은이, 원화, 현이의 모습이 떠오른다. 그러면 우리 반은 모함으로 가득한 반?

담임으로서의 한 달

2001. 3. 31.

2학년 3반……, 담임을 맡은 지 오늘로 한 달이 되었다.

오늘 종례를 하며 3월 한 달의 생활을 돌이켜 생각해보라고 아이들에게 말했다. 1학년 때와 달라진 것이 무엇이냐고. 아무 것도 변화된 게 없이 한 달을 보낸 것이면 안 된다고.

그렇게 아이들에게 말하고 교실을 나오면서나는 또 내게 묻는다. 3월 한 달, 담임으로서 아이들에게 무엇을 준 것인가?

교무실에 돌아와 앉아 교무수첩을 넘기며 아이들 하나 하나의 이름을 불러보았다. 처음 만났던 3월 2일과는 다른 느낌으로 다가오는 내 아이들…….

조퇴를 해준다고 해도

2001. 4. 2.

월요일 아침 6시 20분, 전화벨이 울렸다. 이른 아침의 전화는 불길하다. 벨소리와 동시에 부모님께 무슨 일이 있는가 하는 생각이 스쳐가며 왠지 겁을 먹고 수화기를 들었다. '선생님, 저 보민이 엄만데요…….'

휴……. 보민이가 배가 몹시 아파 제 시간에 맞춰 학교를 못 온다는 것이다. 병원에 다녀서 늦게 오라고 말을 하고 전화를 끊었다. 일과 시간이 시작되고 얼마 후 보민이가 교무실로 왔다. 힘들면 조퇴를 해주겠다고 하니 견딜 만하다고 그냥 있겠다는 것이다. 그러면 정규수업만 마치고 바로 집에 가라고 말하고 교실로 보냈다.

수업 종료 후 종례를 들어갔다. 종례 때 '보민이가 오늘 몹시 아팠는데…….' 하면서 말을 시작하니 아이들 눈길이 한 곳으로 쏠린다. 아니, 보민이가 아직 집에 안 가고 남아있지 않은가? 왜 안 갔어? 하고 깜짝 놀라면서 또 기특하게 생각되었다.

종례를 하고 나오면서 집으로 가라고 해도 견딜 만하다며 자율학습까지 하고 가겠다는 보민이. 이렇게 기특하고 예쁠 수가……. 보민이의 그런 모습이 내 마음을 훈훈하고 흐뭇하게 한다. 아니 실은 나를 감격시키고 있다. 종례도 안 받고 이유 없이 일찍 도망갔던 보민이. 그런 보민이가 아닌가?

무엇이라도 보민이 마음을 학교에 머물고 싶도록 만든 게 있는 것이겠지. 그것이 무엇이건 보민이가 학교에 있으려 한다는 것만으로도 나는 이렇게 기쁘다.

반가운 인사

2001. 4. 3.

토요일 오전, 우연히 재준이를 만났다. 3학년 올라간 후로 영 보기가 어려웠던 재준이. 지난 3학년 학력고사 결과를 보고 열심히 한다는 느낌이 들어 기특하게 생각하고 있었는데. 재준이를 보자마자 나는 반가워 소리를 쳤다.

'재준아! 너 왜 이렇게 안 보이는 거야? 선생님하고 같은 학교에서 생활하는 거 맞아?'

재준이도 반가운 얼굴이었다. 학력고사 결과에 대해 내가 파악하고 있는 걸 알자 조금 쑥스러워하면서.

어제 월요일 오전 백일장에 대해서 물어보려고 재준이가 교무실로 찾아왔다. 글쓰기에 별 관심이 없는 것으로 알고 있었는데……. 재준이는 잘 모르겠지만 재준이는 내가 많이 마음이 쓰이며 아끼는 제자다. 작년에 담임을 할 때, 답답한 속마음과 여러 어려움을 메일로 먼저 알려온 재준이. 그 마음을 먼저 열어서 내게 상의해준 게 고맙고 예뻤다.

특히 병민이가 어렵게 새로운 마음을 다졌을 때 재준이가 가까이서 힘이 되어주는 것 같아서 더욱 미더워했다. 2월말 종업식 후 재준이가 내게 보내 온 메일이다. 이 메일이 공개된 걸 알면 재준이가 싫어할지도 모르는데……. 한편 염려 되면서도 그만큼 이 글을 있는 그대로 쓰고 싶기 때문에 재준이의 메일을 그대로 올린다. 메일을 받았을 때도 그랬지만 다시 또 읽어봐도 눈시울이 뜨거워진다.

오랜만에 메일을 보냅니다.

어느덧 길고도 짧았던 고2 생활도, 선생님과의 일 년도 끝이 났습니다.

고등학교 들어온 게 며칠 전인 것 같은데 어느덧 고3이 되버렸습니다.

정말 시간이 빠르다는 걸 요즘 절실히 느끼고 있습니다.

이번 한해는 제 18년 생활동안 가장 생각도 많이 하고 즐겁고 힘든 일도 많은 해였던 것 같습니다.

전 죽을 때까지 2000년은 여러 가지 의미로 기억하게 될 것 같습니다.

우정으로나, 존경으로나, 사랑으로나.....

지난 일 년 동안 선생님 걱정 정말 많이 끼쳐 드린 것 같습니다.

저나 병민이나, 성현이 그리고 영훈이.....

공부 잘하고 착실한 아이들보다 저희같은 삐딱한 애들을 더 아껴주시고 사랑해주신 선생님...

적어도 제가 보기엔 그랬습니다. 그럴 거라 믿구요...

아마 반애들 모두 겉으로는 선생님 욕을 할지 몰라도 속으로는 절대 그렇지 않을 껍니다.

아직 선생님을 싫어하는 애들이 있다면 그건 선생님의 진심을 몰라서죠. 적어도 저는 선생님의 진심을 알고 있다고 생각합니다.

그동안 즐거웠던 1년, 정든 교실, 헤어지기 싫은 친구들...

이제 새 생활을 시작하려니 설렘보다는 아쉬움과 두려움이 앞섭니다.

매년 새 학년과 새 친구들 만났지만 올해만큼은 유난히도 아쉽습니다.

나중에 늙어서 누군가 제 인생 중 제일 기억나는 해가 언제냐고 물으면 2000년이 될 것 같습니다.

이제는 저도 고3입니다.

고등학교 처음 왔을 때 고3들을 보고 얼굴은 아저씬데 어색한 교복....

사람 같지 않은 하루하루....

이제는 제가 그런 것을 해야 한다니 참으로 어색하고 우습네요...

두려움이 먼저이지만...

그러나 노력할 것입니다.

누구보다 열심히 해서 제가 알고 있는 모든 사람들... 저를 알고 있는 모든 사람들,

우리가 기억하는 모든 이들에게 자랑스럽게 나서고 싶습니다.

고3이 되서는 메일은 보내겠지만 일부러 선생님을 만나러 가지는 않겠습니다. 수능보고 대학 발표나면 떳떳하고 자랑스럽게 선생님 앞에 서고 싶습니다.

그리고 감사하다고 말하고 싶습니다.

그럼 올해도 건강하시고 노력하는 제자 재준이를 기억해 주시기 바랍니다.

이만 글을 줄이겠습니다.

안녕히 계세요...

한 사람씩 만나다

2001. 4. 3.

오늘부터 면담을 시작했다. 오늘은 3명의 아이들과 이야기를 했다. 면담이라고 해도 결국 나 혼자 아이들에게 말을 하는 격이 되었지만.

이야기를 하면서 아이들 얼굴을 들여다보니 참 맑고 착한 얼굴이었다. 순수함이 그대로 배어있는 착한 아이들, 너무 예쁘다. 여리고 순수한 그 속에 또 나름대로의 열정과 희망. 그리고 또 갈등들을 안고 있겠지. 아직 내가 그것까지는 깊게 파악하지 못하고 있다.

이제 조금씩 다가서는 것이겠지. 이렇게 일 년을 생활하면서 이 아이들이 조금씩 내 마음 속에 들어오는 제자가 되는 것이고, 또 나는 아이들의 선생님으로 자리매김하겠지. 좋은 선생님이 되고 싶다.

오늘 내 홈피에 지금은 교사가 된 옛 제자가 들러 글을 남겼다. 지난번 신규교사 연수에 강의하러 갔을 때 내 강의를 듣고 있던 옛 제자가 두 명 있었다. 3월에 발령이 나서 이제는 같은 교직생활을 하고 있다. 나중에 지금의 제자들이 그렇게 성인이 되었을 때도 좋은 선생님으로 기억되고 싶다. 너무 욕심이 큰 걸까?

신감각 미스터리 호러 액션

2001. 4. 4.

아침 보충수업 시간, 우리 반에서 수업을 하는 중에 정효가 무엇인가를 건네 받는다. 받은 것을 그대로 가지고 나오라고 했다. 연습장에 쌓여져 정효에게 건네진 것, 그것은 만화책이었다. 『신감각 미스터리 호러 액션 – 아일랜드』. 누가 건네준 것이냐고 물었다. 창희였다. 누가 이 만화를 학교에 가져왔느냐고 물었다. 그것도 창희였다. 창희라……, 신창희, 참 인상이 좋고 성실하게 여겨진 아이다. 둘 다 교실 밖으로 내몰았다.

수업을 계속 진행하기 전에 학교에 만화책이나 잡지를 가져오는 것은 어떤 이유건 용납하지 않을 것임을 강력하게 말하면서 흐트러진 분위기를 추스려 다시 작품읽기로 돌아갔다. 그러면서 이 녀석들이 잘못했다고 용서를 빌러 오기를 기다렸다. 오지 않았다.

오후 방금 전에 우리 반 수업이 또 있었다. 수업을 하고 나오는 나를 따라오며 죄송하다고 용서를 빌 수도 있는데 이 녀석들이 아직 말이 없다.

오전에 창희 어머니께 만화책을 가지고 온 문제와 만화는 돌려주지 않으니 변상해 주라는 말을 하고 통화를 마쳤다. 창희에 대한 실망감……. 만화책을 가지고 온 일만이 아니라 그 일을 잘못인 줄 모르는 것에 더 실망스럽다. 아니 잘못인 줄은 알겠지. 그런데 그 잘못을 인정하고 사죄하지 않는 태도가 또한 실망스럽다.

우울한 오후다.

장원은 누구여?

2001. 4. 13.

오늘 전교생 대상 교내 백일장을 치렀다. 후후……. '치렀다'라고 말한 것은 내가 주관이 되어 계획을 세우고 추진을 한 큰 행사였기 때문이다.

참으로 많은 학생들, 거의 400명 가까이가 참여한 대성황인 백일장이었다. 국어과 선생님들이 한결같이 무슨 과거시험장 같다고 말씀들 하셨다. 그렇지. 과거시험장 같았지. 시, 수필, 논술, 세 분야로 구분하여 신청을 받아 추진했다.

내가 시제를 발표하니 '으악! 아후! 애구!' 어기 저기서 나오는 감탄사, 한숨……. 시제가 너무 까다로웠나? 아이들이 기대한 대로 '봄' 뭐 이런 걸 내줬어야 했나? 시제가 무엇이었냐고? 〈길〉, 〈빛〉, 〈소리〉 셋 중 택일. 수필의 제목은 〈무심천〉, 아이들이 가장 쉽게 접근했고. 논술은 따로 자료제시형으로 문제지를 배부했고…….

아이들 나름으로 100분 이상 열심히 쓴 글, 내일부터 꼼꼼히 읽어보리라. 장원은 누구인지, 잘 기대보리라.

아들아, 실은 내 마음이 그려

2001. 4. 18.

2학년 3반 우리 반 아그들아!

어제 선생님이 충북고에 와서 처음으로 출근을 못 했구나. 너희들이 아프다고 하면 조퇴를 하고 가더라도 학교에 꼭 오라고 했건만…….

실은 마음으로 미안하고 담임으로 면목이 안 서고 조금 창피하기도 혀. 그런디 아침에 수업하면서 그 미안한 마음은 표현도 못 하고 어제 선생님이 없을 때 우리 반 조회 종례는 어떻게 됐을까 하고 걱정하던 마음만 표현하고 말았구나.

전화를 해준 아이. 문자 메세지를 보낸 아이. 홈페이지에 글을 남겨준 아이. 이메일을 보낸 아이……. 모두 고맙구나. 아니 그렇게 표현은 직접 못했어도 선생님을 마음으로 걱정해준 아이들에게 고맙구나. 빨랑 기운을 내서 너희들 앞에 씩씩하고 당당하게 서고 싶은디.

그려. 너희들 성원으로 그러도록 하마. 다시는 선생님 결근은 안 하도록 할껴. 알았쟈? (***근디……, 혹시 선생님 없어서 더 좋아한 사람은 없었냐? 있었지? 으흠……. 누굴까. 한 번 짚어볼까?)

중간고사 출제를 하다가

2001. 4. 21.

1학기 중간고사가 열흘 정도 남았다. 시험이 다가오면 아이들은 아이들대로 선생님들은 또 선생님대로 스트레스를 받는다.

중간고사 출제를 위해 며칠 전부터 그간 가르쳐온 걸 뒤적거리고 토요일인 오늘은 퇴근할 때 책을 한 보따리 싸가지고 들어왔다. 몇 시간째 컴퓨터 앞에서 출제를 하면서 문득 지금 우리 애들은 무엇을 할까? 하는 생각이 든다. 지금쯤은 저녁을 다 먹고 쉬고 있겠지? 오늘, 내일 휴일을 어떻게들 보낼까? 학습계획 세워서 공부하라고는 했지만, 열심히 공부들 하겠지만, 걱정이 되는 아이들도 몇몇 있다.

갑자기 오늘 종례시간이 생각난다. 종례를 마칠 때 유난히 크게 들리던 아이들의 인사 소리, 왜 난 그것까지도 정겹게 느껴질까? 후후……. 여러 아이들 얼굴이 떠오른다. 우리 반 아이들이 참 좋다. 순수하고 맑다. 귀여운 재롱둥이들 같으니. 야들아, 공부하고 있는 거지? 너희들, 중간고사 결과 나오고 선생님 보기 부끄러워지지 않도록 혀라. 알겄냐?

아이들 공부 열심히 하라고 이렇게 당부를 또 했으니, 나는 오늘밤 안으로 2학년 〈국어〉, 3학년 〈문학〉 두 과목 출제는 다 해야지.

4월의 마지막 날인디

2001. 4. 30.

오늘이 4월의 마지막 날이다.

어느 학교나 중간고사 준비로 정신이 없다. 우리 학교도 마찬가지. 중간고사가 다가오자 아이들대로 이것저것 할 것이 많아 마음이 바쁘고 여념이 없다.

아침에 조회를 들어가니 실장을 비롯하여 아이들 몇 명이 자리에 없다. 어디 갔는가 했더니 복사를 하러 매점에 갔단다. 시간적으로 그때는 1교시 학급회의 시간. 그렇게 시간을 지키라고 얘기를 했건만 또 마음대로 자리를 비운 것이다. 복도에 세워놓고 야단을 쳤지만 물론 그 마음을 이해하지 못하는 건 아니다. 후후…….

조회를 하는데 지훈이와 창은이가 졸고 있다. 복도로 나오라고 한 후 이유를 물었다. 시험 공부하느라고 밤 새웠어? 하니 뜻밖에 지훈이가 '네.'라고 하는 게 아닌가? 에구 예뻐라. 지훈이가 공부를? 당연한 일인데 기특하게 생각되었다.

교실에서 나오기 전에 우리 반 아이들에게 한마디 했다. 오늘 하루 밤새워 공부한다고 안 죽어. 내일이 쉬는 날이니까. 그러나 내일은 바보같이 밤새우면 안 되고 새벽 2시쯤에는 자야지? 아이들의 표정…….

후후……. 왜 내가 너무 심했냐?

야들아, 고등학교 시절 그렇게 공부에 몰입해서 불꽃같이 몸을 사르는 것 또한 젊은 날 빛나는 열정이 아니겠니? 너희들이 가진 모든 걸 다 태워 공부에 정열을 쏟아봐. 그런 후 뿌듯한 기분도 느껴보고 가슴 시원하게, 후련하게, 큰 소리로 웃을 수 있도록!

창은이, 지훈이, 정말 그렇게 웃길래?

2001. 5. 2.

오늘부터 중간고사가 시작되었다. 아침 조회 분위기와 오후 종례 분위기가 많이 달랐다. 시험의 성과에 따라 얼굴에 나타나는 빛이 다르고 표정이 다르다. 오늘 본 것은 다 덮어두고 내일 시험을 준비하라고 일렀는데…….

청소시간. 창은이와 지훈이가 나를 웃겼다. 창은이 이번에는 반에서 30등 안에 드는 것이 목표라고, 지훈이는 35등이 목표라고 했겄다?

야, 창은! 장지훈! 너희들 선생님 그렇게 웃길래? 창은이는 2학년 올라올 때 학급에서 30등, 지훈이는 34등인데. 뭐라? 제 자리 걸음하겠다고? 그걸 선생님한테 목표라고 말하는 것이여? 후후…….

어디 지켜볼 것이여. 알았쟈? 증말 제 자리걸음하면 실망이여 실망…….

이 녀석들이……

2001. 5. 4.

오늘로 1학기 중간고사가 끝났다. 공부를 어느 정도 하건 그동안 모든 아이들이 스트레스를 많이 받는 힘든 기간이었다.

종례시간에 답을 맞추느라 여념이 없으면서도 그래도 홀가분해진 아이들의 모습이 보였다. 더구나 내일은 연휴, 월요일은 소풍, 마음껏 쉴 수 있는 느낌이 드는 기간이다.

밤 10시 20분쯤, 휴대폰에서 메시지 수신음이 들린다. 한꺼번에 7개의 문자메세지. 후후…….(*^^*) 이 녀석들이?(*^^*) 우리 반 녀석들이 메시지를 보낸 것이다. 종민이, 지훈이, 창은이, 승일이, 진호, 이수, 그리고 다른 반 아이 하나. 아주 활달하고 개성있는 친구들이다. 나도 모르게 웃음이 배어져 나왔다.

남겨진 번호로 바로 전화를 걸었다. 그러자 '여보세요'도 없이 바로 '선생님?' 하는 것이다. 7명이 돌아가면서 모두 통화를 하고 전화를 끊었다. 그래, 이런 순간이 참 행복하다. '우리 어디 가요.' 하면서 이렇게 소식을 주고 말을 건네는 그 순간이 참 행복하고 고맙다.

어찌보면 선생님하고는 멀리 있을 것 같은 아이들. 남들이 모범생이라고 하지는 않는 아이들. 그런 아이들이 이 밤에 '선생님' 하며 친근하게 나를 불러준 것이 고맙다. 잘 다녀오라고, 간단하게 말을 했지만 아이들이 보낸 장난 같은 문자메시지를 보며, 또 아이들 하나 하나와 통화를 하며 나는 눈시울이 뜨거워진다.

야들아……. 짜식들……. 괜한 것으로 선생님 감동시키고 말이야. 그러지 말란 말이여. 너희들한테 맨날 큰소리 쳐도 실은 선생님이 얼마나 마음이 약한디……. 알았냐?

(***그라구……, 소풍날……, 너무 반짝이게 하고 오지는 말어~~. 눈 부싱께.)

여러 가지를 다시 짚어봐야겠다

2001. 5. 9.

어제부터 아주 우울하다.

어제는 어버이날. 등교시간을 평소보다 한 시간 늦춰주었다. 9시까지 등교. 8시 40분경 교실에 들어갔다. 반 정도 와 있었다. 9시, 출석을 부르며 체크했다. 17명이 오지 않았다. 42명 중에 17명, 오지 않은 그 속에 실장 부실장이 포함되어 있었다. 출입문을 닫고 복도에 세워두었다. 9시 10분이면 1교시 수업이 시작된다. 9시 10분이 넘어서야 오는 아이도 있었다.

늦게 오는 아이들을 야단치고 교무실로 내려왔다. 종일 우울하고 마음 무겁게 지냈다. 실장, 부실장까지 늦게 오고도 누구하나 잘못했다고 오는 녀석이 없었다. 종례시간에 들어가서 지금까지와는 다른 모습으로 아이들을 대했다.

내가 지금까지 우리 반 아이들을 대해온 것에 뭔가 문제가 있는 것이 아닌가 하는 생각이 들었다. 너무 좋게만 보고 예쁘게만 보고 다 받아주고 한 것이 아닌가? 학급관리의 방법을 바꿔야 하는 게 아닌가? 많은 생각들로 마음이 심란했다.

저녁에 11시까지 남아있어야 하는 날이었다. 자율학습을 하는 우리 반 아이들이 13명이 있다. 빠진 아이도 있고, 실장은 한 시간이 지나고 서야 왔다. 실장, 부실장에게 더 실망스럽고 화가 난다. 처음 선출이 되었을 때 무엇보다도 먼저 당부한 것이 모범적이어야 한다는 것이었다. 그런데……. 심란하고 마음 편치 않다.

앞으로 어떻게 학급을 운영할 것인지 여러 가지를 다시 짚어보아야 할 것 같다.

드센 게 아니라 단합된 마음이지롱

2001. 5. 12.

우와!! 역시 3반…….

요즘 학교에서는 체육대회 예선이 한창이다. 오늘 3교시 2학년 각반의 줄다리기 경기가 있었다. 처음에 우리 반은 1반과 겨루어서 이기고 다음은 강적 2반과 겨루게 되었다. 팽팽한 힘겨루기……, 아슬아슬하게 진행되다가 그야말로 간신히 이겼다.

드디어 4반과의 결승. 오히려 결승은 쉽고도 쉬웠다. 물론 나는 줄에 매달린 아이들 옆에서 응원하면서 아이들에게 한 마디 하는 걸 잊지 않았다.

"이기면 아이스크림이야!!"

우와. 야야야, 아이스크림이래!! 물론 우리 애들이 그 말에 더 힘을 받은 건 아니지만 4반은 식은 죽 먹기. 볼 필요도 없었다. 1 대 0, 두 번째로 줄에 매달렸을 때 끝은 볼 필요도 없이 나는 웃으며 돌아섰다. 우와!! 곧이어 터지는 함성. 아이들이 달려오고 실장과 손바닥을 맞대어 치며 우리는 기뻐했다. 후후 . 호호……. 좋이라…….

교무실로 들어오는데 어디서 들려오는 목소리. 3반 애들이 역시 드세. 그래도 그 드센 걸로 한 몫하네. 아니 이건 웬 시기의 목소리? 드세다고 이기는 게 아니지요. 이건 바로 우리 반 단합의 힘!! 그렇지~ 야들아~.

청소 후 종례를 하고 교무실로 돌아와 난 칼을 들었다. 왠 칼이냐고? 빵을 자르기 위해. 음료수 두 박스를 책상에 놓고 스폰지 케익을 자르며 선생님들에게 소리쳤다.

"줄다리기 우승한 반이 내는 거예요!! 와서들 드세요!!!"

교무실 여러 선생님들이 모여들고 나는 또 여러 번 말했다. 이거 2학년 줄다리기 우승한 반이 내는 거예용!!!

우리 반 야들아. 체육대회 날 500원짜리 아이스크림 얼마든지 사 줄테니 지둘려!! (***예쁜 짜석덜. 선생님이 어제 용서해줬더니 금방 힘을 내고……)

기쁘고 행복하고 부끄럽고

2001. 5. 15.

오늘은 스승의 날이다. 해마다 이 날이면 참 기분이 복잡하다. 아이들이 꽃을 달아주고 스승의 노래를 부르고 그럴 때마다 쑥스럽기도 하고 뭔가 마음이 편치 않다.

오늘 아침에도 교무실에 있으려니 수환이와 수가 교실에 가자고 와서 나를 부른다. 복도에서 실장이 기다리고 있다가 예쁜 고깔모자를 주며 나에게 쓰고 교실에 들어가란다. 어~? 이게 뭐야! 싫어~하면서 안 쓰려고 했지만 김 실장이 또 떼를 써서 나도 잠시 고깔모자를 썼다.

교실에 들어가니 풍선을 불어 곳곳에 매달아 놓고 여러 아이들이 폭죽에, 교탁 위에 축하 케잌, 선물, 꽃바구니, 칠판에 '선생님 사랑해요!'까지……. 애구……. 몸 둘 바를 몰라 하는데 샴페인을 터트리고, 스승의 노래를 부르고, 그런 준비를 한 그 예쁜 마음들이 참 고마웠다. 고맙다는 말과 함께, 스승의 날이 되면 복잡한 내 심사를 조금 전했다. 좀 더 좋은 선생님이 되고 싶다는 말도.

그래. 정말 좋은 선생님이 되고 싶다. 어렸을 적부터 나는 국어선생님과 시인이 되고 싶었다. 다행히 표면적으로는 내가 원하는 길에 들어서서 원하는 생활을 하며 살고 있다. 올해로 18년째인 교사로서의 생활. 참 많은 제자들을 가르쳤고 문득문득 생각나는 내 안에 담고 있는 제자들도 참으로 많다. 그런데 내가 정말 좋은 선생님인가? 하고 스스로에게 물어볼 때 여전히 부족하고 부끄럽다. 아직도 그 길에 들어서지 못하고 늘 생각에 그치고 마는 것 같다.

우리 반 아이들 모두를 사랑한다. 누구 하나 귀하고 소중하지 않은 아이들이 없다. 그 아이들 안에 잠재해 있는 그 무엇인가를 내가 일깨워줄 수 있다면. 그래서 아이들이 제대로 된 제 갈 길을 가는 데 조금이나마 도움이 될 수 있다면…….

오늘은 사실 참 행복한 날이었다. 우리 반 아이들의 편지나 선물에 담긴 정성을 받고 물론 고맙고 기뻤다. 또 우리 반이 체육대회에서 우승을 해서 그것도 기쁜 일이었다. 그런데 정말 나를 기쁘고 행복하게 한 건 작년에 가르친 제자들이었다. 지난 해 담임을 한 아이들. 물론 실장이었던 원석이를 비롯해서 재혁이가 찾아오고 주용이나 태용이의 메일도 참 고맙고 기뻤다. 그런데 그런 공부 잘하는 모범생들보다 병민이, 재준이, 성현이……. 아이고, 그 애들의 얼굴을 볼 때는 뭔가 가슴 가득 차오르는 벅찬 기쁨……. 나중에 편지를 보면서는 교사로서의 내가 사는 보람이 느껴졌다. 그리고 재원이 상욱이. 아, 재원이와 상욱이가 케잌을 사서 찾아왔을 때는 눈시울이 뜨거워졌다. 내가 자리에 없을 때 책상에 놓여 있는 꽃과 화분들……. 경근이가 다녀갔다는 얘기는 다른 선생님으로부터 들었다. 작년 우리 반의 유명인사들. 그 아이들이 모두 하나하나 나를 찾아주었으니…….

그래, 나는 참 행복한 사람이다. 내가 마음을 쏟은 만큼 정을 준만큼 아이들이 느끼고 있었던 것이다. 그러면 된 것이 아닌가? 너무도 고맙고 행복하다. 어려움도 많은 교직이지만 나는 여전히 교사로서의 내 길을 사랑한다. 아니 이 길에서 만나는 아이들을 좋아하고 내가 아이들에게 무엇인가 줄 수 있다는 게 너무도 좋다. 국어교과에서는 교과에서대로 정말 아이들한테 도움이 되는 많은 것을 주고 싶다. 또한 생활 속에서 아이들에게 제대로 된 길을 찾도록 목표의식을 키워주고 싶다. 내가 할 수 있는 역할이 얼마나 될지 모르지만, 또 얼마나 영향을 줄 수 있는지 모르지만 내 자리에서 내가 만나는 아이들에게 모든 마음과 정을 다 쏟아 다가서고 싶다.

해마다 그렇지만 오늘도 참 생각이 많은 날이다. 좋은 선생님이 되도록 노력하자. 더 많은 넉넉함과 사랑, 그리고 부지런함이 내게 필요한 것을 안다. 나 자신에게 부끄럽지 않도록 끊임없는 노력이 필요할 것이다.

얘들아, 우리 2학년 3반 아이들아, 고맙다. 그리고 사랑한다. 그리고 작년에 내 아이들이었던 2학년 7반 아이들아, 잊지 않고 있지? 한 번 제자는 영원한 제자라는 걸? 너희들도 여전히 내 마음에 있단다. 사랑한다. 얘들아.

많이 아파해야 하나

2001. 5. 22.

우리 학교는 일주일에 한 번 매주 월요일 직원회의가 있다. 어제 직원회의 시간에 학생들 자율학습 문제, 안전사고 문제가 거론되었는데 그 얘기 중에는 우리 반도 포함되었다. 아니 누가 얘기를 하지 않았어도 늘 유념해야 하는 사항이었다.

지난 주 화요일 스승의 날, 창은이가 화장실에서 유리창을 잘못 짚어 크게 다쳤다. 체육대회 진행 중인데 창은이를 데리고 병원에 가서 치료를 받았다. 열다섯 바늘이나 꿰맸으니 상처가 아주 큰 편이었고, 안경을 낀 덕분에 눈을 안 다친 것이 천만 다행이었다. 병원에 다녀오면서 창은이의 좋은 성격이 또 느껴져서 좋았다. 다친 걸 보고 걱정하실 부모님 걱정을 하는 창은이가 참 잘 자란 아이라 여겨져 기특했다.

그런데 지난 주 유난히 학교에서 크고 작게 다친 학생이 많았다. 그러다보니 2학년 3반이 특별히 거론되면서 학생들 안전사고 예방지도에 대한 얘기가 있었다. 또 자율학습이 잘 안 되고 있다는 얘기도.

우리 반의 자율학습 분위기를 물론 나는 잘 알고 있다. 누가 잘하고 누가 떠드는가는 안 보아도 뻔하다. 조회를 들어가 간곡하게 이야기를 하고 종례시간에도 다시 이야기를 했지만 정말 우리 반이 어제 자율학습을 잘 했을까? 잘 했을 것이라는 생각이 들지 않는다.

5시 10분부터 6시까지 50분 간의 자율학습. 나도 매일 6시까지 교실에 남아 아이들을 지켜보고 싶다. 하지만 나대로의 사정으로 그럴 수가 없다. 5시 10분이면 서둘러 가서 학원에 가는 우리 아들 밥을 먹여 보내야 하기 때문이다. 또 사흘에 한 번씩은 청운반 지도 때문에 저녁 먹고 다시 학교에 와야 하고. 휴우…….

가슴이 답답한 하루였다. 그러다보니 소화를 못 시켜 소화제를 먹고. 결국 침을 맞고 좀 나아졌다. 나는 속이 불편하고, 대훈이와 보민이는 많이 아픈 하루였다. 대훈이는 감기몸살로 아프고 보민이는 복통에 구토, 둘 다 참 힘들어 보였다. 오늘까지도 아파 일찍 오지 못하고 둘 다 간신히 늦게 학교에 나왔다. 이렇게 힘들게 많이 아파하며 이 시기를 우리가 함께 보낸다. 그런 만큼 많이 나누고 깊어졌으면……. 서로 많이 아끼고 많은 걸 채울 수 있는 기간이었으면 하고 바라 본다.

2학년 3반 얘들아, 좀 잘 하자. 지금보다 자율학습 좀 잘 해보자. 알아듣지? 못생긴 너희 담임 더 늙게 하지 말고…….

벌써 나흘째

2001. 5. 30.

벌써 나흘째 보민이가 학교에 나오지 않는다. 토요일 하루 안 왔을 때는 그렇게 걱정하지 않았는데, 월요일 보민이 어머니와 통화를 해보곤 아무래도 길어질 것 같은 예감이 들었다.

보민이 어머니와 통화를 하며 가슴이 답답했다. 처음 우리 반을 맡았을 때 대학에 가지 않겠다고 손을 든 유일한 아이가 보민이다. 종례도 안 받고 간 적도 있고……. 그런데 차츰 지나면서 나 나름대로 보민이에게서 여러 가지 좋은 느낌을 많이 받았다. 보민이대로 열심히, 성의껏 생활하고 있다는 믿음도 생기고, 집안 사정을 알고서는 참으로 기특하게 여기게 되었다. 그래서 효행학생으로 추천도 했었는데……. 마음이 많이 무겁다. 오늘도 집으로 전화를 해도 안 되고, 보민이 휴대폰도 받지 않는다. 연락을 안 해주는 보민이 어머니가 원망스러운 생각이 들기도 한다.

이번 일이 보민이에게 넘어야 하는 하나의 고비가 되기를 바란다. 넘어야 하는, 제대로 넘지 못하고 길이 아닌 길에 들어서는 게 아니라 어려워도 또 마음이 안 내켜도 잘 견디고 이 고비를 넘어주기를 바란다.

보민이가 지금 생각하고 있는 것은 무엇일까? 어느 길로 가기를 원하는 것일까? 보민아, 너, 이렇게……, 선생님 실망시켜야 하겠니? 연락이 안 되는 게 더 답답하고 힘들다.

열흘 만에

2001. 6. 7.

열흘 만에 보민이가 학교에 왔다. 공부를 하러 책가방을 챙겨서 온 것이 아니라 진로 문제를 상의하여 결정하러 온 것이다. 작은어머니와 함께.

아, 오늘 내가 보민이와 나눈 이야기가 무엇인가? 상고로 전학을 희망하는 보민이. 상고로 전학 가는 것은 여건상 곤란했다. 두 곳에 전화를 해 보았지만, 그것은 어려웠다. 방송통신고등학교, 휴학, 뭐 여러 이야기가 있었다. 오늘 바로 방송통신고로 가겠다는 걸 집에 가서 어머니와 상의하여 결정을 한 후 내일 다시 오라고 했다.

어머니와도 아닌 작은어머니와 와야 했던 보민이. 가슴이 아프다. 보민이가 생각하는 자신의 삶은 어떤 것일까. 지금 하루하루 살아가는 우리의 삶이 바로 인생이라는 걸 보민이는 인식하고 있는 걸까? 열흘이라는 기간 동안 보민이에게 가득했던 것은 무엇이고 보민이를 훑고 지나간 것은 무엇인가? 보민이를 흔들고 바꿔놓은 것은 무엇인가? 지금 이 시간 보민이가 생각하고 결정한 자신의 진로는 무엇일까?

보민이와 이야기를 나누면서 다시 그 아이의 눈을 들여다 보았다. 내게는 여전히 착하고 여린 눈빛이 다가왔다. 아직은 집에 가서 부모님의 사랑 가득한 보호를 받아야 하는 나이의 보민이. 그 여건이 마련되지 않는 보민이의 사정이 가슴 아프다. 어떻게 결정해야 할지, 참으로 어렵다. 내가 보민이에게 무엇을 주기는 한 걸까? 뭔가 주려고 제대로 힘을 기울이기는 한 걸까?

보민이 일을 매듭지으니

2001. 6. 17.

어제로 보민이 일을 완전히 매듭지었다. 나름대로 깔끔해진 기분으로 아침 우리 반 조회 후 아이들 모두 점심시간에 500원짜리 아이스크림을 사먹으라고 실장에게 돈을 주었다. 목요일 종례 때 지훈이가 '선생님 한번 쏘세요!!'라고 외치기도 했지만 보민이가 다시 우리 곁으로 돌아와 준 것이 또 기특하기도 해서였다.

그런데 1교시 우리 반 수업을 마치고 계단을 내려오는데 '김은숙 선생님' 하고 부르는 소리가 있다. 돌아보니 한 선생님이 명함 같은 작은 쪽지를 내밀며 '여기 이 애들 선생님 반 애들이지요?' 하는 게 아닌가? 받아서 언뜻 보니 '싸지, 쫑민, 이쑤, 윤지, 진호'라고 적혀 있는 다섯 이름 중 셋은 우리 반이었다. 그것을 받는 순간부터 종례 후 교무실 복도에서 세 아이들에게 '나쁜 자식들'이라는 말을 내뱉기까지 내 하루는 엉망이 되었다. 참으로 실망스러웠고 속이 상했다.

물론 세 아이 모두 세칭 말하는 '범생이'는 아니다. 그러나 모두 착하고 나름대로 열심히 노력하는 아이들이라 생각했다. 그런데 자신들이 도모하려 했던 것이 어떤 잘못인지도 모르듯 반성하는 모습을 보이지 않았다. 우리 반 아이들만 있는 것이 아니어서 다른 두 반 담임선생님과 의논을 해야 했고 그 과정에서 자세한 조사가 학생부로 넘어갈 수밖에 없었는데, 우리 아이들이 학생부에 가서 진술서를 쓰고 꾸지람을 듣는 동안 내 심정이 어떠했는지 이 아이들이 알기는 할까? 학생의 신분으로 도모해서는 안 되는 일을 모르고 생각 없이 한 것인지, 아니면 알고도 눈에 보이는 욕심 때문에 그런 것인지. 교칙대로 하면 징계위원회가 열리고 처벌이 내려져야 하는 일이었다. 학생부장님과 처벌 없이 훈계하고 부모님께 연락하는 선에서 마무리 짓기로 얘기는 되었으나 그런 일로 학교에 오라는 연락을 받는 부모님 심경은 또 어떨까.

아이들에게 '죄송하다는 얘기도 못하는 나쁜 자식들'이라는 말을 하고 돌아서서 집에 오는 동안 자꾸 내 안에서 '나쁜 자식들'이라는 말이 울렸다. 내 기분이 왜 이런가? 왜 이렇게 속이 상하고 우울한가? 그래, 실망 때문이었다. 그 아이들의 잘못보다 잘못했다고 사죄하지 않는 그 태도가 나를 그렇게 실망시키고 속상하게 하고 있는 것이었다.

종민이는 처음 주번 할 때 분필을 싸놓았을 때부터 기특하게 생각한 데다가, 그래도 내게 뭔가 마음을 터놓고 얘기해주는 면이 있어서 미더워했고 2학년 올라와 마음잡고 공부를 해서 성적도 많이 올랐는데. 진호도 착하기 이를 데 없는 아이라 여겼는데. 수는 지난 중간고사 때 눈에 뜨이게 성적이 많이 올라서 열심히 노력하는 면을 칭찬하기도 했는데. 정말 속이 상했다.

아이들이 저녁에 메일을 보낼지 모른다고 생각했다. 예상대로 메일이 하나씩 오기 시작했다. 진호, 수, 종민 순서로. 메일이 와도 열어보지 않으리라 했으나 세 명의 메일이 하나씩 다 오자 열어보지 않을 수가 없었다. 아이들이 보낸 메일을 읽으며 잘못했다고, 죄송하다고 하는 그 목소리가 막 들려와 용서를 안 할 수가 없었다.

휴우……. 얘들아, 와 그러냐 너희들 정말. 선생님 좀 조용히 내버려 두면 안 되겠냐? 2학년 3반 이미 유명하니 좀 잠잠히, 조용히 지내면 안 되겠냐고? 응? 지발 좀 잘 하자. 잘 좀 하자고.

담임이 무엇인가?

2001. 6. 23.

담임이 무엇인가? 담임으로서 해야 할 일이 무엇이고 어떤 마음으로 아이들을 대해야 할까? 어느 만큼 아이들에게 마음을 주고 어느 만큼 아이들에게 상처를 받아야 할까?

이번 주는 이번 학기에서 내게 가장 힘든 한 주였다. 지난 주까지 여러 가지 일들이 있었고 또 일단락이 되기도 했다. 그런데 어떤 사안이 발생하면 난 우선적으로 여러 상황을 고려하면서도 그 가운데 공정하면서도 아이들을 위한 최선을 생각하려 한다. 그러면서 학교 울타리 안에서 발생하는 여러 일에 대해 담임으로서 해야 할 역할을 다하고자 한다. 내가 대처하거나 처리하는 방안이 아이들한테 최선이기를 바라는 마음으로 해 나간 것 같다. 모든 사람이 다 내 마음 같지 않은 것이지만 그래도 나도 모르게 내 방식으로 다른 사람의 말도 받아들인다. 아이들이 잘못했다고 말하면 난 그 말을 그대로 진실된 말로 받아들인다. 정말 잘못했다고 생각해서 용서를 비는 것이라 여기고 곧 용서하게 되는 것이다. 내가 마음에 없는 말을 못 하기에 다른 사람 또한 말은 곧 마음이라고 생각하는 것이다.

그런데 아니었다. 월요일 아침 출근하여 다른 선생님이 '다모임'에 들어가서 본 내용을 말하는 것을 듣고 속이 상했다. 거기다가 월요일 종례 후 자율학습 안 하고 도망가는 4명의 아이들과 마주쳤다. 나를 보자 급히 몸을 숨기려 한 그 아이들을 대하자 정말 어이가 없었다. 이렇게 무단으로 자율학습 안 하고 도망간 아이들이 이 아이들 뿐이겠는가 하는 생각이 그 순간 저절로 들었다.

여러 가지로 심란하고 아이들에 대해 배신감을 느꼈다. 일일찻집 건이나, 자율학습 이탈 건이나 어떤 선에서 어떻게 바라봐야 하는가? 대수롭지 않게 넘어가기에는 내가 우리 반 아이들에게 주었던 마음이 너무 컸다. 아이들에 대한 믿음이, 신뢰가 컸고 우리 반 아이 하나하나를 좋아하는 마음이 너무 컸다. 어떻게 하는 것이 제대로 된 담임 역할인가? 내 마음을 다해 다가서면 되는 것이라 생각했건만. 적어도 내가 애정을 주고 믿음을 갖는 것에 아이들에 부응하는 것이라 생각했건만.

오늘 토요일 마지막 시간이 우리 반 수업이다. 지금까지는 학교에 오면서 늘 아이들을 위해 내가 할 일이 무엇인가를 생각했지만 앞으로는 그러지 않겠노라고 아이들에게 말했다. 내 말이, 마음이 전해지지 않는 아이들에게 상처받은 내 마음을 말했다. 앞으로는 냉정해지리라. 어떤 애정이 담긴 시각이 아니라, 아주 객관적으로 내 눈에 보여지는 그대로 나도 판단하고 기록하리라 말했다.

담임이 무엇인가? 역량 있는 담임이면 어떻게 하는가? 이번 한 주, 너무나 많은 고민으로 괴로워한 기간이었다.

바나나 한 개

2001. 6. 26.

점심을 먹고 자리로 돌아오니 책상 위에 바나나 한 개가 놓여 있다. 웬 바나나? 하면서 주변을 살피니 그 아래 창은이의 스쿨뱅킹 신청서가 놓여있다. 스쿨뱅킹 신청서를 뒤늦게 내면서 바나나 한 개를 갖다 놓은 것이다. 바나나 한 개가 문제가 아니라 나를 주려고 챙긴 그 마음이 고맙긴 하다만. 글쎄……. 창은이가 나를 서운하게 한 것이 너무 커서 바나나를 선뜻 집지 못하겠다.

요 며칠 내가 우리 반 아이들에게 서운해하는 몇 가지가 있는데 가장 큰 것이 창은이와 종민이에 대한 서운함이다. 창은이나 종민이도 내가 저희들에게 마음을 주고 아껴주었던 것을 모르지 않았을 것이다. 그런 아이들이 겨우 내게 그 모습밖에 못 보여주다니, 겨우 그 모습이라니……. 내게 든 실망과 서운함을 저희들이 얼마나 아는가? 공부 여하와 상관없이 참으로 미더워했건만 창은이가 그렇게 내 눈을 피해 자율학습이나 이탈하는 아이였다니, 겨우 그 모습이라니……. 종민이는 어떤가. 2학년 들어 공부가 재미있다고 메일을 보내오기도 하며 여러 가지에 의욕을 보여 또한 나에게 미더움을 준 아이건만 겨우 내게 그렇게밖에 못하다니…….

대수롭지 않게 넘어가지 못하는 내 스스로가 답답하다. 건성건성 아이들을 대하지 못하는 내가 때로 나도 답답하다. 아이들에게 관심과 애정을 거두지 못하는 이런 내가 나도 참으로 괴롭고 답답하다.

책상 위에 바나나 한 개가 여전히 놓여있다. 내 마음을 풀려는 창은이의 마음으로 갸륵하게 받아들일까? 그러고 싶다. 아니 점점 그렇게 되어가고 있다. 창은이의 넓적한 얼굴, 그 꾸부정한 어깨, 이상한 걸음걸이가 자꾸 떠오른다. 아휴…….

이 주 동안의 힘겨움을 접는다

2001. 6. 29.

6월 15일부터 어제까지, 힘겹고 힘겨웠던 모든 것을 접는다. 오늘 새벽 눈을 떠서 스스로 내 마음을 갈무리하였다. 그간에 우리 반 아이들에게 실망하고 서운해하며 속상했던 모든 감정을 이제 다 덮고 다시 편안한 마음으로 나를 되돌려 놓아야겠다고 결심했다.

어제 퇴근 전 이번에 또 큰 건수를 올려 나를 놀라게 한 창은이와 지훈이를 불러 잘못했다고 용서를 빌지 않는 그 태도를 야단치고 나서 얼마나 괴로웠는지, 제대로 저녁도 못 먹고 잠도 깊이 들지 못했다. 자면서도 다리에 쥐가 심하게 나서 세 번이나 깨고 고통스러웠다. 야단친 내가 이렇게 괴로우니 야단맞은 아이들 심경은 어떠할까? 마음이 너무 아려왔다.

아이들을 불러 내가 풀어 주어야겠다고 생각하며 아침에 출근을 했다. 다행히 지훈이는 내 홈페이지에, 창은이는 못 쓰는 글씨를 꾹꾹 눌러서 편지를 한 장 써가지고 왔다. 그래, 그러면 된 것이다. 그간에 왜 그렇게 내가 힘들었는가? 아이들이 잘못한 그 사실 때문이 아니라 잘못한 이후의 태도, 잘못을 대수롭지 않게 여기며 실망하고 속상해하는 내 심경은 전혀 모르는 것 같은 태도, 바로 그런 것 때문이었다. 그런데 어쩌면 아닌 것이다. 나도 아이들에게 내 감정을 다 말하고 드러내지 못하듯 아이들도 그런 면이 있겠지. 어쩌면 억울하다고 느끼기도 할 테고 저들대로 서운하고 속상한 면도 있겠지.

그래. 이렇게 마음을 갈무리하고 나니 세상이 달라보인다. 학교는 그리고 아이들은 내게 소중하다. 아이들과 편치 않은 지난 이 주간, 얼마나 힘들었는지……. 아이들에게 건성건성 대하지 못하는 내 마음이 나를 더 힘들게 하는 요소가 되었다. 아이들이나 나나 집에서 지내는 시간보다 학교에서 있는 시간이 더 많다. 즐겁고 편안한 마음으로 지내고 싶다. 다음 주면 기말고사가 시작되고 이렇게 한 학기가 저물어 가는데…….

이번에도 우리 반이 화제

2001. 7. 1.

그래……. 이번에도 또 우리 반이 화제다. 역시 2학년 3반. 좋은 일로 화제가 된 것이면 얼마나 좋겠는가? 그런데 그렇지를 못하다.

지난 6월 29일 오전, 교단일기 한 편을 올리며 어수선했던 내 마음을 정리했다. 그런데 그날 오후 여름 방학 중 보충수업에 대한 회의가 있었고 종례시간에 그 내용을 전달했다. 실장부터 보충수업에 불참하겠다고 손을 들고, 참여하지 않는 사람은 부모님 동의서를 받아오라고 하니 부모님 동의서만 받아오면 안 해도 되는 것이냐는 질문을 하는 아이도 있다. 내가 부모님 동의서를 요구한 이유는 적어도 집에 얘기도 안 하고 부모님도 모르게 빠지는 아이들이 있으면 안 되겠다는 생각에서였다.

다음날 아침 조사해보니 여름방학 보충수업에 불참하겠다는 아이가 무려 15명. 전교에서 가장 많은 건 물론이고 모두 깜짝 놀라는 숫자! 단 한 명도 빠짐없이 참여하는 반도 있지만 우리 반은 15명이 빠지겠다는 것이다. 지금은 12명으로 줄었지만 역시 다른 반하고는 비교가 안 된다.

나 나름대로 속이 많이 상했다. 방학 중 보충수업을 왜 하는가? 여름

방학 중에 그저 푹 쉬게 하지 않고 학교에서 왜 이런 프로그램을 추진하는지를 아이들이 생각이나 하고 있는 걸까? 인문계고등학교에 들어와 대학을 갈 생각이 있는 아이들이라면 이 방학을 지금 어떻게 보낼 생각을 하는가? 선생님들이라고 방학 때 쉬고 싶지 않겠는가? 나도 방학 중 쉬는 기간이 딱 일주일밖에 안 된다. 하지만 아이들을 원하는 대학에 보내야 한다는 생각으로 인문계 고등학교라면 어디나 이런 프로그램이 있는 것이다. 즉, 전국 어느 곳이나 대학진학을 목표로 하는 학생이라면 이 여름 쉬고 싶은 것도 참아가며 어렵지만 알차게 보내기 위해 애를 써야 하는 것이다.

그런데 왜 저 아이들은 왜 참여하지 않는가? 저들대로의 계획과 생각이 있겠지. 하지만 난 학교 선생님 수업을 들어봐야 별 도움이 안 된다고 생각하고 있는 불참자 12명이 괘씸하기 이를 데 없다. 수업을 들어도 그만 안 들어도 그만이라고 생각하는 그 건방지고 오만한 태도가 아무리 좋게 생각하려 해도 괘씸하다.

수업이라는 게 뭔가? 내가 어떤 마음으로 수업에 임하는가? 내 한 시간 수업이 아이들을 대학에 합격시킬 수도 있고 또 불합격시킬 수도 있다는 마음으로 한 시간 수업을 한다. 그런데 이 녀석들은 그런 수업도 믿지 못하는 것이다. 학교 수업을 믿지 못하는 아이들, 그 아이들을 내가 어찌 봐야 하는가? 선생님 수업을 믿지 못하는 아이들, 그런가 하면 무엇이건 열심히 하려는 아이들, 내 머리 속에서 확연히 선이 그어지는 것을 나도 막을 수가 없다.

난 우리 반이 겁나기 시작했다. 학교에 오는 것이 겁나기 시작했다.

학교에 오면 오늘은 또 무슨 일이 있을까? 이 녀석들이 또 무슨 일로 사람을 놀라게 하고 상처를 주고 속상하게 할까? 우리 반 교실에 들어가는 것도 기쁜 마음으로 가벼운 마음으로 가 본 것이 거의 보름이 넘었다. 담임으로서의 내 무능함이, 무력감이 나를 짓누른다.

보충수업과 아이스크림

2001. 8. 2.

여름 방학이 되었지만 대부분의 인문계고등학교와 마찬가지로 우리 학교도 보충수업을 한다. 청주 시내 다른 학교에서 시행하는 시간을 알아보고 우리도 현재 100시간의 보충수업을 진행한다. 전반기 9일 수업이 지난 토요일로 끝나고, 금주와 다음 주 이 주 동안이 학생들은 방학이다. 나는 또 청운반 수업이 있어 다음 주에도 학교를 가야하지만…….

과연 이 수업이 필요한가 하는 반신반의의 생각으로 신청했던 학생들도 100시간 수업을 마친 후 '그래, 정말 놓치지 않고 신청해서 듣길 잘 했어' 하고 생각하도록 열심히 수업을 하고 있는 중이다. 무엇보다도 힘든 건 온도며 습도가 높은 날씨, 거기다가 연속 5시간 수업을 해나가는 일이 내 기운으로 참 벅차고 벅차다. 그렇지만 인문계고등학교 국어선생이라면 아이들의 대학진학을 위해 기꺼이 이 정도는 해야 하는 것이다.

우리 반의 순수 신청자는 30명. 지각, 결석 없는 날은 아이스크림을 사주겠다고 아이들한테 이야기했건만 그런 날이 한 번도 없었다. 상광이 하나만 결석하고 지각한 아이들이 없는 날 수업을 들어가니 오늘은 지각이 없다고 아주 자랑스럽게 말한다. 기꺼이 아이스크림을 하나씩 사주었다. 그러다가 전반기 마지막 날인 지난 토요일 다른 반엔 도망간 아이들도 있건만 무서운 담임 때문인지 얌전히 수업 받고 있는 게 또 착하고 예뻐서 아이들이 사달라고도 안 했는데 아이스크림을 하나씩 또 사줬다.

무더운 날씨에도 지각 결석 한번 없이 열심히 듣는 아이들이 더 많다. 물론 그게 다 자신들을 위한 일이라 하더라도 아직은 어린 아이들인데, 때로 쉬고도 싶고 게으름도 피우고 싶을 텐데, 그렇게 성실하게 하루를 살아가는 아이들이 기특하고 예쁘다. 그 아이들의 앞날에 믿음이 간다.

언론매체에서 보충수업에 대해 아무리 뭐라고 해도 다 소용없다. 우선은 아이들에게 필요한 것이 무엇인가가 중요하다. 아이들이 원하는 진로, 원하는 대학으로 나갈 수 있도록 도와주는 게 가장 필요한 일 아닐까? 부모가 되어보고 진학지도를 하는 선생이 되어보면 알 것이다. 어떤 마음으로 아이들을 가르치고 수업을 하는지. 허울 좋은 이론보다는 아이들의 원하는 삶을 살 수 있게 그 삶의 진로를 선택할 수 있게 거기에 필요한 수업을 해나가는 것이다.

보충수업이 아직 반도 지나지 않았다. 후반기는 11일, 그것이 끝나면 바로 개학이다. 날씨가 어떻고 여건이 어떻더라도 아이들에게 도움이 되도록 성의껏 한 시간 한 시간 수업을 할 것이다. 지금 내가 하는 한 시간의 수업이 아이들 대학을 보내기도 하고 그렇지 않을 수도 있다고 생각하며. 물론 지각, 결석 없는 날은 우리 반 아이들에게 기꺼이 아이스크림을 하나씩 사주면서.

일본에서 온 전화

2001. 8. 2.

지난 토요일인 7월 28일. 우리 반 경진이가 일본에 갔다. 평소 일본어에 관심이 많고 경시대회에 나가서도 입상을 한 경진이. 이번 일본여행도 바로 생활 속에서 일본어를 체험하기 위해서다. 부모님과 동행한 것도 아니고 일행도 없이 혼자 갔다.

일요일 저녁 일본에서 경진이한테서 전화가 왔다. 그냥 안부 전화. 하지만 전화해준 그 성의가 참으로 고맙고 기뻤다. 특히 음식 조심 건강 조심하라며 몇 마디 당부밖에는 못했지만, 그러면서 선생님한테까지 전화 안 해도 된다고 했지만, 전화를 끊고도 오래 경진이 목소리가 내 귀에 울렸다.

늘 조용하고 목소리 한 번도 듣기 어려운 경진이. 몸도 약해 보이고 말없이 조용하다보니 언뜻 여러 면에서 유약해 보이지만 난 경진이의 영민함과 강인함을 안다. 흔히 말하는 외유내강형. 경진이는 그야말로 외유내강형 학생이다.

지난 번 면담을 하면서 경진이 스스로 별 노력 없이 자신을 방치하여 본인이 가진 능력도 제대로 끌어내지 못하는 것에 대한 안타까움과 실망스러움을 말했었다. 경진이는 관심 있는 한 분야에만 치중하고 다른 것은 돌아보지도 않는 타입이다. 그러나 그래서는 안 되겠기에 나대로 당부를 했다.

혼자 일본여행을 떠난 경진이가 몸으로 체험하고 오는 것이 다만 일본어에 대한 것만으로 그치지 않기를 바란다. 세상에 대한 시각, 자신에 대한 욕심, 그리고 이 넓은 사회에서 경진이가 해야 할 역할에 대한 인식……. 이런 것들로 경진이 가슴이 가득 채워져 오기를 바란다. 무엇보다도 별탈없이 건강하게 돌아오기를 바라며, 경진이를 다시 만날 날을 기대한다.

새로운 마음으로

2001. 8. 27.

여름 방학이 끝나고 오늘 개학을 했다. 방학 중 보충수업을 받은 아이가 30명, 받지 않은 아이가 12명. 12명의 아이들이 어떻게 지냈는지 궁금한 마음으로 교실에 들어갔다.

오랜만에 보니 다 반갑고 좋았다. 더 귀엽고 예쁜(?) 느낌이 들었다. 머리까지 깔끔하게 자르고 온 종민이는 유난히 얼굴이 희어졌고, 이수는 방학동안 많이도 까맣게 되었다. 방학 중에 울긋불긋 물들였던 머리들을 다시 까맣게 물들이고 그래도 대부분 단정하게 다듬고 왔다. 그런 모습 자체가 예쁘고 반갑다.

대부분의 개학날 그렇듯이 어김없이 오늘도 전달사항이 많았는데, 여러 가지 전달 후 개학날인 오늘 새로운 마음으로 다시 시작하자는 말을 강조하여 말했다. 긍정적인 자세로 자신이 가지고 있는 능력과 자질을 발휘할 수 있도록 노력하자는 얘기를 했다.

그런데 보민이가 오늘 등교하지 않았다. 아이들 말은 학교에 다니지 못할 것이라는 글을 보민이가 '다모임'에 올렸다는 것이다. 순간 맥이 탁 풀렸다. 1학기 중에 그렇게 어렵게 고비를 넘겼건만……. 정말 속이 상했다. 보민이네 집으로 전화를 하자 보민이 어머니는 오히려 내게

'보민이가 학교에 안 갔어요?' 하고 되묻는 게 아닌가?

나중에 내 휴대폰에 보민이로부터 문자메시지가 와 있는 것을 확인할 수 있었다.

'선생님 죄송해요. 열심히 다닐려고 했는데, 그게 어렵네요.'

아, 이렇게 또 한 아이를 놓치는 것인가?

이렇게 한 학기가 또 시작된다. 할 일은 할 일대로 많고 여념이 없지만 마음은 참으로 차분하다. 나 스스로도 초심으로 돌아가 다시 시작하려 한다. 우리 아이들, 아직은 맑고 순수한 이 아이들을 나부터 옳게 제대로 바라보리라. 우리 아이들이 가진 여러 요소를 제대로 키워갈 수 있도록 마음을 다해 보리라 마음 먹는다. 후후……. 그라구 오늘 확인해보니 1학기 성적이 문과에서 우리 반이 1등이라네! 점수 차이도 많이 나게.

마음 쓸쓸한 날

2001. 8. 30.

가을이다, 라고 말해야겠다. 그래. 늦여름이기보다는 이제 완연한 가을이다. 아침저녁 선들선들한 바람이 몸속을 파고든다. 그리고 오늘, 이 아침, 참으로 마음 쓸쓸하다. 아니, 씁쓸하다는 게 맞을 것 같다.

결국 오늘 날짜로 보민이가 자퇴를 한다. 한 학기 동안 여러 가지 우여곡절을 겪고서 한 고비 넘겼다고 생각했다. 그렇게 힘겹게 어려운 고비를 넘기면 그 다음엔 오히려 잘 넘길 수 있다고 생각했는데 보민의의 경우는 좀 달랐다.

글쎄……. 한 가지로 딱 잘라 말할 수 있는 게 뭐 있겠는가마는 보민이의 경우 그저 학습의욕이 없다거나 학교생활에 부적응, 뭐 이렇게 단순한 게 아니다. 오히려 그런 문제라면 보민이에게 내가 더 힘을 기울일 수 있었을 것 같다. 그런데 보민이는 가정환경이 좀 불안정했다. 보민이 경우만이 아니라 아이들 담임을 하면서 여전히 가장 어려운 문제는 가정문제. 도대체 어떻게 해결할 수도 극복할 수도 없는 게 가정의 문제다.

주유소에 취직을 했다는 보민이. 전화도 안 되고, 메일로라도 연락을 하고 싶어서 아이들에게 이메일 주소를 알아오라고는 했는데. 글쎄, 보민이가 오히려 불편해하지 않을까 하는 생각도 든다.

다음에, 언젠가 보민이를 만날 날이 있겠지. 그럴 때 보민이가 밝게 웃는 모습일 수 있기를 바란다. 그래도 뭔가를 갖추고 당당히 서있는 모습이기를 바란다. 왠지 보민이에게 미안하다. 미안하다, 미안하구나 보민아.

요즘 나는 참 힘들다. 무엇보다도 건강이 좋지 않고, 그러다보니 생활이 몇 배로 힘들고, 또 이렇게 한 아이를 곁에서 떠나보내며 가슴 한편에 휘 바람이 지나며 아프게 내 속을 훑고 지나간다.

이것으로 행복하다

2001. 9. 1.

오늘 3교시 수업을 막 들어가려는데 혜정 씨가 편지를 전해준다. '경남 밀양시 내이동 1196번지 밀양영남병원 신경외과 과장 조성원.' 아, 성원이에게서 편지가 온 것이다. 성원이는 나의 첫 제자이다.

1984년 3월 1일자로 경기도 용인에 있는 백암중학교로 발령을 받았다. 교직에 첫발을 들여놓고 처음 담임을 맡은 게 1학년 3반. 성원이는 그때 우리 반 실장이었다. 처음 봤을 때 왜 그렇게 커보였던지……. 24살의 나이에 열정만 있었지 아무 것도 모르고 맡았던 아이들. 그 때를 생각하면 만감이 교차한다. 지금은 떠올리기조차 부끄러운 어설픈 선생 노릇이었으며, 그러면서 또 순수하고 뜨거운 열정으로 아이들에게 다가서려한 아름다운 기간이었다. 혼자 작은 방에 자취를 하며 그 꼬마 아이들과 어울리며 행복했던 순간들, 백암에서의 3년. 소박한 아름다움이 온 가슴을 물들게 하는 아련한 시절. 평생 잊지 못할 소중한 기간이다.

그 백암중학교의 이름은 늘 성원이와 함께 떠오른다. 나의 소중한 첫 제자 성원이에게서 오늘 편지를 받은 것이다.아, 글씨만 봐도 성원이 글씨임을 바로 알아보겠다. 성원의 그 웃는 모습이 떠오르고……. 2년 전에 결혼한다는 연락을 받고도 가보지 못했는데. 31살의 성원이, 지금은 어떤 모습일까. 더 많이 궁금해지고, 아무래도 이번 겨울방학 때는 밀양 가까이 여행을 가야겠다. 의사인 성원이보다 내가 시간 내는 게 수월할 테니. 겨울이면 성원이도 아이 아빠가 되어있겠지? 예쁜 아기 옷이라도 한 벌 사가지고 내 소중한 제자를 찾아가는 즐거운 길을 떠나 봐야겠다.

오늘, 9월 1일. 성원이의 편지 하나로 가슴 가득 채워지는 이 벅찬 느낌. 그래. 이것으로, 이것 하나로 나는 '충분히' 행.복.하.다.

(***성원이가 펜으로 꾹꾹 눌러 쓴 편지를 한글 파일로 옮겨 첨부한다.)

선생님 안녕하십니까?

참 오랜만에 선생님이란 호칭을 불러보는 것 같습니다. 물론 병원에서 다른 과장님을 호칭할 때 쓰기는 했지만 말입니다.

선생님 시집 잘 받아서 읽고 있습니다. 고맙습니다.

제 기억 속의 선생님 모습은 인자하시고, 고민거리가 있으면 항상 찾아가 이야기를 나눠 볼 수 있고, 또 따뜻하게 대화해주시던 예쁜 선생님의 모습인 것 같습니다. 벌써 15년이나 지나버린 시절의 이야기인 것 같습니다.

선생님께 시집을 받고 나서 홈페이지에 들어가 글을 남기려다, 선생님께 컴퓨터를 통해서 글을 보내는 것보다는 직접 편지를 써서 보내드리는 편이 그나마 이 나쁜 제자가 선생님을 먼저 찾아뵙지 못한 것에 대한 작은 보답이나마 되지 않을까 싶어서 글로 옮겨 봅니다.

가끔씩 옛날 생각이 많이 납니다. 선생님이 계시던 집-지금도 백암에 가면 그 윤씨 아저씨 집이 있습니다-과 또 그 집에 저녁마다 찾아가서 선생님과 이런저런 이야기를 나누던 일. 그리고 참, 저녁 종례 후에 항상 교무실에 가서 선생님과 얘기했던 일 등등.

중학교 1학년 말인가요? 선생님 댁에 놀러갔더니 선생님께서 '성원아, 선생님 시집간다'라고 하셨던 날. 그날 참 마음이 씁쓸했었습니다. 그리고 제 기억에 1985년 4월 5일 같은데 선생님 결혼식 보러 갔던 일. 그날 찍은 사진이 왜 그렇게 촌스럽게 나오고 또 표정은 왜 그렇게 안 좋은 표정이었던지…….

지난 일을 떠올릴 수 있다는 것, 특히나 행복하고 때로는 아프기도 하지만 소중한, 그런 일을 떠올릴 수 있는 기억이 있다는 것, 정말 행복한 일이 아닐까 싶습니다.

저는 지금 군대 대신 국방의 의무로서 공중보건의 근무를 하고 있습니다. 전공은 신경외과를 했구요. 원래 보건지소에 근무하지만 병원자리가 있으면 먼저 가게 되어 있습니다. 의대 6년 졸업 후 바로 인턴, 레지던트 마치고 이제 공중보건의 근무만 마치면 대충 끝나게 됩니다.

밀양에 온 것은 제 집사람이 고향이 울산이어서 지금 뱃속에 아기가 있는 관계로 3년은 경상도에 있으면서 아기를 키워야 되겠다는 생각으로 왔습니다. 3년 마친 후에는 대학병원에 전임의로 갈지 그냥 취직을 할지, 아니면 개업할지 아직 구체적으로 생각해보지는 못했습니다.

여기 밀양에 온지 이제 3 개월 째여서 아직 낯설은 면이 많습니다. 정리되면 선생님께 더 자주 연락 드리겠습니다.

글이 두서없이 쓰여진 것 같아 죄송합니다. 선생님 가족 분들은 모두 편안하신지 여쭙지도 못한 것 같아 또 죄송합니다.

선생님 건강하시구요. 또 연락드리겠습니다.

2001. 8. 28.

선생님의 영원한 제자 성원.

어떤 편지

2001. 9. 17.

오늘 오전, 낯선 이름으로부터 편지를 받았다. 이상하다. 누구지? 하는 생각으로 봉투를 뜯었다. 그것은 한 학부모님께서 보낸 편지였다. 그것도 우리 반이 아닌 다른 반 아이 어머니였다. 내게 구원을 요청한다는 편지를 읽으며, 가슴이 참 짠해 왔다. 어머니의 마음, 오직 자식 걱정으로 가득한 어머니의 마음을 본 것이다.

그 학생은 우리 반은 아니지만 내가 가르치는 학생이다. 며칠 전 출근을 하니 내 책상 위에 작은 편지가 접혀서 올려 있다. '김은숙 선생님께' 하고. 지금까지 내가 마음을 써준 것에 비해 잘 하지 못한 것에 대한 반성과 앞으로 더 잘하겠다는 약속의 내용이 담겨있었다. 기특했다. 그리고 고마웠다. 내가 그리 마음써준 것이 있는가 하는 생각도 하면서 앞으로 더 잘 하겠다는 마음을 담은 편지를 내게 쓴 것이 정말 이 학생의 생활에 스스로에 대한 약속으로 굳어지기를 바랐다.

그리고 며칠 후인 오늘, 이 학생의 어머니가 편지를 보내신 것이다. 종일 이 학생에 대한 생각으로 가득했다. 아니 이 어머니에 대한 생각으로 가득했다. 나도 교사이기 이전에 한 아이의 엄마다. 그래서 어머니의 마음이 어떤 것인지 누구보다도 잘 안다. 어떤 마음으로 아이를 바라보는지, 아이에 대한 사랑을 다 드러내지도 못하고 어떻게 절제하며 살아가는지. 염려의 마음까지도 표현하는 것보다는 감추고 지내는 것이 더 많다는 것도. 아이에 대한 기대와 희망, 또 그것으로 인한 힘겨움, 원하는 만큼 아이가 공부를 잘 하건 못 하건, 생활의 모습이 건실하건 아니건, 어떤 상황에도 변함없는 건 그 아이가 바로 내 아이라는 점이다. 또한 어머니의 사랑은 언제나 어디서나 어떤 상황에서나 한결같을 뿐이다.

많은 생각이 머리에서, 가슴에서 일렁이는 하루였다. 내게 편지를 쓰기까지 얼마나 어려우셨을까? 얼마나 망설이고 주저하다가 편지를 쓰셨을까? 얼마나 많은 고민의 날들을 보내셨을까? 그 학생의 얼굴이 떠오르고 그 위에 어머니의 얼굴이 겹쳐진다. 아름다운 모자다. 어떤 계기로 인해서 학생은 학생대로 어머니는 어머니대로 내게 편지를 보내게 되었는가 모르겠지만, 그렇게 한 귀퉁이 마음을 열어 내게 내밀어준 두 모자의 진심이 이 저녁 내 가슴에 조용히 번져간다.

오늘 받은 학부모님의 편지를 몇 번이나 꺼내어 읽고 또 읽다가 며칠 전 아이가 보낸 편지도 꺼내어 다시 읽는다. 두 모자의 편지를 편지 봉투 하나에 같이 넣어두며, 내일은 이 아이를 불러 깊은 이야기를 나눠보리라 생각한다.

오늘부터

2001. 10. 10.

오늘부터 2학기 중간고사가 시작되었다.

아침에 조회에 들어갔을 때 느껴지는 분위기, 요 며칠 시험이 다가온 분위기가 있기도 했지만 시험 당일만 느낄 수 있는 교실 분위기가 있다. 시험으로 인한 스트레스는 시험을 치르는 학생들이나 문제를 출제하고 감독하는 선생님들이나 다 있지만 아무려면 학생들이 느끼는 부담만 하겠는가? 힘들게 공부하는 아이들의 모습을 보며, 안됐다는 생각이 들면서도 그렇게 뭔가에 몰두해있는 아이들의 모습이 아름답다. 그 모습이 어느 때보다 찬란하게 빛나 보인다. 젊은 날 그런 노력도 없이 무얼 이룰 수 있겠는가? 자신들이 원하는 삶으로 나아가기 위해 고생을 하고 어려움을 이겨내고 하는 것이지. 이 때의 고생만큼 철저한 보상이 주어지는 게 또 어디 있으랴. 사회에 나가서는 아무리 노력해도 허망한 구렁에 빠지는 경우도 많지만 학생이 공부하는 것은 노력한 만큼의 결과가 그대로 주어지는 것이니…….

나는 매번 잔소리만 많이 하는 엄한 선생이다. 대강인 게 없이 너무 꼼꼼하게 따지고 아이들을 피곤하게 한다. 그래서 우리 반 아이들이 적어도 내 앞에서만큼은 꼼짝 못 하는 체(?) 한다. 나는 아마 앞으로도 편안하고 마음 좋은 선생님이 되지는 못할 것이다. 그렇게 꼼꼼하게 짚어 주는 것이 아이들을 위한 것이라는 내 생각이 변하지 않는 한.

아이들이 고생한 만큼 시험을 잘 보기를 바란다. 그래도 좋은 결과를 웬만큼 지니고 3학년에 올라갈 수 있기를 진심으로 바란다. 선생님들마다 우리 반 분위기가 많이 좋아졌다고 말씀하시기는 하는데. 글쎄, 그렇게 변화된 것에 내 잔소리가 조금이라도 영향을 준 것이라면, 이런 저런 내 얘기로 마음을 다잡은 것이라면 담임으로서 정말 그것처럼 큰 보람이 없다.

나와 인연이 되어 만난 아이들, 18년간 교직에 있었으니 제자들만 해도 수없이 많고 많다. 모두가 잘 되었으면 좋겠다. 자기가 원하는 진로로 나아가서 어떤 역할을 해내고 보람을 느끼며 살았으면 좋겠다. 그것으로 족하다. 그 길에 내 말 한마디 눈빛 하나 마음 한 조각이 보태어질 수 있다면 그것으로 큰 보람이고 행복이다.

지금 모두들 책상 앞에서 공부하고 있을 우리 반 아이들, 힘내라! 힘내서 열심히, 치열하게 한번 몰두해 봐라. 알았지? 늘 너희와 함께하는 선생님이 말없는 응원을 한결같이 보내고 있단다.

색다른 감격

2001. 10. 19.

10월 19일, 오늘 학생들 인솔하고 가을 소풍을 다녀오니 반가운 메일이 와 있다. 성원이에게서 온 것. 성원이는 1984년 내가 첫 발령을 받아서 담임을 맡았던 제자이다. 성원이가 오늘 아빠가 되었다는 것. 다음은 오늘 성원이가 보낸 메일

선생님 안녕하세요? 저 아빠되었습니다. 축하해 주세요. 원하던 예쁜 딸을 나았습니다. 기분이 너무 좋아서 날아갈 것 같습니다. 남들이 아빠를 빼닮았다고 하는데 하여튼 너무 이뻐서 미치겠더라구요. 기분 째집니다. 사진은 www.○○○-○○○○○.co.kr에 가시면 보실 수 있습니다. 한번 보세요. 너무 이뻐요.

메일을 읽으며 감격스러워하는 성원이 모습이 보이는 것 같았다. 아기 사진을 볼 수 있는 병원의 홈페이지 주소를 알려줘서 찾아가보니, 정말 성원이를 많이 닮았다. 축하의 메세지도 남기고 메일도 따로 보내고 했지만 그냥 단순한 축하의 마음이라기보다는 뭔가 가슴 벅차는 감격

스러움이 나를 덩달아 들뜨게 했다. 성원이가, 그 중학교 1학년이었던 우리 성원이가 아빠가 되다니……. 성원이는 내게 각별한 제자, 평생 잊지 못할 나의 첫 제자이다. 성원이가 아빠가 된 날 색다른 감격스러움이 나를 벅차고 행복하게 한다. 성원아, 축하해. 선생님도 참으로 기쁘구나. 선생님이 메일 보낸 대로 산모에게 따뜻하고 살뜰하게 배려해 주렴. 아름다운 날들, 행복한 날들 엮어가길 바란다. 선생님도 오늘의 이 벅찬 감격이 잊혀지지 않을 것 같구나.

어렵고도 고마운 일

2001. 10. 24.

11월 3일 학생의 날을 맞이하여 '모범학생'을 선정하여 상을 수여한다. 모범학생을 선정하는 일이 내게 여간 어려운 일이 아니었다. 누구를 주어야 하는가를 고민하는 시간이 길었던 것은 상을 주고 싶은 아이가 많았기 때문. 그만큼 상을 줄만한 아이, 즉 모범적인 아이들이 많았기 때문이다. 그렇게 모범적인 아이가 많아서 고민을 하다니, 이 얼마나 고마운 일인가?

월요일 직원회의 시간 이후 '모범학생상'에 대한 내 치열한 고민이 시작 되었다. 대학입학 원서를 쓸 때 '모범학생상' '선행학생상' '효행학생상' 이런 것이 있으면 나름대로 유리한 점이 있기 때문에 담임으로서 고심하지 않을 수 없었다. 하여 내 나름의 기준을 정하고 아이들과 함께 이야기했다. 담임의 권한으로 누구누구를 선정하여 줄 수도 있으나 그런 방식은 나도 좋아하지 않을 뿐만 아니라 상을 받는 아이에 대해 아이들 사이에서 불만도 나올 수 있기 때문이다. 내가 생각하는 기준을 이야기하고 아이들로부터 추천을 받았다. 8명의 아이가 추천되었다. 추천된 아이 중에서 기준에 어긋나는 점이 있는 아이는 그 근거를 들어줬다.(모든 자료는 교무수첩에 기록되어 있으므로) 그래서 4명의 학생을 대상으로 학생들의 의견을 들어 2명을 선정했다. 나름대로는 민주적인 방법이었다고 생각하고, '모범학생상'을 받을 만한 아이들이 선정되었다. 그 과정에서 우리 반 아이들을 한 명 한 명 다시 생각해 보았다.

나는 아이들의 좋은 점을 발견하고 인정하는 것은 마음속으로 하고 아이들의 부족한 점, 잘못된 점을 주로 지적해주는 편이다. 그러다보니 아이들은 내가 자신들의 긍정적인 면을 보지 못하는 줄 알겠지만 그건 결코 아니다. 아이들이 지닌 장점을 누구보다도 나는 다 읽고 있다. 너무도 착하고 성실한 아이들이 많다. 고쳐야 할 점보다는 장점이 참으로 많은 정말 착하고 좋은 아이들이다.

어느새 10월도 후반이 되고 나니 이 아이들과의 생활도 이제 종반으로 가고 있다는 생각이 문득 든다. 초반에 서로 알아가고 맞추는데 시간이 좀 걸렸지만 이제는 아이들이나 나나 서로의 스타일을 잘 알고 웬만큼 이제 속내를 읽고 있는 편이다. 아이들 하나하나 정이 참 많이 들었다. 다른 반보다 유난히 개성이 있는 아이들이 많지만 그 속내들은 다 착하기 이를 데 없는 아이들이다. 실장 현이부터 창은이, 지훈이, 종민이, 승일이,……. 좀 요란할 뿐, 얼마나 착하고 순박한 아이들인가?

남은 기간 잘 보내야 하겠다. 10월의 어느 날 오후, 담임으로서 내가 할 일이 무엇인가를 다시 생각해 본다.

오늘은

2001. 11. 7.

11월 7일. 오늘은 대학수학능력시험이 있는 날이다. 날씨까지 매우 추워 어김없이 입시 한파가 찾아왔다고 메스컴에선 요란스럽다.

오늘 수능시험을 보는 제자들도 2학년, 3학년 연속 2년을 가르친 아이들이다. 작년과 마찬가지로 내 마음이 예사롭지 않다. 아니 작년 3학년들과는 다르다. 더 많이 염려되고 불안한 아이들. 1학년 때부터 여러 가지로 좀 유난스러운 면이 많았던 아이들. 그러면서 공부하는 면에서는 악착같이 달려드는 면이 부족했던 아이들. 그래서 내겐 왠지 불쌍하게 여겨졌던 아이들…….

오늘 하루 출근하지 않고 쉬게 되어 늦잠을 자겠다고 했는데도, 아침 6시 20분 아직 밖은 컴컴한데 일어나서 날씨를 먼저 살피게 된다. 내 기원이 무슨 소용이 있을까마는 제발 시험 잘 보기를, 큰 실수 없기를, 나도 모르게 기원하게 된다.

어제 아침 메일을 확인하니 작년에 우리 반 실장이었던 원석이한테서 메일이 와있다. 수능 이틀 전 메일을 보낸 것인데 아침 시간이 바빠 저녁에나 회신을 해주었다. 다음은 원석이의 메일이다

안녕하세요. 원석이입니다. 메일을 확인하다가 예전에 선생님께서 보내주신 메일을 보고 선생님 생각이 나서 메일을 보냅니다. 수능이 이틀밖에 안 남았네요. 그렇게 열심히 준비한 것 같진 않지만 지금 상황에서 열심히 해볼 생각입니다. 그래도 목표로 하는 대학을 갈 수 있는 실력은 되는 것 같네요. 참고로 성균관대 공대를 목표로 하고 있어요. 3학년 1학기 때 많이 힘들었는데 선생님이 옆에서 많이 도와주셔서 정말 너무너무 감사하게 생각하고 있습니다. 제가 말을 잘 못해서, 더 가슴에 와닿게 쓰고 싶지만 제 능력상……. ^^; 암튼 정말 감사하구요. 앞으로 더 열심히 하는 모습 보여드리겠습니다.

후후……. 메일만 보고도 내게는 원석이의 모습이 벌써 다가와 있다. 어제 저녁 나도 원석이에게 간단히 회신을 했다.

원석아, 이제 내일이구나. 그간 원석이대로 여러 가지 고생을 많이 했는데 정말 좋은 결과가 있었으면 좋겠구나. 선생님이 3학년 때도 원석이를 가르쳤다면 좀 더 직접적으로 도움을 줄 수 있었을 텐데 그 점은 늘 아쉬웠단다. 내일 1교시 시작하기 전까지는 누구나, 즉 시험을 처음 보는 너희들은 물론이고 재수, 삼수생들도 1교시 시작 전까지는 아주 긴장되고 떨린단다. 누구나 그런 것이려니 생각해. 그러나 1교시 언어영역 시험문제를 풀어가면서 긴장감이 서서히 풀리는 것이니까 그럴 것이라는 믿음을 갖고 침착하게 마지막까지 성의를 다하기 바란다. 지나간 문제 절대 맞춰보지 말고. 알았지?

원석아, 늘 원석이를 아끼는 마음으로 응원하는 선생님이 있다는 걸 기억하고 내일까지 스스로에게 최선을 다해보도록 하자. 오늘 저녁엔 일찍 자고. 원석이, 화이팅이야!!

어디 원석이뿐이겠는가? 3학년 태용이, 재준이, 병선이, 주용이, 강인이, 민구. 경근이, 의건이, 상욱이, 태형이, 병민이, 오형이, 재혁이, 석민이, 원이, 재중이, 재훈이……. 모두 다 정말 오늘 하루, 그간에 공부해온 것 이상으로 시험을 잘 보았으면 좋겠다. 오늘 나는 이렇게 간절한 마음으로 하루를 보낼 것 같다.

교지가 나왔어도

2001. 12. 22.

오늘 방학식을 했다. 여느 때와 마찬가지로 방학하는 날은 정신없이 바쁘다. 출석부 정리에, 성적표 출력하여 발송하는 것에, 보충수업 지도안 제출에, 연수 계획서 제출이며 보충수업 시간표 점검하여 조정하는 것에……. 어떻게 하루가 갔는지 모르게 마감이 되고 방학식을 하고 선생님들이 한 자리에 모여 점심을 먹었다.

종례시간에 이번 겨울 방학의 중요성을 또다시 강조하여 말하고 구체적인 목표와 학습계획 수립에 대한 얘기 등 지금까지 누차 강조한 것을 또 얘기하게 되었다. 며칠 쉬었다가 보충수업 받으러 다 나오기 때문에 방학이라는 느낌도 거의 없지만, 그래도 방학식을 하면 여러 가지를 갈무리 하게 된다. 사무적인 것도 그렇지만 그 외에 생활 전반에 대한 여러 가지도.

어제 우리 학교 교지 《청운》 11호가 나왔다. 방학 전에 나눠주기 위해 나 나름대로는 서둘러서 원고를 모으고 점검을 하고 혼자도 몇 차례 교정을 보고 인쇄하는 사람들을 독촉하고……. 그래서 어제 금요일 아침까지는 완성이 되어 오후에 나눠주려고 한 것이다. 그런데도 선생님들과 교지 편집부에게만 나눠주고 학생 전체에게 교지를 배부하지 못했다. 이유는 단 한 가지 해외 출장 가신 교장 선생님이 아직 못 보셨다는 것. 아이들이 얼마나 궁금해하고 본인들의 글이나 사진 또 친구들의 이야기, 아니 우리 청운인의 모든 것이 온전히 담긴 교지를 얼마나 받아보고 싶어하는지 생각조차 안 하시는 것 같아 속이 상하다.

아이들에게 교지는 단순히 한 권의 책일 뿐인 것은 아니다. 거의 모든 생활을 학교에서 하는 학생들, 그 학생들의 생활과 생각과 정서가 담긴 책이 그 학교의 교지이다. 그러다보니 학생들을 가장 잘 담고 있고 학생들이 가장 가까이하고 가장 재미있게 접하는 게 바로 교지다. 그래서 나는 교지 만드는 일을 참 좋아한다. 일할 때 어려움이 없는 건 아니지만 편집 계획을 혼자 구상할 때부터 교지가 완성되어 나올 때까지의 전 과정이 다 소중하고, 이 일에서 나대로의 보람을 느낀다.

그런데 2000권의 우리 교지는 교무실 한 귀퉁이에 쌓여있다. 어제 오늘 책이 쌓여있는 그쪽으로 가기도 싫었다. 책이 울고 있는 것 같았다. 그 소리에 내 울음도, 우리 교지 편집부 아이들의 울음도 배어있는 것 같았다. 일을 하고 이렇게 기운이 빠질 수가…….

새로운 시작을 기다리며

2002. 3. 1.

내일이면 새 학년 새 학기가 시작된다. 올해도 2학년 담임이면서 2학년 〈국어〉와 3학년 〈문학〉을 가르친다.

늘 마찬가지지만 새롭게 만나는 아이들에 대한 새로운 기대로 내 가슴은 설렌다. 1학년 수업은 하나도 없었기에 전혀 모르는 아이들. 이렇게 기대와 설렘으로 가득하지만 다른 해와 마찬가지로 나는 웃지 않는 한 달을 보낼 것이다. 엄하고 무서운 선생님, 차갑고 까다로운 선생님으로 시작할 것이다.

늘 나의 시작은 그렇다. 중요한 건 아이들이 내게서 떠나갈 때 아이들 마음속에 내가 어떤 선생님으로 기억되고 자리하느냐이다. 최선을 다하고 싶다. 새 학기를 다시 시작하며 처음 만나는 내 아이들, 어떤 아이들일까? 내일이 기다려진다.

기쁘고 행복한 날

2002. 3. 14.

이틀 전인 3월 12일. 1984년 교직에 첫 발령을 받고 가르쳤던 제자가 내 홈피에 찾아와 방명록에 글을 남겼다. 곧 학교로 전화를 해와 긴 통화도 하고, 말할 수 없는 기쁨으로 저녁 내내 행복했다. 그 행복함 속에 그간에 교사로서의 내 생활을 돌이켜 생각해 보았다.

지나간 시간 속을 혼자 거닐며 때론 나도 모르게 얼굴에 웃음이 번지기도 했지만 생각해보면 부끄러운 일도 많았다. 좋은 선생님이 되고 싶다는 생각은 늘 가득했지만 생활 속에서 그런 생각이 많이 느슨해지기도 한 걸 부인할 수 없다.

오늘 아침 메일 확인을 하니 18년 만에 소식을 접한 이쁜 제자가 '기쁘고 행복한 날'이란 제목으로 메일을 보내왔다. 아직 답장도 못 했지만 사제 간의 정을 함께 나누고 싶어 이곳에 올린다.

선생님! 선생님을 찾으려고 해마다 5월이면 경기도 교육청으로 전화하고, 여기저기 인터넷 싸이트를 방황했던 일이 정말 무색해지는 순간입니다. 진작에 성원이한테 물어볼 걸 그랬어요. 대학교 1학년 때까지는 선생님과 성원이가 연락하고 있다는 것을 전해 들었었는데 그 뒤로 성원이랑도 연락이 끊기다 보니 이렇게 먼 길을 돌아서 선생님을 뵙게 되네요. 그래도 이렇게 선생님을 만나려고 그랬는지 그제는 제가 충북교육청 홈페이지엘 들어가 보지 않았겠어요? 경기도 교육청에 전화할 때마다 퇴직하셨거나 타 지역으로 전출 가셨을 거라는 대답을 여러 차례 들었던 터라 타 지역으로 가셨다면 충북이 아닐까 막연히 생각 했었어요. 선생님 고향이 그쪽이란 걸 알고 있었으니까요. 교육청 홈페이지에서 선생님 찾기를 했더니 충북고등학교에 국어선생님이 한 분 계시더라구요. 혹시 선생님일까 했었지만 어떻게 더 해 볼 생각은 못했는데(충북고등학교 홈페이지까지 가 봤으면 더 좋았을 것을!) 오늘 다행히 성원이랑 연락이 되었네요. 그것도 12년 만에 말예요.

저는 96년에 결혼해서 지금 45개월, 16개월 된 두 아들을 키우며 살아요. 아이아빠가 군인이라서 이사를 자주 하는 편인데 그래도 이곳 철원에서는 5년 정도 살았어요. 앞으로 2~3년 후에는 다른 곳으로 옮길 것 같은데 그때 충북지역으로 갔으면 좋겠다는 생각이 들어요. 물론 선생님을 뵐 수 있다는 희망에서 그렇게 바라는 거지요. 학교 홈페이지에 있는 선생님 사진은 예전 모습 그대로이신 것 같던데 많이 안 변하셨나 봐요. 목소리도 똑같으시고.

저는 수원여고 졸업하고, 아주대학교에서 국문학 전공했어요. 졸업 후에는 2년 동안 학교에 조교로 있다가 결혼을 했지요. 동생 근영이도 아주대학교에서 심리학 전공했구요, 지난 2월에 석사학위 받았어요. 지금은 용인정신병원 부설기관에서 심리상담사로 일하고 있지요. 저희 두 남매 담임해 주시고, 가르쳐 주시고, 잘못하면 꾸짖어 주시고, 이끌어주시고 하신 은혜 정말 한 순간도 잊어본 적이 없어요. 선생님께 항상 감사하며, 그리워하며 그렇게 지냈답니다. 지금도 중학교 시절 선생님 책상 고무판 밑에 편지 끼워놓고 오던 생각 어제처럼 생생해요. 그때는 선생님께 편지 쓰는 것이 큰 즐거움이었는데, 이제 다시 선생님께 메일 보내고, 홈페이지에 찾아가고 하는 것이 즐거움이 되겠네요.

아~ 선생님, 제가 어디서부터 잘못해서 선생님과 연락이 끊기게 되었을까요? 이렇게 오랜 시간을 선생님을 생각하며, 애타게 찾게 될 것을 몰랐으니 말이에요. 그래도 이제라도 선생님을 다시 뵙다니 꿈을 꾸고 있는 것 같아요. 이웃 사람들에게 보고 싶은 선생님을 찾았다고 많이 많이 자랑하고 많이 축하받고 그랬어요. 언젠가 선생님을 직접 뵙고, 인사드릴 날이 오기를 고대하며, 지금은 이따금 전화 드리고, 메일로 인사를 드리는 것에 만족해야겠지요.

선생님, 항상 건강하시고, 늘 행복하시길 바랄게요. 참, 사길이랑 통화해서 선생님 전화번호를 사원이 오빠에게 전하고 선생님께 전화 드리라고 전했어요. 곧 연락이 있으리라 생각합니다.

미영 드림.

3월 14일, 화이트데이라고 아이들이 주는 사탕이 책상 위에 쌓인다. 많은 사랑을 주지도 못 했는데 큰 사랑으로 받는 아이들. 교사라는 소중한 내 일, 내 가는 이 길이 너무 부끄럽지 않도록 최선을 다해 좋은 선생님이 되겠다는 다짐을 다시 내 안에 심는다.

어김없이

2002. 5. 16.

매년 스승의 날, 나는 운다. 아이들이 내 눈시울을 뜨겁게 만들고 아이들 때문에, 아니 교사의 길을 가는 나 자신 때문에 생각이 많아져 혼자 착잡해한다. 아이들이 꽃바구니를 올려놓고 꽃을 달아주고 선물을 주고 스승의 노래를 부르고……, 매년 같은 상황이지만 왜 그 상황이 매년 이렇게 새롭고 가슴이 싸~해지는지.

작년 스승의 날 쓴 교단일기를 읽어보았다. 작년에도 우리 반 아이들의 애틋함도 있었지만 일 년 전 담임했던 아이들이 찾아왔을 때 더 가슴 뭉클하고 눈시울이 뜨거워졌었는데, 어제도 마찬가지였다. 작년에 담임했던 아이들, 지금은 서로 반이 달라져 문과 4반에 각각 흩어진 아이들이 40여 명이 다 모여서 나를 찾아와 교무실 내 주위를 둘러싸고 스승의 노래를 불렀다. 나쁜 자식들, 나를 또 이렇게 감동시키다니. 아이들 노래가 끝난 후 난 또 선생이라고 뭐라고 뭐라고 훈화 비슷한 말을 몇 마디 해서 보냈지만. 글쎄, 아마 아이들도 알았을 것이다. 내 마음에서 하는 소리는 고맙다는 말이라는 걸. 내 마음을 읽었을 것이다.

작년에 담임했던 아이들이 내게 안겨준 꽃바구니며 편지, 선물들. 그 의미는 남다르다. 지금 담임 반아이들에게 받을 때와는 비교할 수가 없다. 그렇다고 올해 담임한 아이들 부모님께서 보내주신 선물들을 가볍게 여기는 건 결코 아니지만, 나를 진정으로 감동시키는 건 지나간 아이들에게서 받는 인사, 그것이 나를 얼마나 감동시키는지, 행복하게 하는지……. 2년 전 담임했던 병민이와 상욱이가 어제 선물을 들고 찾아왔는데, 아, 전화를 받는 순간부터 얼마나 가슴 뭉클했는지. 더구나 병민이와 상욱이, 그 의미가 얼마나 남다른지는 그때 우리 반 아이들이 다 알고 있다. 그렇다. 나는 너무 기쁘고 행복했으며 또한 고맙고 고마웠다.

그런 하루를 어제 또 보냈다. 그러면서 난 많이 부끄럽고 착잡해진다. 내가 가는 교사의 길을 다시 생각하게 되고 정말 좋은 선생님이 되자는 마음의 다짐을 다시 하게 된다. 나를 울리는 아이들로 인해 내 마음도 더 뜨거워지고 더 잘하자는 생각, 제대로 된 선생님이 되자는 생각을 가슴 깊이 심는다. 작년에 담임했던 종환이가 준 선물 속에 끼워 있는 짤막한 편지를 옮겨 놓으며 글을 맺는다.

'김은숙 선생님, 지난 일 년 동안 선생님께서는 남에 대한 믿음과 신뢰, 그리고 사랑이라는 씨앗을 저에게 심어주셨습니다. 단순 이론적인 행동이 아닌 진실한 모습은 저의 모습을 변화시키기에 충분했습니다. 짧은 시간에 제 평생 인성에 많은 영향을 주신 선생님의 은혜에 진심으로 감사드립니다 -종환- p.s. 이 선물은 지난 슈퍼 선데이 날 잘 시간에 대신 나가서 산 것입니다. 선생님 맘에 드셨으면 좋겠습니다.'

한 학년을 마무리하며

2003. 2. 28.

2003년 2월 15일로 한 학년이 마감되었다. 종업식이 있던 엊그제봄 방학인 17일부터 계속 특기적성교육이 이루어지기 때문에 오늘이 아이들과 마지막이라든가 마무리를 지어야 한다는 생각을 전혀 하지 않았다. 더구나 이 아이들을 다시 맡아서 가르칠 것 같아서 종례를 들어가면서도 다른 때와 다름없는 마음이었다.

그런데 교실 문을 열고 들어서며 깜짝 놀랐다. 아이들이 케익과 음료수, 과자를 준비해놓고 내가 들어가니 모두 일어서서 「스승의 은혜」 노래를 부른다. 갑자기 나는 머쓱해졌다. 「스승의 은혜」라는 노래는 언제 들어도 가슴 무거워지는 노래 아닌가? 아이들이 노래하는 동안 나는 어디에 눈을 두어야 할지 몰랐다. 저희들끼리 선물까지 마련하고 종이에 한마디씩 써서 나에게 안겨준다. 이러는 아이들한테 사실 속으로 감격하여 어쩔 줄 모르면서도 '너희들 오늘로 나한테서 해방되고 싶어 그러나본데, 어림없다! 너희들이 원하지 않아도 2월말까지는 내가 관리한다'라고 아이들한테는 말을 했다.

'깐깐한 담임 만나서 일 년 동안 고생했다. 모두 올 일 년 최선을 다해 생활해서 모두 원하는 대학 들어가라. 특히 선생님한테 꾸중 많이 들은 사람들, 부디 공부 더 열심히 해서 나중에 선생님한테 찾아와 보란 듯이 큰소리쳐라. 그럴 수 있기를 바란다' 등등 겨우 몇 마디 말을 남기고 교실에서 나왔지만 마음은 아이들 하나 하나와 손이라도 잡으며 격려해주고 싶었다. 단체 사진을 찍자고 해서 중앙현관에 모여 사진을 몇 장 찍고 우리 나름대로의 마무리를 하고 헤어졌다.

2학년 6반 아이들, 내 소중한 자식들이었다. 아니 이렇게 과거형이 아니라 여전히 내겐 소중한 아이들이다. 반 아이들에 대한 애착이 유별난 나이기에 다른 어떤 반보다 아이들이 고생했다. 그러나 그것이 고생만으로 끝나는 것이 아니라 그만큼 결과가 좋기에 아이들이 또 잘 따르기도 했다. 어떤 아이들을 맡건 내 마음은 매년 마찬가지지만 올해 아이들은 유난히 착하고 순해서 담임 노릇 편하게 한 느낌이다. 결과도 좋았고 재미도 있었다.

며칠 전, 2년 전 담임했던 아이들 넷이 찾아왔다. 그 아이들 말이 '선생님을 어떻게 잊어요. 못 잊지요.' 그래. 아이들이나 나나 마찬가지다. 나도 내 아이들, 내가 맡았던 아이들을 결코 잊지 못한다. 내가 마음을 준 만큼 열정을 다한 만큼 다른 사람은 몰라도 아이들은 알고 느낀다.

교단에 선 지 올해로 20년이 된다. 20년, 결코 짧지 않은 세월이다. 그간 만났던 제자들도 몇 천 명이 될 것이다. 다시 마음을 다잡는다. 정말 열심히, 올 한 해 더 열심히 해보자. 내가 가진 모든 에너지를 열정적으로 쏟아보자. 열심히 하지 않으면 다른 사람은 몰라도 내 자신이 안다. 반면 아주 열심히 힘을 기울이면 다른 사람은 몰라도 아이들이 안다. 그거면 된 것이다. 아이들한테 남는 내 모습이 떳떳할 수 있도록 하는 것이 가장 중요한 것이다.

무엇이건 작은 것이라도 아이들한테 도움을 줄 수 있다면 그것 하나로 큰 보람이고 행복이다. 2003년 한 해 다시 각오를 새롭게 하며 한 학년의 마무리, 새 학년의 출발 직전에 서있다.

가장 가까운 곳에서

2003. 3. 6.

2003학년도 2학년 7반, 34명의 아이들을 새로이 만났다. 충북고에 근무한 지 올해로 5년째, 처음으로 단일 학년 단일 교과를 맡게 되었다. 늘 2, 3학년을 가르치다보니 1학년들을 접한 적이 없어서 매년 그렇듯 이번 아이들도 처음엔 나를 전혀 알지 못하는 상태로 만난다.

처음 교실에 들어서는데 뭔가 정돈이 안 된 느낌, 어수선했다. '이 녀석들 아직 나를 모르는군. 그래, 조금 지나봐라. 곧 알게 될 것이다' 하고 속으로 웃었다.

첫날부터 우선 눈에 들어오는 아이들이 있었다. 자율학습 이틀째 되는 날 두 녀석이 겁도 없이(?) 자율학습을 무단이탈하기까지 했다. 참으로 어이없고 기가 막혔으나 아이들이나 나나 아직 서로를 전혀 모르는 상태라는 걸 생각했다. 서로 결을 삭이고 익숙해지는데 한동안 시간이 걸리리라. 서두르지 않을 것이나 내가 어떤 마음으로 담임 역할을 하는지 아이들도 곧 알게 될 것이라 생각했다.

오늘이 목요일, 첫날부터 빠짐없이 밤 10시까지 남아서 아이들과 함께하고 있다. 다리도 아프고 어깨도 뭉치고 눈도 침침하고 많이 피곤하다. 그러나 교실에서 공부하는 아이들을 둘러보며 이렇게 공부하는 아이들의 하루하루의 노고가 모여 자신들이 원하는 진로를 제대로 선택할 수 있기를, 하여 이 아이들 속에 키워온 소중한 꿈을 이뤄갈 수 있기를 속으로 바랐다. 이 아이들의 일 년이 참으로 내실 있게 채워지도록 내가 아이들 가장 가까운 곳에서 안내하며 지켜볼 것이다.

올해로 교직생활 20년째. 매년 그렇듯 이렇게 시작하는 새 학년이 새삼 또 소중하다. 조금씩 다가서며 깊어져갈 새로운 내 아이들 34명, 이 아이들의 소중한 시간에 성심껏, 마음을 다해 동행하겠다는 생각을 마음에 다진다.

태헌이와 철은이

2003. 3. 11.

태헌이와 철은이, 우리 2학년 7반의 쌍두마차. 처음 며칠 내 눈길을 잡고 마음을 상하게 하던 녀석들이 요즘 왜 그렇게 이쁘게 구는지, 기특하고 고맙다.

첫날부터 산만하게 굴어 몇 번씩이나 나에게 이름을 불리고, 긴 머리 때문에 꾸중을 듣기도 하고, 자율학습에도 하루 무단이탈을 하는가 하면 만화책을 가져와 혼나기도 하고, 험악한 욕을 해서 나를 우울하게도 하던 녀석들이 어느새 조금은 정돈된 모습으로 잘하려는 몸짓을 보이니 참으로 기분이 좋다. 이제는 머리도 단정히(?) 자르고 바른 태도로 자율학습도 하고 수업시간에도 아주 진지하고 적극적으로 임한다.

어쩌면 일시적일 수도 있겠으나 이런 진지하게 노력하는 모습이 본인들에게 있다는 걸 아이들이 느끼고 아는 게 무엇보다 중요하다. 바로 이 모습이 스스로 만들어갈 모습이라는 걸 아이들이 느끼고 생각하는 게 중요하다.

자율학습을 전혀 하지 않으려고 어머니를 오시게 한 태헌이와 어머니에게 벌써부터 한 아이를 포기할 수 없는 내 마음을 말했다. 그렇다. 공부하기 싫어하는 아이. 억지로 잡아두기보다는 자율학습 면제해주는 것이 더 쉬운 일이다. 그것이 학급의 면학 분위기에도 더 좋다고 쉽게 생각할 수 있다. 그러나 그건, 그 아이를 포기하는 게 아닌가? 전체 분위기를 위해 아주 편한 길로 가려고 소중한 한 아이를 포기하는 게 아닌가? 그래. 나는 그럴 수는 없었다.

결국 어머니와 아이를 설득하여 다른 아이들과 같이 학교에 남아서 공부하기로 했다. 그러면서 내가 해준 말이 무엇이었나? '내가 나를 포기하면 세상도 나를 포기한다. 내 자신도 바로 내 스스로 만들어가는 것이다'라고 말했다.

이제 우리 반 34명의 이름을 거의 익힌 것 같다. 학교에서는 일 년 중 가장 힘든 주간인 3월 첫째 주를 아이들이나 나나 참으로 길고도 힘겹게 보내고 둘째 주에 접어드니 한결 서로의 눈길이 편안해졌다. 아이들 하나 하나에 마음을 주며 잘 해보고 싶다. 모두를 내 아이처럼 소중하게 여기고 정성을 기울이고 싶다. 쉽게 포기하지 않는 것처럼 또한 너무 큰 기대로 부풀지도 않으면서.

너무 이뻐서

2003. 3. 21.

3월 3일 신학기가 시작된 이후, 지난 주 회식이 있던 이틀을 제외하고는 매일 학교에 남아서 아이들 자율학습 하는 걸 지켜본다. 자율학습 시간 돌아볼 때마다 소란스럽거나 흐트러진 모습을 볼 수가 없었다. 모두 공부에 열중인 그 모습들이 그렇게 이쁠 수가 없다.

공부 잘하는 아이들은 그냥 두어도 스스로 공부를 한다. 성적이 좋지 않은 아이일수록 공부하는 방법을 모르고 집중도가 떨어져 꼬박 3시간을 책상에 앉아 있는 것도 고역일 것이라는 걸 안다. 그래서 나 나름대로는 내심 걱정을 하기도 했다. 모르는 것을 저렇게 들여다보고 있으려니 얼마나 힘이 들까 하면서.

그런데 아니었다. 처음 며칠 몸이 뒤틀리는 것 같던 아이들도 이제 정말 자리를 잡아가고 있는 느낌이다. 3월 한 달은 공부하는 습관을 몸에 익히는 것이 무엇보다 중요하다는 것을 강조하고, 스스로 자기를 만들어가는 것이라는 걸 몇 번 당부했지만, 내가 생각한 것보다 더 잘들 하고 있다. 이렇게 기특하고 고마울 수가 없다.

특히 태헌이와 철은이, 참으로 잘 해내고 있다. 태헌이는 지속적으로 버티는 힘이 아직 약해서 조퇴를 해달라는 날이 빈번하지만 그것도 스스로 나아질 날이 있으리라 믿는다.

자율학습에 열중인 아이들 하나하나를 한참씩 바라봤다. 그 아이들 하나하나가 모두 다 소중한 내 아들들 같다. 이 아이들과의 인연, 이것도 아주 깊고 소중한 인연이다. 나와의 만남으로 아이들 진로가 달라지고 삶의 방향이 달라질 수 있는.

아이들이 늦게까지 공부하느라 고생인데 나 혼자 편하게 집에 있는 것도 미안하여 매일 늦게까지 있었더니 실은 내 몸이 너무 힘든 상황이다. 종일 졸면서 비몽사몽 간에 생활하고 있다. 그런데도 오늘 또 이렇게 나와서 아이들을 둘러보고 있다. 그래. 이렇게 동행하는 시간이 행복하다. 진지하게 열중인 아이들이 나를 행복하게 한다. 다음 주엔 아이스크림이라도 하나씩 사줘야겠다.

시 한 편으로 대신하는 교단일기

2003. 3. 30.

3월 27일 첫 모의고사를 치르고 가채점을 하여 아이들마다 각각 점수를 적어냈다. 점수를 입력하고 통계를 내고 하지만 점수에 따라 그 학생에 대한 내 마음이나 애정이 물론 달라지지 않는다. 아니 고득점을 한 아이들에게 나름대로 더 잘하라는 격려를 해주고 싶은 것처럼, 낮은 점수의 아이들에게 또한 더 큰 격려와 더 깊은 애정을 기울이고 싶다. 한 편의 시에 내 마음을 담는다.

낮은 곳에 더 머물다

새 학년 첫 모의고사를 치른 날
이제 막 고등학생이 된 아들과
무겁게 숙여진 저녁을 보냈다

끝내 제 점수를 말하지 못하고 눈길을 피하는 아들에게
무엇을 어떤 말을 했던가
멋지게 이뤄갈 앞으로의 인생을 충분히 상상해서

삶의 목표를 내 안에 깊이 심어놓아야 한다든가
원하는 내 삶을 근사하게 이루기 위해
많은 것을 참고 스스로를 견디어야 한다든가
나 자신도 스스로 만들어가고 키워가야 하는 것이라든가
삶의 가치나 보람 뭐 이런
아이에게 위로조차 되지 못하는 말을
답답한 가슴으로 늘어놓았다

스스로에게 실망하고 캄캄해하는 아이를 보며
나 또한 어둠 속에서 캄캄하게 참담했지만
낮은 점수의 괴로움이 무겁게 짓누르는 힘을
처음으로 정말 부끄럽게도 처음으로
뼛속 깊이 뻐근하게 느꼈다

오늘 우리 반 아이들의 점수를 오래 들여다본다
높은 점수를 맞은 아이들보다
형편없이 낮은 점수를 적어낸 아이들 이름에
더 오래 내 시선과 마음이 머문다
그 낮은 점수에 담긴 고통이
내 가슴속까지 묵직하게 전해진다

아이들 이름에 나란히 서서

자신감과 기쁨과 초라함과 힘겨움을 각각 휘몰아치게 하는
점수의 그 대단한 위력을 새삼 크게 느낀다

고등학교 생활을 버거워하며
무겁게 가라앉은 아들로 인해
아이를 캄캄하게 하고 기를 꺾은 낮은 점수로 인해
이제까지 아이들의 낮은 점수만 보았을 뿐
점수에 담긴 아픔까지는 감지하지 못했던 형편없는 선생이
낮은 곳에 고인 물기와 고통까지 가슴으로 느끼는
진짜 선생이 되어간다

4월을 보내며

2003. 4. 30.

예년과 다름없이 힘들게 4월 한 달을 보냈다. 새 학기의 긴장도 조금 풀어지는 데다가 날씨 변화까지 심한 시기라 몸도 늘 힘들고 그 힘듦은 심정적인 것까지 따라오게 된다.

지난 한 주가 이번 학기 들어 가장 힘든 주간이었다. 그건 물론 아이들로 인해 마음을 상해서인데, 내가 정성을 기울인 만큼 사랑을 주고 믿음을 준 만큼 내게 오는 배신감과 상처가 컸기 때문이었다.

지난주 월요일 우리 반 경식이가, 내가 박 부장이라고 부르는 우리 환경부장이 나를 참으로 슬프고 속상하게 했다. 몸이 아프다는 말을 그대로 믿고 병원에 다녀오라고 아침부터 외출을 허락한 내게 경식이는 실업계 다니는 친구와 만나 종일 놀러다니는 것으로 배신을 했다. 아픈 줄 알고 일찍 조퇴를 시켜주었으나 친구와 노느라 9시 넘어서까지 귀가하지 않고 돌아다니고 있었다.

그 날 저녁 나는 잠을 제대로 이루지 못했고 결국 그날부터 몸이 아팠다. 마음이 아파 몸도 함께 아팠다. 죄송하다고 여러 번 전화하는 경식이 어머니. 어머니가 무슨 죄인가? 아니 세상의 모든 어머니는 늘 죄인이다. 자식이 잘못한 것을 늘 본인의 잘못으로 느끼고 사죄하는 숭고 한 죄인이다.

다음날 경식이는 아주 솔직하게 하루 행적을 고백해 그 내용에 내가 놀라기도 했지만 솔직함으로 내 마음에서의 용서를 받았다.

마음을 준만큼 애정을 기울인 만큼 상처도 받고 고통도 크게 따라온다. 아이들은 아는가 모르겠다. 저희만 상처를 받는 게 아니라 선생님들도 아이들 행동에 상처받는다는 것을. 의욕도 떨어지고 기운도 빠진다는 것을.

중간고사가 다가오고 있다. 나는 출제를 마쳤지만 아이들은 시험 준비에 여념이 없다. 공부에 몰두하는, 주어진 일에 전념하는 아이들의 모습이 빛나 보인다. 그 아이들에게 마음의 성원과 깊은 애정을 보낸다. 변함없이 나는 우리 아이들 곁에, 가장 가까운 곳에 서있다.

봄비가 내리는 가운데

2003. 5. 7.

오늘부터 1학기 중간고사가 시작된다. 어제부터 비가 여름비처럼 내리는데 아침 일찍 시험보기 전 아이들 모습을 보기 위해 서둘러 나왔다. 시험 보는 것이 그냥 지나가는 일회성 일이 아니라 내신 성적으로 산출되어 대학 입시에 중요한 영향을 끼치기 때문에 무엇보다 시험기간은 늘 긴장감이 맴돈다.

어제 4월에 본 모의고사 결과가 나왔고, 모의고사 성적표를 우편으로 발송하면서 학부모님들께 편지 한 통씩을 동봉했다. 아이들을 바라보는 부모님 심정처럼 그 절실함이 같을 수는 없겠지만 학교에서 나는 우리 반 아이들의 부모로서 그 책임을 다하려 한다. 다음은 학부모님들께 발송한 편지이다.

안녕하세요?

2학년 7반 담임교사 김은숙입니다. 이렇게 지면으로라도 인사를 나누고 싶어 모의고사 성적표를 발송하며 몇 자 적습니다.

우리 아이들이 2학년이 된 지도 벌써 3 개월째에 접어들었습니다. 그

3개월 동안 1학년 때와는 무엇인가 달라진 점이 있어야 하는데, 가정에서 보실 때 어떤 점이 얼마나 달라지고 있나 모르겠습니다. 제가 볼 때 학생들이 막연하게 학업에 대한 중압감은 늘 있지만, 지속적으로 야무지게 공부하는 열의는 부족한 면이 많습니다. 그것은 아마 대학진학 등 진로에 대한 목표가 아직 제대로 정립이 안 되어 그런 것이 아닌가 생각됩니다. 성적표를 보시면서 각 영역별 성적에 대한 이야기와 함께 진로에 대한 말씀을 나눠주시기 바랍니다. 성적표에는 총점도 있지만 각 영역별로 성적이 있습니다. 영역별로 부족한 부분은 무엇인가, 무엇을 더 보충해야하는가 점검하여 보완할 수 있도록 말씀 나눠주시기 바랍니다.

우리 아이들이 요즘 중간고사 공부하느라 고생하고 있습니다. 모두 좋은 성적을 거두기를 바라며 저도 부모님과 같은 심정으로 지켜보고 있습니다. 중간고사 결과도 우편 발송할 것입니다만 중간고사 결과는 과목성적만 산출하게 되어 있어서 이것으로는 과목 평균에 비하여 학생의 성적이 어느 정도 높고 낮은가를 비교할 수밖에 없습니다. 성적표에 나와 있지 않으나 학급 석차라든가 계열석차를 학생 본인은 알게 될 것입니다. 나중에 본인에게 물어보시고 그래도 시원하지 않으시면 언제라도 제게 연락주시면 알려드리겠습니다.

중간고사 결과를 가지고 저 나름대로 학생들을 지도할 생각입니다. 이번 결과가 오히려 자극이 되어 앞으로 더 열심히 노력하는 학생들이 많을 것으로 생각됩니다. 부모님께서도 많이 격려하여 힘을 북돋워주시기 바라며 무엇보다도 학생의 건강관리에 유의해 주시기 부탁드립니다. 그리고 각 과목 수행평가에도 신경을 써주시기 바랍니다. 과목별 수행평가 제출일을 학생한테 물어 파악해 두셨다가 사전에 점검하신다면, 제출일 당일 급하게 해서 낮은 점수를 맞는 일은 피할 수 있을 것 같습니다.

앞으로 학생의 2학년 생활이 보다 알차고 의미 있는 기간이 되도록 담임으로서 최선을 다할 것을 약속드립니다. 부모님께서도 학생지도와 관련하여 저와 협의할 사항이 있으면 언제든지 전화 주시기 바랍니다.하루가 다르게 더워지는 일기에 가족 모두 건강한 가운데 행복하시기 바라며 늘 좋은 소식 전할 수 있기를 소망합니다.

2학년 7반 담임 김 은 숙

연락처 (학교) 283-7486

(집) 295-0000

(휴대폰) 011-9847-0000

e-mail : kes1023@hanmail.net

homepage : http://poempost.new21.net

목욕탕에서

2003. 5. 13.

사람과의 인연을 다시 생각한다. 세상에서 맺게 되는 수많은 인연이 다 소중하겠으나 그 중 스승과 제자로 만나는 인연 또한 참으로 귀하다.

나는 매주 일요일 목욕을 가는데, 얼마 전 목욕을 갔을 때의 일이다. 목욕을 거의 마치고 사우나실에 잠깐 갔다가 자리로 막 돌아오는데, 어떤 분이 거의 달려오다시피 빠르게 내 자리로 다가오더니 '애구, 우리 선생님 등이나 밀어 드려야지' 하면서 얼른 내 등을 밀기 시작해서 깜짝 놀라 뒤를 돌아봤다.

"저예요, 선생님. 선기 엄마예요."

그러고 보니 선기 어머니였다.

"언뜻 보니 선생님이시잖아요. 목욕탕에서는 아는 체 하는 게 아니라지만 반가워서요. 등이라도 밀어들여야지."

하면서 웃으신다. 나는 이미 등을 밀은 상태라

"애구, 선기 어머니 안녕하세요? 선기 잘 있지요? 저 등 벌써 밀었는데요."

하며 등을 옆으로 빼도 그냥 웃으시며 막무가내로 등을 밀어주신다. 등에 비누칠까지 꼼꼼히 해주신 후 선기 어머니는 자리로 돌아가셨다.

김선기, 2년 전 담임을 한 모범생이다. 그렇다 모범생. 선기는 그야말로 모범생 중의 모범생이다. 선기는 늘 용훈이와 함께 떠오른다. 우리반 1, 2 등이었던 선기와 용훈이. 생각하면 미안한 마음이 드는, 듬직하고 고마운 아이들.

담임을 하다보면 담임으로서의 여러 역할이 필요한데, 고등학생이라면 다 큰 것 같아도 덩치만 클 뿐 아직 담임의 눈길과 손길을 필요로 하는 아이들이 참으로 많기 때문이다. 이러저러한 사건이나 상황으로 마음을 써야 하는 아이들이 늘 있다. 그렇다보니 오히려 공부 잘하고 모든 것에 모범적인 아이들에게는 거의 신경을 못 써주는 편이다. 여러 가지를 스스로 잘 해주는 아이들에게 마음으로 고마워하기만 할 뿐 제대로 챙겨주고 마음써 주지는 못하고 가끔 성적이나 짚어주며 격려나 해 줄 뿐이다.

선기와 용훈이도 마찬가지였다. 더구나 2년 전 2학년 3반은 우리 학교에서 참으로 유명한 반이었다. 워낙 거물(?)들이 많이 모여 다른 반과는 분위기에서 월등히 차별성이 있는 어려운 반이었다. 그렇다보니 나는 아침저녁으로 그 거물들을 제압하느라 공부 잘하고 모범적인 아이들에게는 눈길조차 주지 못하는 때가 더 많았다. 그야말로 역차별인 셈이었다. 그 와중에 조용히 제 할 일을 해 간 선기와 용훈이는 내가 마음으로 참 고마워하는 아이들이었고, 선기와 용훈이 또한 나를 많이 믿고 따랐다. 담임에 대한 신뢰를 가지고 나름대로 의지했던 것 같다. 아니 선기와 용훈이만이 아니라 그 아이들의 어머니들까지도 나를 참 고마워하며 내가 아무리 마다해도 학년말 일부러 식사하는 자리까지 만들어 내가 3학년 때 가르치지 않는 걸 아쉬워하셨다. 이 아이들은 문과였는데 이 아이들이 3학년 올라가는 해에 나는 3학년 이과반 수업만 들어갔기 때문이다.

선기와 용훈이는 세상 어느 자리에 있건 성심으로 제 할 일을 다할 아이들이다. 모든 일에 충심을 다해 최선을 다할 아이들. 그런 아이들이 있다는 것만으로도 참으로 고맙다. 새삼 고마운 생각이 드는 아이들이 참 많다. 나는 모범생만 좋아하는 건 결코 아니지만 그 아이들에게 마음으로 고마워하게 된다. 스스로 제 할 일을 알아서 해주는 아이들. 내 눈길 손길을 더 끌지 않아서 내 할 일을 덜어주어서 고맙기도 하지만 어쩌면 그 아이들이 있어서 학급의 분위기와 질서가 자리를 잡고 보이지 않지만 그 아이들이 다른 아이들에게 어떤 방향을 제시해 주기도 하기 때문이다.

많은 아이들이 생각나는 요즈음이다. 내가 아이들을 생각하듯 아이들도 나를 이렇게 가끔 생각할 텐데, 그 아이들의 머릿속에 나는 어떤 모습으로 떠오르고 있을까? 어떤 모습으로 아이들의 학창시절의 한 귀퉁이에 내가 자리하고 있는 걸까?

회자정리 會者定離

2004. 2. 26.

학교 만기가 됨에 따라 5년 동안 생활하며 수많은 제자와 좋은 선생님들을 만났던 충북고등학교에서 떠나게 되었다. 학교는 어느 곳이나 마찬가지이고 어느 곳에서 가르치건 다 귀한 제자들이라는 것을 알고 있지만, 그간의 깊은 정을 갈무리하는 것이 쉬운 것이 아니다.

발령이 난 후에도 학교에 나가 특기적성수업을 하며 심란한 마음으로 아이들을 바라봤다. 이제 곧 3학년이 될 아이들. 이 아이들이 내년에는 어떤 마음들일까 생각했다. 본인들이 원하는 진로에 나아가서 모두 환하게 웃을 수 있기를 진심으로 바란다. 제발 모두 그럴 수 있기를……. 아이들에게 졸업하는 걸 못보고 가는 게 다행이라고 말하기도 했다. 졸업식 때 원하는 곳으로 진학을 못한 아이들을 볼 때의 그 가슴 저림이란……. 하나 하나가 모두 귀한 아이들. 한 걸음 한 걸음 내딛는 지금의 수고로움으로 모두 원하는 곳에 닿아 우뚝 설 수 있기를 바란다.

마지막까지 책상정리도 못하고 머뭇거리다가 부슬부슬 비 내리는 토요일 상자 두 개와 쇼핑백 하나에 짐을 정리하여 차에 실으면서 충북고에서의 5년 생활이 이 두 개의 상자에 담겨있구나 하는 생각이 들었다.

그러고보니 동인천고에서 제천여고로 내려올 때도, 제천여고에서 충북고로 올 때도 마찬가지였다. 학교에서 학교로 옮겨가는 짐. 아니 그건 짐이 아니라 새로운 학교생활을 준비하는 준비물이었다. 거의 대부분이 책인…….

회자정리會者定離라는 말이 있다. 어차피 영원히 함께할 수 있는 것은 없지만 그 만남의 깊이만큼 석별의 정이 어찌 없으리. 사랑이 깊으면 괴로움도 크고 그리움도 깊으니 충북고에서 만난 좋은 제자며 선생님들을 오래 기억하고 그리워할 것이다.

충북고등학교의 모든 제자들, 올 일 년 최선을 다하는 삶을 살아서 모두 원하는 진로로 나아갈 수 있기를. 그리고 충북고에 재직하고 계신 선생님들께서도 모두 건강하신 가운데 행복하시기를 마음으로 기원하며, 아울러 그간 충북고에 대한 내 사랑이 깊었음을 전한다.

진우의 전화

2004. 3. 13.

2004년 2월 10일, 충북고등학교 제29회 졸업식 날. 나는 가슴을 쓸어내리며 울면서 학교에서 나왔다. 그건 진우, 우리 진우 때문이었다.

진우는 2학년 때 내가 담임을 한 우리 반 실장 아이이다. 까다로운 담임 밑에서 실장하느라 고생도 많았지만, 전교 1등을 하기도 하는 등 좋은 성적으로 부모님이나 내게 기쁨을 주기도 했다. 지독하게 공부만 아는 아이처럼 보이지도 않고 뭔가 한 구석에 빈틈과 능청과 여유가 있는 것 같아 반 아이들과의 친화력도 아주 좋은 아이였다. 둥글고 어찌 보면 물렁이처럼 보이는 진우. 그러나 짜임새 있게 제 생활을 꾸려가는 단단한 아이였다.

3학년 진급 후에도 진우는 가끔 2학년 교무실로 내 생각이 나서 찾아오기도 했는데, 진우에 대한 믿음과 사랑과 내 마음의 성원을 진우는 알고 있었던 것이다. 2학기에 서울대학교 수시모집에 응시를 했고 자기소개서 및 수학계획서를 작성하는데 나를 찾아오기도 했다. 진우가 서울대 수시모집 1차 합격을 했을 때 다른 모든 사람들과 함께 나도 크게 기뻐했다.

그런데 수능시험이 끝나고 결과는 아주 참담했다. 1점, 단 1점이 부족하여 최종 합격을 못 한 것이다. 그 때 진우의 마음이 어떠했을까? 합격한 아이들을 축하해주기도 했지만 진우의 상황이 너무도 나는 가슴이 아파 몇 번 전화를 걸었으나 통화가 되지 않았다. 내 전화를 받을 수가 없었던 진우. 합격을 하고 제게 좋은 일이 있으면 우선 달려와 소식을 전하겠지만 좋지 못한 결과로 내 앞에 찾아올 수 없었다는 아이.

졸업식이 끝나고 진우 손을 잡고 내가 무슨 이야기를 했던가? 내 말이 내 마음이 진우에게 무슨 위안이 되고 힘이 될 수 있었겠는가? 그러나 적어도 진우는 느꼈을 것이다. 언제나, 진우가 어떤 상황에 처하더라도 선생님이 저를 성원하고 있다는 걸. 진우와 이야기를 한 후 나는 가슴 깊은 곳이 먹먹해지며 자꾸 목이 메어왔다. 진우야, 진우야, 마음속으로 힘내라고 진우를 부르며 가슴이 아프고 또 아팠다.

며칠 전 학교에서 아이들 자율학습하는 걸 지켜보고 늦은 귀가를 한 후 몸은 지치고 눈꺼풀도 맥없이 내려앉아 힘없이 주저앉아 있을 때 휴대폰이 울렸다. 진우였다. 재수를 결심하고 지금은 서울로 올라가 학원에 다니는 진우. 공부하다가 선생님 생각이 나서 목소리라도 듣고 싶어서 전화를 했다고 한다. 반갑고 고마웠다.

마음의 안정을 찾고 다시 공부를 시작한 진우 목소리를 들으니 그렇게 좋을 수가 없었다. 행복했다. 필요한 책 있으면 연락해라, 객지에서 건강 챙겨야 한다, 끼니 거르지 말고 먹는 것 잘 먹어야 한다, 이런 저런 당부를 하며 전화를 끊었는데 진우는 다시 전화를 걸어와 “선생님, 안녕히 주무세요” 한 마디를 더 남겼다. 그래 진우야. 다시, 다시 시작하는 거야. 선생님은 진우를 믿는다. 네가 어떤 상황에 놓이건 늘 한결

같은 마음으로 선생님은 너를 성원한다. 진우도 그걸 알고 있지? 네가 만들어가는 이 길이 순탄치 않고 때로 가시덤불을 만나기도 하고 또 때로 예상치 못한 복병에 힘들어하기도 하겠지만 선생님은 진우의 저력을, 네 깊이 있는 근성과 심성을 믿어. 진우 힘내자. 올 한 해 다시 화이팅 하는 거야. 진우, 김진우 우리 진우 화이팅!

4월이 가고 있다

2004. 4. 30.

꽃바람 속에 4월이 가고 있다.

3월초 서원고등학교로 새로 부임하여 38명의 어여쁜 우리 반 아이들을 만난 지도 이제 꼭 두 달이 되어 이제는 이름뿐 아니라 개개인의 환경이나 성격까지도 웬만큼은 들여다보게 된 것 같다. 오랜만에 여학생들을 가르치게 되어 많이 새롭기도 하고 또 한편 낯설고 적응이 안 되는 면도 꽤나 있었지만 그 밝고 예쁜 모습을 바라보는 것만으로도 내 마음에 환한 등불이 밝혀지는 것 같다. 우리 아이들을 보면서 이렇게 예쁘구나, 열여덟이라는 나이가 이렇게 어여쁜 것이구나 혼자 새삼 감탄하기도 한다.

중간고사를 며칠 앞 둔 요즈음 시험공부에 여념이 없는 아이들을 바라보면서이 아이들 나름대로 각자가 가지고 있는 개성과 각자 품고 있는 소망들은 어떤 모양 어떤 빛깔들일까 생각해 본다. 각자의 개성이며 스타일을 모두 일색의 교복 속에 묶어두고 한 가지 눈빛, 한 가지 표정으로 앞을 보고 있는 아이들. 일면 그렇게 열심히 매진하는 모습이 아름답고 찬란하기도 하면서 또 일면 안타깝고 딱하여 아이들 주변을 서성이며 한참을 바라보게도 된다. 어차피 해야 할 일이고 피할 수 없는 일이라면 긍정적으로 수용하고 즐겁게 하자고 아이들한테 이야기를 하지만 그것이 그리 마음처럼 간단치 않음을 내가 왜 모르랴. 자기도 모르는 사이 자꾸만 시선이 밖으로 향하고 여러 가지 수많은 호기심들이 안에서 들끓고 있을 아이들에게 충분한 수면을 빼앗고 시간을 빼앗고 개성을 빼앗는 것이 이 땅의 현실임을 어찌할 것인가?

때로 나는 스스로에게 묻는다. 담임으로서 내가 할 수 있는 최선이 무엇인가? 무엇을 심어줘야 하는 것인가? 이 땅의 인문계고등학교 학생들이라면 누구나 감수해야 할 어렵고 서글픈 현실에 대한 안타까운 탄식이 도대체 아이들에게 무슨 도움이 되겠는가? 이왕에 들어선 길, 앞으로 제대로 본인이 원하는 길을 갈 수 있도록 도와주고 싶다. 자기만의 삶의 목표를 가지고 제대로 꿈을 키워갈 수 있도록 힘이 되어주고 싶다. 어려운 상황만을 인식하고 아이들과 같이 주저앉아 그 상황을 탄식하고 있는 것이 아니라, 이 어려움을 딛고 새로운 길을 열어가는 데 도움이 되고 싶다.

서원고에 부임한 두 달 동안 별일이 없는 한 늦도록 늘 아이들과 함께했다. 아이들 가장 가까운 곳에 내가 있으려 했다. 몸이 있는 그곳에 이미 내 마음은 가 있는 것이다. 각자 서로 다른 얼굴 서로 다른 표정으로 그렇게들 앉아있지만 다 내 딸 같은 아이들. 더구나 이번 아이들은 우리 아들과 나이가 같은 아이들이다. 내 아이처럼 일 년을 이 아이들과 함께할 것이다. 일년 후 이 아이들을 삼학년 진급을 시킬 때 이 아이들 모두에게 나와의 인연이 소중하게 생각되어진다면 나는 더 바랄 게 없다. 올 한 해도 여전히 나는 아이들 속으로 기쁘게 걸어 들어간다.

순정의 마음으로

2004. 5. 12.

사람과의 인연이 소중하다는 생각이 나이를 먹을수록 더 든다. 그 중에서도 사제 간의 인연은 참으로 소중하고 소중하다.

5월 10일 월요일, 1교시 수업을 마치고 책상으로 돌아오니 책상 위에 상자가 하나 놓여있다. 이번 주에 스승의 날이 있다고 수원에 사는 제자인 미영이가 택배로 보낸 선물이었다. 내 선물만이 아니라 우리 아들 선물까지 챙겨서 소포를 보낸 미영이. 가슴 뭉클하며 물이 고이듯 순간 내 가슴에 파문이 일렁인 건 선물 때문이 아니었다. 무엇을 선물했느냐 하는 내용물은 하나도 중요하지 않았다. 20년 전 가르친 선생님을 잊지 않고 챙기는 그 마음이 고맙고 고마울 뿐이었다.

미영이에게 곧 전화를 걸어 고맙다는 말로 간단히 내 마음을 전했지만 그 시간 이후 나는 줄곧 그동안 내가 가르친 제자들 생각에 하루를 보냈다. 특히 교직생활을 처음 시작한 1984년 경기도 용인에서 만났던 첫 제자들을 생각하며 혼자 빙그레 웃기도 했지만 시간이 지날수록 부끄러움에 마음이 무거워졌다. 특별히 많은 애정을 기울여주지도 못했는데 나를 잊지 않고 있는 미영이 같은 제자를 보고 많은 생각에 내 스스로가 부끄러웠다. 제대로 선생다운 선생 노릇을 하고 있는 것인가를 다시 생각하게 되고, 내가 기억하지 못하는 내 말이나 행동을 기억하고 있는 미영이처럼 내가 모르고 있지만 내 말에 좋은 영향을 받고 용기를 내고 기쁨을 느낀 아이도 있겠지만, 반대로 내 말에 상처를 입고 기운이 빠지고 좌절하고 분노한 아이들도 있을 것이라는 생각이 들자 자꾸 마음은 아래로 아래로 가라앉아 갔다.

무심히 한 내 말 한마디가 혹 아이에게 비수를 들이댄 적은 없는지, 가혹한 말로 너무 큰 상처를 입힌 아이는 없는지, 아이들의 상처도 제대로 모르고 함부로 입바른 소리로 몰아세우기만 한 것은 아닌지. 그런 날들도, 그런 아이들도 있을 것이라는 생각을 하니 선생이라는 것이 갑자기 두렵다. 겁이 난다.

더 겸허해져야 하겠다. 더 진실한 마음으로, 순정의 마음으로 남은 교직생활을 해나가야겠다. 좋은 선생이 되어야겠다는 수없는 다짐, 그 다짐들이 지금까지 그러했듯 앞으로의 내 걸음도 좀더 바르게 하리라 생각하면서 교직이라는 이 소중한 현장에 앞으로라도 진실되고 바른 행보만을 남길 수 있도록 온 힘을 기울여 나아가야겠다. 내 인생에서의 최상의 선택인 교사의 길을 걸으며 오늘도 다시 나를 만들고 다시 나를 세운다.

내 마음에 계신 소중한 은사님

2004. 5. 13.

내 마음에 남아계신 소중한 은사님이 한 분 계시다. 담임은 아니셨으나 중학교 3학년 때 나를 가르치셨던 선생님. 내가 많이 따랐고 내게 많은 영향을 주신 잊지 못할 은사님이신데, 내가 고등학교 진학한 후 서울로 전근을 가셨다. 전근 가신 이후에도 한 번 서울까지 올라가 뵌 적이 있으나 더 이상 연락을 드리지 못하고 오랜 세월을 보냈다.

내 기억이 맞는다면 지금은 예순이 되셨을 선생님. 지난해 겨울 연세가 있으시니 어쩌면 곧 학교를 그만 두실지도 모른다는 생각이 불현듯 들어서 서울시교육청에 문의를 해서 아직 현직에 계신 것을 알아냈다. 학교 홈페이지를 찾아가 선생님 성함으로 올려진 사진을 보는 순간, 아! 선생님도 늙으셨구나, 이렇게 변하셨구나 하는 생각이 들었으나 사진 속 웃으시는 모습에서 예전의 선생님 모습으로 여전하신 것 같아 가슴 뭉클하게 반갑고 좋았다.

1975년에 배우고 76년 이후 뵌 적이 없으니 거의 28년 세월을 건너 학교 홈페이지에 공지되어 있는 선생님 메일로 연락을 드렸다. 중3 때 선생님께 배웠던 그 옛날의 제자가 국어선생이 되어서 벌써 만 20년 넘게 교직에서 생활하고 있다는 것, 어느새 40대 중반이 되었고 고등학생

아들을 둔 엄마가 되었다는 것, 용인, 인천, 제천 등 오랫동안 청주를 떠나 생활했으나 99년부터 청주로 돌아와 고등학교 국어선생을 하고 있다는 것, 선생님께서 15살 적 내게 글을 써보라고 권하신 적이 있는데 지금은 시를 쓰고 있고 시집을 세 권 출간했다는 것 등 이런 저런 나의 근황을 담아 선생님께 연락을 드리고, 그간에 출간한 시집 세 권을 학교로 보내드렸다.

선생님, 저를 기억하실지 모르겠습니다, 하고 메일을 드렸는데 선생님께서는 고맙게도 아직 나를 기억하고 계셨다. 바로 전화를 주셔서 "은숙이니?" 하고 내 이름을 부르시는데 선생님 목소리를 듣는 순간 가슴 뭉클하여 눈물이 고이고 나는 다시 중학생으로 돌아가 선생님 앞에 서있는 느낌이었다. 28년만의 통화였다. 선생님이 그렇게 계셔주신 것만으로 얼마나 감사하던지. 선생님 근황을 알고 연락을 드릴 수 있고 다시 그렇게 선생님을 부를 수 있다는 것만으로 얼마나 감사하던지.

이런 저런 문학행사로 서울에 올라갈 때가 있어서 서울에 가면 찾아가 인사드리겠다고 말씀을 드렸으나 나는 아직 선생님을 찾아뵙지 못했다. 서울에 올라갈 일이 생기지 않은 것도 있지만 마땅히 일부러라도 올라가 선생님께 인사를 올려야 하는데, 그러고 싶다는 마음이 아주 강하게 생기다가도 지금의 내 모습을 선생님께 보이는 것이 많이 망설여져서 아직도 이렇게 걸음을 내딛지 못하고 있다. 열다섯 소녀였던 예전 내 모습을 기억하고 계실 텐데 이렇게 다 쭈그러져서, 40대 중반의 이렇게 다 망가진 모습으로 선생님 앞에 설 용기가 나지 않았다.

스승의 날이 다가오자 저절로 선생님 생각이 났다. 내 마음에 자리하신 존경하는 나의 은사님, 그분을 생각하는 것만으로 내 마음이 따뜻해진다. 스승의 날 선생님을 찾아가 인사를 올리고 카네이션 한 송이 달아드리고 싶지만 그러지를 못한다.

고민 끝에 이틀 전 오후, 선생님 건강에 좋을 것 같은 선물을 마련하여 택배로 보내드린 후 죄송한 마음을 담아 메일과 전화를 드렸다. 선생님, 아직도 이렇게 선생님을 찾아가지 못하는 못난 제자지만 스승의 날 저는, 제 마음은 선생님께 붉고 붉은 카네이션 한 송이 들고 찾아가겠습니다. 선생님, 그렇게 계셔주셔서, 지금 이렇게 선생님을 부를 수 있는 곳에 계셔주셔서 고맙습니다. 건강하신 가운데 늘 행복하시기를 멀리서 기원합니다.

선생님과 통화 후, 밖으로 내뱉지 못하는 이런 내 목소리가 마음 속 깊이서만 울렸다. 선생님, 존경하는 나의 선생님, 저도 선생님처럼 누군가 제 생각을 할 때면 마음이 훈훈해질 수 있는 선생님이 되고 싶습니다. 선생님 그 길을 가르쳐주십시오. 아직도 저는 선생님의 가르침을 받고 싶습니다. 아직도 저는…….

교사이기에 행복하다

2004. 5. 31.

교사라는 것만으로 혜택을 받거나 대우를 받을 때가 간혹 있기도 하고, 교사라는 신분이 주는 사회적 신뢰감이 때로 나를 그럴싸하게 포장해주는 때도 있다. 나도 모르게 그런 것에 익숙해져서 별 자각 없이 아무렇지도 않게 그런 대우를 받아들인 적도 여러 번 있다. 하지만 교사라는 것이 무엇인가? 어떤 자리에서 어떤 역할을 하며 어떤 모습이어야 하는가를 새삼 생각하게 된다.

우리가 살아가는 인생에서 이런저런 선택의 길이 주어질 때가 있다. 그런 선택 중에 내 인생의 최상의 선택은 국어선생이 된 것이라고 수업시간에 우리 아이들에게 말하기도 했다. 그렇다. 나는 그것이 정말 얼마나 다행스러운지 모른다. 내가 원해서 교사가 되었다고 해도 생각한 만큼 일이 적성에 맞지 않아서 그저 그렇게 한 사람의 직업인으로 생활할 수도 있는데, 참으로 다행스럽게도 국어선생을 하면서 교과지도를 하고 담임을 맡고 하는 내 생활이 나는 시간이 흐를수록 좋고 또 좋다. 아이들을 가르치는 보람도 있고 그 보람 속에 느끼는 행복도 크다. 무엇보다도 행복한 건 한 귀퉁이라도 아이들 마음속에 내가 자리하고 있다는 걸 느끼는 때다.

5월 29일 토요일은 처음으로 육군사관학교에 가본 날이다. 육군사관학교에서는 매년 신입생들의 은사 초청 행사가 있는데, 이번에 사관생도가 된 진규가 제 마음에 있는 은사님으로 내 이름을 써넣어서 올라가게 되었다.

오전 10시까지 가는 것이라 새벽 5시부터 일어나 준비를 하고, 6시 50분 고속버스를 타고 서둘러 서울로 올라가면서 진규를 가르치던 2년 동안의 시간을 반추해봤지만 담임이 아니었기 때문에 특별히 진규에게 마음을 써준 적도 없는 것 같아서 이렇게 나를 기억하고 초청해준 진규가 고마울 뿐이었다. 2년을 가르치면서 복도에서라도 만나면 진규나 나나 늘 반가운 눈빛이었던 것, 통영이 집인 진규가 그쪽 지역 교지를 내게 가져다 준 적이 있었고, 내가 진규에게 문제집을 준 적이 있었다는 것, 늘 착하고 바른 아이였다는 것, 뭐 이런 것이 진규에 대해 대강 기억나는 일이었다.

육사 생도가 된 진규의 모습, 새로웠다. 내 머릿속에 지극히 감성적이고 여리고 고운 진규의 모습이 있어서 진규가 육사에 진학했다는 것이 좀 의외였는데, 생도복을 입은 진규를 보니 그 모습도 잘 어울리는 제 길을 가는 것처럼 편안하고 좋아보여서 보는 내 마음도 좋았다.

진규의 초청으로 간 것이었지만 2학년에 재학 중인 동혁이도 함께 볼 수 있었고, 충북고 졸업생으로 육사에서 군복무를 하고 있는 희수도 뜻밖에 만나서 더 반갑고 풍요로운 느낌이 들었던 하루. 아침 일찍부터 서두른 데다가 다른 때보다 많이 걷기도 하고 피곤할 만한데도 밤늦게 내려오면서도 조금도 피곤하지 않았다. 집에 거의 도착할 무렵 진규의 전화를 받았다. 먼길 올라와서 피곤하시겠다는 진규의 말에 “아니, 조금도 피곤하지 않다. 진규야, 선생님이 올라가서 너도 좋았지? 선생님도 진규 때문에 고맙고 행복하다”라고 말했다.

그렇다. 행복함으로 충만한 하루였다. 교사이기에 행복한 하루였다. 내가 교사가 아니면 이런 기회가 어떻게 내게 주어지겠는가? 이렇게 아름다운 시간을 어찌 가질 수 있겠는가? 만 20년간 교직에 있으면서 수많은 아이들을 만나 가르치고 떠나보냈다. 그 중에는 내가 기억을 못하듯 나를 기억조차 못하는 아이들도 있을 테고 좋지 않은 선생님으로 기억하는 아이들도 있을 것이다.

교사로서 아이들의 평가와 기억이 가장 두렵다. 좋은 선생님이 되고 싶다는 생각을 끊임없이 하고는 있지만 여전히 덕이 부족하고 사랑이 부족한 나를 내 스스로 잘 알고 있다. 그런 나를 좋은 선생님으로 기억해주는 제자들이 고마울 뿐이고, 그런 제자들이 나를 다시 만들어가는 또다른 힘이기도 하다. 교사이기에 행복한 하루, 내게 주어진 이 행복한 길을 성심으로 걸어가야겠다는 새로운 다짐을 다시 또 새기는 하루였다.

3월을 보내며

2005. 3. 31.

이 땅에 살면서 고3의 특수성을 모르는 사람이 어디 있으랴? 목표하는 무엇인가를 이뤄야 하는 절박함으로 다른 모든 것은 배제하고 오직 공부에만 전념해야 한다는 정신적 압박과 긴장감이 지배하는 기간 고3. 심지어 고3은 인간이 아니라 고3일 뿐이라는 말이 있을 정도이다.

새 학년 새 학기가 되고 서원고등학교 1회 졸업생이 될 고3 담임을 맡았다. 우리 반 34명의 아이들을 새롭게 만나 3월 한 달 생활을 같이 하면서 이 아이들이 단순히 내가 일 년 담임을 맡은 아이들이 아니라 모두 내 아이들 내 딸 같은 느낌이다. 아이들에 대한 애정이 하루하루 깊어지는 만큼 공부하는 아이들 뒷모습을 말없이 바라보며 아이들에 대한 측은지심도 자꾸 깊어지기만 한다.

아이들과 하나하나와 면담을 하면서 오래 아이들을 들여다보고 면담 후 아이들 하나하나를 오래 생각했다. 그 순수한 표정 속에 담긴 불안과 긴장과 부담과 의욕들. 담임인 내가 무엇을 할 수 있을까? 나는 무엇을, 어떤 역할을 해야 하는가를 다시 고민하지 않을 수 없었다. 아이들에게 자기 진단과 분석을 하게 하고 목표의식을 심어주고 공부하는 체계를 잡아주기도 해야겠지만, 그보다 더 필요한 것이 아이들을 안아주어야겠다는 생각이 들었다. 담임으로서 아이들을 채근하고 앞을 향해 몰아갈 게 아니라 무엇인가에 늘 억압되어 있는 아이들 긴장을 풀어주고 좀 웃게 해주어야겠다는 생각이 들었다.

고3은, 아니 우리는 주말과 휴일도 없이 늘 같은 생활을 한다. 매일 밤 11시까지 교실에서 불을 밝히고 주말과 휴일도 쉬지 않고 5시까지 학교에서 동고동락하고 있다. 한 달이 지난 지금 아이들 서로 간이나 나나 우린 이미 동지이고 가족이다. 34명의 내 딸들, 나는 34명의 딸을 둔 엄마이니 생활이나 생각의 방향을 우리 서로 따로 분리해서 살아갈 수가 없다.

고3을 맡으면 나도 고3이 되는 것, 밤늦은 시간까지 몸이 힘든 건 사실이지만 아이들과 함께 하는 내 마음은 편하고 행복하다. 이 아이들이 새로운 인생을 펼쳐가는 이 중요한 시기에 일부분이라도 영향을 주며 어떤 역할을 할 수 있다는 게 기쁘고 행복하다. 내 생활의 중심에 생각의 중심에 아이들이 있듯이 아이들 마음 한편에 나도 자리할 수 있기를 바라며 우리 아이들 34명을 오늘도 따뜻하게 안아주고 싶다.

환상의 비빔밥 퍼레이드

2005. 4. 5.

오늘 4월 5일 식목일에도 고3 학생들은 변함없이 학교에 나와 공부를 한다. 토요일이나 휴일에도 늘 학교 식당에서 밥을 먹는데 오늘만은 학교 식당에서 식사 준비가 안 되어 각자 점심을 준비해서 먹어야 했다. 처음에 불편하게 생각하는 아이들에게 차라리 이런 기회에 도시락도 싸와보면 재미있지 않겠느냐고 했더니, 기발한 우리 반 아이들! 전체적으로 비빔밥을 만들어 먹기로 했다는 것이다. 물론 나도 같이 먹자고 청해와 점심 먹으러 나가는 선생님들 걸음에 동참하지 않고 우리 아이들 요청에 못 이기는 척 응했다.

그런데 아이들은 밥이며 김치, 나물, 참치, 계란, 고추장, 참기름 등 각자 여러 준비를 해 왔는데, 엄마인 내가 숟가락만 들고 덤빈다는 건 말이 안 되는 거였다. 김치는 부족하지 않으냐고 물어보니 좀 모자란다는 아이들 말에, 그래, 그럼 나는 김치와 식사 후에 마실 식혜를 준비하면 되겠다는 생각으로 나갔는데 김치 준비는 어려운 게 아니었지만 담근 식혜를 찾느라 여기 저기 기웃거려도 찾을 수가 없었다. 할 수 없이 딸기 두 박스와 아이들 숫자만큼 바나나 34개를 사오는데 아이들로부터 빨리 오라는 전화가 이어졌다.

교실에 들어서니 숟가락을 들고 기다리던 아이들의 환호성~! 세 개의 양푼에 조별로 각자의 맛을 낸 비빔밥~! 세 곳을 두루 돌아다니며 비빔밥을 먹는데 맛있죠? 맛있죠? 하며 물어오는 아이들 얼굴은 다른 어느 때보다 행복하고 환했다. 어떤 큰 양푼은 집에서 빨래 삶는 것이라는 말도 들렸으나, 빨래 삶던 것이면 어떻고 거기에 세재가 좀 남아 있으면 어떤가. 같은 그릇에 쓱쓱 밥을 비벼 같이 숟가락을 부딪치며 함께 먹는 비빔밥.

아, 우리가 함께 먹고 함께 나눈 것이 비빔밥만은 아니었다. 서로 입을 크게 벌리며 숟가락을 밀어 넣으며 장난처럼 요란하게 웃기도 했으나 그 시간 우리 교실에 가득한 기운. 그것이야말로 행복이 아니고 무엇이랴. 서로 밥을 먹으라고 권하며 자리를 내어주며 서로의 따뜻한 마음자리를 내어주는 아이들. 나는 순간 눈물이 고일 것도 같았다.

어느새 준비했는지 실장은 사진을 찍기도 하고, 선생님~! 하고 부르며 카메라폰으로 나를 찍기도 하는 아이들. 입가에 고추장이 붉게 묻었을지도 모르지만 어설프게 웃기도 하면서 아이들 속에 있는 그 시간 나는 너무나 행복했다. 처음엔 너무 많아 남을 것 같던 그 많은 비빔밥을 어느새 다 먹고 후식으로 딸기를 씻고 바나나를 하나씩 나눠서 먹을 때 맛있다며 감사합니다~!를 외치는 아이들.

오늘 우리가 함께한 점심시간은 다른 어떤 좋은 음식을 먹는 시간과도 견줄 수 없는 귀하고 행복한 시간이었다. 다른 어디에서도 맛볼 수 없는 환상의 비빔밥 퍼레이드~! 비빔밥 속에 버무려진 아이들과 나의 사랑과 행복의 시간을 어찌 잊을 수 있으랴. 그 환한 웃음과 교실 가득 넘치던 정겨움을 어찌 잊을 수 있겠는가. 이런 행복한 시간 속에 나를 있게 한 교사라는 내 직업에 감사하다는 생각이 또 한번 든다. 이런 아이들 곁에서 생활할 수 있는 나는 얼마나 행복한 사람인가. 아침에 출근할 때는 몸도 무겁고 기분도 가라앉았었는데 아이들 속에서 나도 어느새 환해진다.

이 어여쁜 아이들 속에서 아이들을 더 많이 이해하고 더 많은 사랑을 주며 생활해야 하겠다. 내가 아이들에게 무엇인가 줄 수 있고, 할 수 있다는 게 얼마나 다행인가. 더구나 아이들 삶에 중요한 영향을 줄 수도 있으니 하루하루 더 신중하고 더 충분한 사랑의 마음으로 아이들 하나하나를 소중히 여기며 아이들 속으로 들어가야겠다. 내겐 늘 힘겹고 무겁기만 한 사월이었는데 우리 아이들로 인해 나는 오늘 이렇게 행복하다. 사랑한다, 이쁜 내 딸들아!

5월의 향기

2005. 5. 31.

오늘이 5월 31일. 오월의 마지막 날이다. 유난히 긴 것 같았던 한 달이 이렇게 가고 있다. 매번 3월이 가장 힘들고 5월은 빨리 지나가는데 내겐 이번 오월이 참 길었다는 느낌이다.

아무리 고3이라 하더라도 중간고사가 지나고 체육대회며 소풍, 스승의 날 등 이런 저런 행사로 3, 4월 잘 잡혀왔던 분위기도 오월엔 조금씩 흐트러져 일부러 표정을 굳히고 아이들을 대해야 하는 때도 있었고, 5월초 중간고사가 끝나자마자 수능시험 200일 전부터 100일 전까지 기간의 특성에 대해 힘주어 이야기하기도 했는데. 수능시험도 이제 170여일, 어느새 20여 일 이상이 지나갔다. 몸이며 마음이 다 바빴던 5월. 아이들 속에서 지내며 아이들에게 다가서려 했던 내 걸음이 우리 아이들에게 어떤 흔적으로 남아있는 걸까? 내 품안에 아이들이 다 들어와 저희를 지켜주고 성원해주는 보호자로, 그야말로 저희들의 엄마로 나를 인식하고 있는 걸까? 가장 편안히 의지하고 무엇이건 상의할 수 있는 사람으로 제 마음에서들 받아들이고 있는 걸까? 스승의 날 우리 아이들이 내게 준 눈물나는 선물, 아이들 한 사람 한 사람이 모두 내게 쓴 편지였다. 그걸 읽으며 몇 번이고 눈시울이 뜨거워지기도 했는데, 그건 그 언어에 담긴 아이들 목소리 아이들 마음 때문이었다. 그렇게 마음으로 닿을 수 있는 인연이라는 게 얼마나 아름답고 소중한 것인가. 아이들의 목소리를 그 마음들을 오래 담아 기억하고 싶다.

작년 우리 반 아이들이 다시 모여 부른 우리들의 반가며, 내가 아이들 하나하나의 손을 잡을 때 글썽이던 그 눈빛들, 아이들 모두를 다 안아주고 싶었던 그 순간, 아 나는 얼마나 행복한 사람인가? 작년 우리 반이었던 아이들 20여 명이 1004라는 이름으로 서로 보낸 문자 메시지는 아직도 지우지 않고 가끔 보고 웃으며 눈시울이 뜨거워지기도 한다. '선생님 정말 사랑해요' '선생님은 저한테 최고의 선생님이세요' '선생님이 너무너무 그리워요'도 그렇지만 '지금 3학년 9반만 이뻐하지 마시고 작년 2학년 4반도 기억해주세요'라는 말이 자꾸 떠오르며 왠지 아이들에게 미안해지기도 한다. 모두 다 소중한 내 아이들, 저마다의 향기를 지닌 소중하고 어여쁜 내 아이들이다. 이런 아이들 속에서 생활할 수 있어서 참 고맙고 행복하다.

이제 이렇게 오월을 보내며 가장 힘겨울 앞으로의 석 달을 앞에 두고 아이들마다 짧은 편지에 담아 내게 보인 마음들을 다시 생각하는 저녁이다. 저마다의 향기와 씨앗을 가지고 부지런히 제 영토를 가꿔가는 아이들. 그 아이들의 부지런한 걸음을 나 또한 애틋한 마음으로 지켜보리라. 편지에서 풍겨져 나오던 아이들 하나하나의 향기 속으로 다시 들어가는 저녁이다. 사랑하는 내 딸들 속으로.

그러므로 나는 존재한다

인지상정人之常情! 모든 이별은 언제나 아쉽고 안타까우니, 내 자식인 듯 마음을 기울여 가르친 아이들과의 헤어짐이 다를 수 있으랴. 가르친 아이들과 헤어질 때마다 매번 아이들보다 내가 먼저 가슴이 먹먹하게 메고 눈물이 고여 와 맘먹었던 당부도 제대로 못하고 자리를 피할 때가 대부분이었다. 한 해 동안 가르친 아이들과의 이별도 그러한데 입학 때부터 졸업할 때까지 3년 동안 가르친 아이들을 졸업시킬 때의 마음은 오죽했을까. 졸업식 중에도 흐르는 눈물을 제어하지 못하여 혼자 고개 숙이고 어깨만 들썩였다.

2008년 입학 때부터 졸업할 때까지 청원고등학교에서의 3년을 고스란히 내가 학년부장으로서 책임을 맡았던 내 아이들이 졸업하고 모두 떠나간 학교. 4년 내 매일 드나들었던 건물이건만 그 건물마저 전과 달라 보였다. 아무런 생기도, 의미도 없이 그저 덩치만 거대한 건물이 갑자기 거리가 생기고 저 만큼 멀어지는 느낌이었다. 저곳으로 들어가야 하나? 그런 생각이 든 건 처음이었다. 저곳이 나를 필요로 할까? 내게 의미가 있을까? 내 삶의 중요한 의미인 교사로서의 내 정체성, 그 심정적 기반이 흔들리는 느낌이었다.

허전하고 쓸쓸했다. 걷고 있으나 땅을 디디고 있지 못한 느낌, 할 수 있는 모든 것을 다해 최선을 다한다고 했는데 아무 것도 남지 않은 느낌이랄까? 어느 날은 밀려오는 공허함에 불도 켜지 않고 가만히 앉아 혼자 울기도 했다. 누가 만든 것인지 만남과 이별이라는 인연의 늪에 빠져 서서히 잠수하는 나를 스스로 감당하기도 힘들었다.

그러던 내가 신학년도 입학식 날 기적처럼 생기를 되찾았다. 입학식장에서 새로운 아이들을 보며 나도 모르게 가슴이 벅차올랐다. 병아리 같은 어린 아이들을 보는데 내 몸에서 파릇파릇 새싹이 돋는 느낌이었다. 아이들에게 말을 걸고 싶고 다가서 손 내밀고 싶은 마음. 다가서 안아주고 싶은 마음. 나도 모르게 자꾸 웃음이 번졌다.

아! 그렇구나. 다시 한 번 나는 온몸, 온 마음으로 느꼈다. 교사로서의 나는 아이들이 있을 때 의미가 있다는 것. 아니 아이들이 있을 때 비로소 존재한다는 것을. 아이들 속에서 생기가 있고 아이들에게 무엇인가 도움이 되고 서로 소통하고 교감할 때 가장 행복하다는 것을.

신학기에 1학년을 맡기로 하며 매주 첫 시간은 감동적인 영상자료를 보여주어야겠다는 생각에 시간을 들여 좋은 학습 자료를 많이 준비했다. 아무리 좋은 학습 자료도 교실에서 아이들에게 스며들지 못하면 별 의미가 없다. 아이들한테 제공하고 이에 대한 의미를 함께 새겨볼 때 비로소 의미와 감동이 살아난다.

수업을 할 수 있는 교사라서 행복하다. 수업은 단순히 가르치는 시간이 아니라 아이들과 소통하고 교감하는 시간이다. 서로의 존재를 인식하고 받아들이고 마음을 주고받는 시간. 수업을 할 수 있는 교사라서 고맙고 행복하다. 아이들이 없는 학교에 교사가 무슨 의미가 있겠는가. 아이들 속에 있을 때 교사로서의 나는 비로소 존재한다.

가르침의 길, 배움의 길

1984년부터 시작한 교직생활이 2013년 올해로 어느새 30년째에 접어든다. 1984년 3월 처음 교단에 들어설 때, '좋은 선생님'이 되고 싶다는 소박한 꿈을 품고 걸음을 떼었다. 좋은 선생님이 된다는 것이 소박한 꿈인 줄 알았는데, 아직도 그 꿈을 이루지 못하고 여전히 '좋은 선생님'이 되고 싶다는 소망을 향해 서 있다.

처음 교사가 될 때는 '잘 가르치는 것' 즉 학습지도 능력이 교사에게 가장 필요한 요소 같았다. 그래서 열심히 정말 잘 가르치려고 했다. 너무 많은 것을 가르치고 싶어했던 욕심 많았던 그 때를 생각하면 얼마나 부끄러운지…….

학습지도 능력도 분명 중요하지만 그보다 아이들을 발견하고 이해하고 꿈을 키워주는 더 중요한 역할이 있다는 것을 깨달는데 그리 오래 걸리지 않았으나, 부끄럽게도 제대로 실천해 오지는 못한 것 같다.

30년이라는 짧지 않은 시간 동안 수많은 아이들을 만났다. 나름대로는 최선을 다해 아이들의 특성을 발견하고 목표의식을 심어주며 저 마다 제대로 된 꿈을 이뤄갈 수 있도록 조금이라도 도움을 주고 싶었으나, 돌이켜보면 아쉽고 부끄러운 점이 한두 가지가 아니다.

'좋은 선생님'이 되고 싶었지만 나를 '좋은 선생님'으로 기억하고 있는 아이들이 과연 얼마나 될까? 나로 인해 정체성을 확인하고 제대로 꿈을 설계하고, 나로 인해 자신을 인정하고 마음이 따뜻해지는 아이들도 있겠지만, 나로 인해 마음이 불편해지고 위축되고 상처 받고 나를 원망하는 아이들도 있을 텐데 하는 생각을 하면 내가 교사라는 게 문득 두려워지기도 한다.

나는 현재 '좋은 선생님'이 아니라 여전히 '좋은 선생님'이 되고 싶다는 변함없는 화두를 품고 있는 교사. 그 화두가 오늘도 나를 학생들에게 필요한 일, 도움이 되는 일을 능동적으로 찾아 부지런히 움직이게 만든다.

교단에 수석교사제가 도입되었고 현재 나는 수석교사이다. 수석교사가 되면서 새로운 화두 하나가 더 생겼다. 학생들에게 '좋은 선생님'이며 선생님들에게 '필요한 선생님'이 되고 싶다는 것이다. 선생님들의 수업력 향상과 다양한 교육활동을 지원하며 함께 고민하는 자리에 수석교사가 있고, 학교 교육활동에 도움이 되고 신뢰가 가는 수석교사가 되고 싶다는 새로운 화두는 나를 더 많이 고민하게 하고 성찰하게 만든다.

나는 '좋은 선생님'인가, 수석교사다운 수석교사 역할을 잘 할 수 있을까를 스스로에게 묻는 날들이 여전히 지속되고 있다. 어쩌면 오늘도 나는 아이들 속에서 아이들과 함께 성장하고 있는 것이지도 모르겠다.